Die

Preußischen Grundbuchgesetze

nebst Kosten- und Stempelgesetzen

mit Anmerkungen, Kosten- und Stempel-Tabellen.

Handausgabe zum praktischen Gebrauche

von

J. Basch

Rechtsanwalt am Landgericht I zu Berlin und Notar.

Berlin

J. J. Heines Verlag

1888.

Vorwort.

Der Herr Verleger dieses Buches glaubte die Wahrnehmung gemacht zu haben, daß trotz der zahlreichen Ausgaben der preußischen Grundbuchgesetze eine für den Handgebrauch, insbesondere auch der jüngeren Juristen, geeignete Ausgabe fehle. Als ihm die Richtigkeit seiner Wahrnehmungen mehrfach von Juristen bestätigt wurde, übertrug er mir die Bearbeitung einer derartigen Ausgabe. Ich habe mich bemüht, dem mir geschenkten Vertrauen gerecht zu werden und unter Berücksichtigung der Ergebnisse der Theorie und Praxis eine zum Handgebrauch wirklich geeignete Ausgabe herzustellen, deshalb auch den Stempel- und Kostenfragen besondere Aufmerksamkeit geschenkt und mehrere Stempel- und Kosten-Tabellen beigefügt; nicht minder bin ich bestrebt gewesen, das Buch zum Gebrauche für jüngere Juristen, welche die Grundbuchgesetze kennen lernen wollen, geeignet zu machen.

Es soll mich freuen, wenn ich das mir gestellte Ziel erreicht haben sollte.

Berlin, im Januar 1888.

Der Verfasser.

Inhalt.

Inhalt.

Verzeichniß
der Abkürzungen bezw. der citirten Bücher.

Achilles bedeutet: Die preußischen Gesetze über Grundeigenthum und Hypothekenrecht vom 5. Mai 1872 von A. Achilles. 3. Ausgabe. Berlin. 1881.

A.G.O.: Allgemeine Gerichtsordnung.

A.L.R.: Allgemeines Landrecht.

A.K.O.: Allerhöchste Kabinets-Ordre.

App.Ger.: Beschluß des (früheren) Appellationsgerichts.

Art.: Artikel.

Ausf.Ges.: Ausführungsgesetz.

Bd.: Band.

Beschl.: Beschluß.

C.P.O.: Civilprozeß-Ordnung.

d. h.: das heißt.

Discipl.Sen.: Disciplinar-Senat des Kammergerichts.

Eig.G.: Gesetz über den Eigenthumserwerb und die dingliche Belastung der Grundstücke, Bergwerke und selbstständigen Gerechtigkeiten vom 5. Mai 1872. G.S. S. 433.

F.M.R.: Finanz-Ministerial-Reskript.

Form.: Formular.

G.B.O.: Grundbuch-Ordnung vom 5. Mai 1872. G.S. S. 446.

G.S.: Gesetz-Sammlung.

G.V.G.: Gerichtsverfassungs-Gesetz.

Ges.: Gesetz.

H.G.B.: Handelsgesetzbuch.

H.O.: Hinterlegungs-Ordnung vom 14. März 1879. G.S. S. 249.

Hoyer-Gaupp: Die preußische Stempelgesetzgebung für die alten und die neuen Landestheile, früher herausgegeben von Hoyer, neu bearbeitet von Gaupp. 4. Auflage. 1887.

Jäckel: Die Zwangsvollstreckung in Immobilien. 2. Auflage. 1885.

Jastrow: Dr. C. F. Koch's Formularbuch und Notariatsrecht, neu bearbeitet von Jastrow. 9. Auflage. 1888.

Joh.: Jahrbuch für endgültige Entscheidungen der Appellations-Gerichte, herausgegeben von Johow. Bd. 1—8. 1872—1879.

J.M.Bl.: Justizministerialblatt.

K.: Beschluß des Kammergerichts, abgedruckt im Jahrbuch der Entscheidungen des Kammergerichts, herausgegeben von Johow und Küntzel. Bd. 1—6. 1881 (zweiter Abdruck 1884) —1887.

K.O.: Konkurs-Ordnung.

Matthis: Die preußischen Grundbuchgesetze. Berlin. 1884.

Nr.. Nummer.

Ostpr. Trib.: Beschluß des früheren Ostpreußischen Tribunals in Königsberg.

Pr.: Preußisch.

R.G.Bl.: Reichsgesetzblatt.

R.G.: Erkenntniß des Reichsgerichts, abgedruckt in den Entscheidungen des Reichsgerichts in Civilsachen. Bd. 1—18.

Rehbein u. Reincke: Allgemeines Landrecht für die Preußischen Staaten, mit Erläuterungen von Rehbein und Reincke. 2. Auflage 1882.

S.: Seite.

Stempel-Gef von 1822: Gesetz wegen der Stempelsteuer, vom 7. März 1822. G.S. S. 57.

Stempel-Ges.: Gesetz betr. die Stempelabgaben von gewissen bei dem Grundbuchamte anzubringenden Anträgen, v. 5. Mai 1872.

Turnau: Die Grundbuch-Ordnung nebst Ergänzungen und Erläuterungen. Bd I. 3. Aufl. 1885. Bd. II. 4. Aufl. 1888.

u. s. w: und so weiter.

vgl.: vergleiche.

V.O.: Vormundschafts-Ordnung.

Willenbücher: Das preußische Grundbuchrecht in seiner gegenwärtigen Geltung. 1882

z. B: zum Beispiel

Zwangsv.Ges: Das Gesetz betr. die Zwangsvollstreckung in das unbewegliche Vermögen, vom 13. Juli 1883. G S. S. 131.

Die antiquirten Gesetzesstellen sind durch kleinere Lettern kenntlich gemacht, vgl z B. § 46 EigG S 43, die jetzt geltenden Bestimmungen sind in Klammern beigefugt, vgl z B. § 105 G B.O S. 138

Gesetz

über den

Eigenthumserwerb und die dingliche Belastung der Grundstücke, Bergwerke und selbstständigen Gerechtigkeiten.

Vom 5. Mai 1872.

(G.S. Nr. 8043 S. 433. Ausgegeben zu Berlin den 27. Mai 1872.)

Zur Erleichterung des praktischen Gebrauches ist am Schlusse dieser erläuterten Ausgabe der Text des Gesetzes über den Eigenthumserwerb ꝛc. noch einmal besonders abgedruckt.

Wir Wilhelm, von Gottes Gnaden König von Preußen ꝛc. verordnen für die Landestheile, in welchen das Allgemeine Landrecht und die Hypothekenordnung vom 20. Dezember 1873 gilt, mit Ausschluß der Gebietstheile der Provinz Hannover, unter Zustimmung der beiden Häuser des Landtages Unserer Monarchie, was folgt:

Das Gesetz ist nach § 72 am 1. Oktober 1872 in Kraft getreten.

Dieses Gesetz (Eig.G.), die Grundbuchordnung (G.B.O.) und das Gesetz, betreffend die Stempelabgaben u. s. w. (Stemp.Ges.), sind mit mehrfachen Modifikationen durch eine Reihe von Einführungsgesetzen, welche sämmtlich im Jahre 1883 erlassen und in der Gesetzsammlung dieses Jahres enthalten sind, in andere Gebietstheile eingeführt, so daß dieselben jetzt in der ganzen Monarchie gelten mit Ausnahme des Bezirks des Oberlandesgerichts zu Köln, des Gebietes des ehemaligen Herzogthums Nassau, der ehemaligen Freien Reichsstadt Frankfurt am Main, des Amtsgerichtsbezirks zu Vöhl und des Kreises Herzogthum Lauenburg.

Die Bestimmungen des Eig.G. gelten auch mit einzelnen Abweichungen im Schutzgebiete der neuen Guinea-Kompagnie auf Grund der Verordnung vom 20. Juli 1887, R.G.Bl. 1887 S. 379.

Erster Abschnitt.

Von dem Erwerb des Eigenthums an Grundstücken.[1]

§ 1.[2]

Im Fall einer freiwilligen[3] Veräußerung[4] wird das Eigenthum an einem Grundstück[5] nur[6] durch die auf Grund einer Auflassung erfolgte Eintragung[7] des Eigenthumsüberganges im Grundbuch erworben.

1. Vergl. § 48 ff. G.B.O. Eintragung des Eigenthums und § 10 G.B.O. Eintragung in der ersten Abtheilung des Grundbuchblattes; betreff der Bergwerke u. s. w. siehe § 68 und betreff der selbstständigen Gerechtigkeiten § 69 unten.

2. § 1 findet nicht Anwendung auf Grundstücke, für welche ein Grundbuchblatt noch nicht angelegt werden kann, auch wenn diese nach dem 1 Oktober 1872 veräußert werden (§ 49 G B.O).

3. Im Gegensatz zum Erwerbe durch Erbgang, Eintritt in eheliche Gütergemeinschaft, Zuschlagsurtheil in der Zwangsversteigerung, Einweisung der Verwaltungsbehörde bei der Enteignung, Bestätigung von Ablösungsrezessen, Erbschaftskauf, Inädifikation.

4. Der Erbschaftskäufer erwirbt mit dem Abschlusse des Kaufs das Eigenthum der Erbschaft und daher auch — ohne Auflassung — das Eigenthum an den zu dem Nachlasse gehörigen Grundstücken. 26. April 1880, R. 1 S. 115.

Auflassung ist nicht nöthig bei Uebergang von Grundstücken auf das Reich gemäß dem Reichsgesetze v. 25. Mai 1873 und bei Rückgewähr solcher Grundstücke. 28. Jan. 1884, K. 4 S. 145.

Bei Umwandlung einer Kommanditgesellschaft auf Aktien in der Weise, daß unter Auflösung der erstern die bisherigen Interessenten mit demselben persönlich haftenden Gesellschafter unter Beibehaltung der Firma sich zur Kommanditgesellschaft konstituiren, bedarf es zur Einbringung der Grundstücke in die neue Gesellschaft der Auflassung nicht. 31. Mai 1886, K. 6 S. 62.

Grundstücke einer Kommanditgesellschaft, welche sich derartig in eine Aktiengesellschaft umgewandelt hat, daß lediglich die Mitglieder der ersteren Aktionäre der letzteren geworden und nur Aktien an Stelle der früheren Kommanditantheile getreten sind, sind ohne Auflassung auf die neue Gesellschaft umzuschreiben. 21. März 1881, K. 2 S. 93.

Wenn dieselben Personen, welche eingetragene Eigenthümer des Grundstückes sind, eine Handelsgesellschaft bilden, so ist (wenigstens in dem Falle, daß die Antheile an der Gesellschaft den Miteigenthumsquoten gleich sind) zur Illation des Grundstückes in die Gesellschaft Auflassung nicht erforderlich. 11. Okt. 1886, K. 6 S. 65.

Anerkenntniß des Gesellschafters, daß er ein ihm veräußertes und ihm aufgelassenes Grundstück für die Handelsgesellschaft erworben habe, genügt nicht zur Eintragung des Eigenthums der letzteren, dazu bedarf es der Auflassung. 19. Febr. 1883, K. 3 S. 121.

5. Dasselbe gilt für Bergwerke (§ 68 Eig.G.) und für selbstständige Grundgerechtigkeiten (§ 69).

6. Eine Ausnahme bildet der im § 59 G.B.O. behandelte Fall. (Uebergang eines Theiles auf einen Eigenthümer, für dessen Grundstücke Grundbuchblätter nicht angelegt werden.)

7. Für die Wirkung der Auflassung macht es keinen Unterschied, ob das Eigenthum des Auflassenden vor oder nach Einführung des Gesetzes vom 5. Mai 1872 eingetragen war. R.G. v. 19. Juni 1886, Bd. 16 S. 225.

Die Auflassung und die sich daran anschließende Eintragung des Eigenthumsüberganges wirkt auch dann, wenn der Auflassende vor dem 1. Oktober 1872 als Eigenthümer eingetreten war, aber nicht der wahre Eigenthümer war. R.G. v. 12. Juli 1880, Bd. 2 S. 323.

Die Auflassung ist im Falle des § 1 die Voraussetzung, ohne welche der Grundbuchrichter die Eigenthumseintragung nicht verfügen darf; ist die Eintragung dennoch ordnungsmäßig erfolgt, so besteht sie an sich zu Recht; sie kann dann nur Mangels der Voraussetzung angefochten werden; jedoch nicht von jedem Besitzer, sondern nur von dem, welcher ein eignes Recht (wahres Eigenthum oder einen persönlichen Anspruch) geltend macht. R.G. v. 23. Mai 1880, Bd. 2 S. 228.

§ 1 disponirt nur über den Eigenthumserwerb an Immobilien; die obligatorische Grundlage dieses Erwerbes und die damit zusammenhängenden Rechte und Pflichten der Kontrahenten läßt er materiell unberührt, danach trägt der Käufer (im Gebiete des A.L.R.) die Gefahr nach Uebergabe vor der Auflassung. R.G. v. 13. Mai 1882, Bd. 7 S. 241.

Der Veräußerungsvertrag, nicht die auf Grund desselben erklärte Auflassung, bildet den Gegenstand der Anfechtung (wenn der Auflassung solcher besonderer Vertrag zu Grunde liegt). R.G. v. 20. Juni 1881, Bd. 5 S. 285.

8. Kosten der Auflassung und Eintragung siehe den hinter der G.B.O. abgedruckten Kostentarif § 1.

Stempel bei der Auflassung siehe unten das Stempelgesetz. Zufolge diesem Gesetze ist die Aufnahme eines schriftlichen Vertrages bei Verträgen zwischen Aszendenten und Deszendenten und zwischen Miterben vortheilhaft, bei Schenkungen je nachdem vortheilhaft oder unvortheilhaft, siehe bei dem betreffenden Gesetze.

Miterben siehe § 5 Note 4.

Person des Erwerbers siehe § 48 G.B.O.

Testamentsvollstrecker siehe § 5 Note 5.

Dereliktion von Grundstücken ist nicht möglich.

§ 2.

Die Auflassung eines Grundstückes erfolgt durch die mündlich und gleichzeitig[1] vor dem zuständigen[2] Grundbuchamt (Amtsgericht) abzugebenden Erklärungen des eingetragenen[3] Eigenthümers, daß er die Eintragung des neuen Erwerbers[4] bewillige und des Letzteren, daß er diese Eintragung beantrage.[5]

1. Das heißt, in demselben von dem Grundbuchrichter aufzunehmenden Protokolle.

2. Zuständig ist dasjenige Amtsgericht, welchem die Führung des Grundbuchs über das betreffende Grundstück obliegt. Vgl. § 22 G.B.O.

Auflassung außerhalb der Gerichtsstelle ist zulässig; der Mitwirkung des Gerichtsschreibers bedarf es nicht. Verf App.G. Halberstadt. K. 1 S. 65.

3. Nur der eingetragene Eigenthümer kann auflassen; es müssen daher die ohne Auflassung Eigenthum erwerbenden Personen (oben § 1 Note 3 und 4, insbesondere Erben mit Ausnahme von Miterben unten § 5 Abs. 2) sich als Eigenthümer eintragen lassen, wenn sie das Grundstück auflassen wollen, ebenso diejenigen, welche vor dem 1 Oktober 1872 Eigenthum erworben haben.

Zur Belastung des Grundstückes ist stets, auch für Miterben, vorherige Eintragung des Eigenthümers erforderlich. § 5. Abs. 1.

Ist noch kein Grundbuchblatt angelegt, (kann jedoch angelegt werden, so daß § 49 G.B O. [Note 2 oben S. 2] nicht zutrifft) so muß der Eigenthümer die Anlegung beantragen (§ 131 G.B.O.), wenn er das Grundstück veräußern oder belasten will.

Der Testaments-Exekutor ist zur Veräußerung eines Nachlaßgrundstückes, entsprechende Spezialvollmacht im Testament vorausgesetzt, auch befugt, nachdem der Erbe als Eigenthümer im Grundbuche eingetragen ist. 5. Juli 1886, K. 6 S. 80.

4. An die schon geborenen und die noch zu erwartenden Kinder einer Person kann aufgelassen werden, sofern letztere durch einen Pfleger vertreten werden 2 Okt. 1882, K. 3 S. 113.

5. Dieselbe Person kann den Auflasser und den Erwerber vertreten. 12. Juni 1883, K. 4 S. 150.

Betreff der Person der Bevollmächtigten siehe § 37 G.B.O.

Tod des Machtgebers hebt die Vollmacht auf; siehe § 37 G.B.O.

Betreff der Gütergemeinschaft siehe § 5 Note 4; §§ 46, 50 G.B.O.

Betreff der (Mit-) Erben und des Testaments-Vollstreckers siehe § 5 Note 4 u. 5.

§ 3.

Ein Erkenntniß, durch welches der eingetragene[1][2] Eigenthümer eines Grundstücks zur Auflassung rechtskräftig[3] verurtheilt ist, ersetzt die Auflassungserklärung[4] desselben.

1. Ist der Verurtheilte noch nicht eingetragen, so muß der Gegner nach §§ 55 f. G.B.O. die Eintragung erzwingen; bedarf es zur Eintragung des Verurtheilten der Auflassung an ihn, so muß der Gegner sich das Recht des Verurtheilten auf Auflassung überweisen lassen und die Auflassung bewirken. Zur Sicherung des Rechts gegen Veräußerung im Laufe des Prozesses muß der Kläger die Eintragung einer Vormerkung erwirken.

2. Der vorherigen Eintragung verurtheilter Miterben bedarf es nicht (§ 5 Abs. 2). Joh. 8 S. 166 ff.

3. Rechtskraft genügt, Vollstreckungsklausel ist nicht nothwendig.

4. Wenn die Verurtheilung: „zur Auflassung gegen Zahlung" erfolgt ist, so ist die Ausführung schwierig. Ob der Nachweis der vorherigen Hinterlegung für den Verurtheilten dem Grundbuchrichter genügen würde, ist zweifelhaft. Der Kläger mag in einem solchen Falle den Beklagten zur Empfangnahme des Geldes und Auflassung zu einem von ihm bestimmten Tage vor den Grundbuchrichter laden, diese Ladung zustellen, bei dem Nichterscheinen des Beklagten dasselbe konstatiren lassen (durch Registratur eines Grundbuchbeamten oder notariellen Protest), hierauf hinterlegen und dürfte alsdann die Hinterlegungsquittung dem Grundbuchrichter als Nachweis der Zahlung genügen.

§ 4.

Die Kenntniß des Erwerbers eines Grundstücks von einem ältern Rechtsgeschäft, welches für einen Anderen ein Recht auf Auflassung dieses Grundstücks begründet, steht dem Eigenthumserwerb nicht entgegen.

Die §§ 4 und 5 bilden nur Ausnahmen von der in Kraft gebliebenen Regel des A.L.R. über die Wirkungen des bösen Glaubens beim Erwerbe von Eigenthum oder dergleichen Rechten (§ 10 A.L.R. I 10, §§ 4 ff. I 19, §§ 5 ff. I 21). Die Ausnahme ist anwendbar auf alle Rechte an Grundstücken, für welche die Eintragung ein nothwendiges Requisit bildet, z. B. Hypotheken, nicht aber auf Verfügungen über bereits existent gewordene dingliche Rechte, sofern deren Eintragung durch die Grundbuchgesetze nicht unbedingt vorgeschrieben ist, z. B. Cessionen und Prioritätseinräumungen. R.G v. 7. April 1886, Bd. 15 S. 264.

§ 5.

Außerhalb der Fälle einer freiwilligen Veräußerung wird Grundeigenthum nach dem bisher geltenden Recht erworben.[1] Das Recht der Auflassung[2] und Belastung[3] des Grundstücks erlangt aber der Erwerber erst durch seine Eintragung im Grundbuch.

Miterben[4] können jedoch ein ererbtes Grundstück auflassen, auch wenn sie nicht als Eigenthümer desselben im Grundbuch eingetragen sind.

1. Z. B. das nutzbare Eigenthum des Fideikommisses geht mit dem Tode des Besitzers über. A L R. II 4 § 206, R.G. v. 28. Febr. 1881, Bd 4 S 249

Zur Umschreibung des Grundstücksantheils eines auf Grund testamentarischer Verfugung eingetragenen Miteigenthümers auf seine fideikommissarischen Substituten bedarf es nicht der Auflassung. 28. Nov. 1881, K. 2 S. 94.

Die einseitig von einem Miterben beantragte Eintragung der Verpfändung seines Antheils an einer Nachlaßhypothek und die Bildung eines Zweigdokuments über dessen Antheil ist vor der Theilung der Erbschaft nicht zulässig. 6 Juli 1885 K. 6 S. 116.

2. Siehe Note 3 zu § 2 (S. 5).

3. Auch zur Entlastung, d. h. Stellung von Löschungsanträgen, ist Eintragung des Eigenthums nöthig.

4. Nur Miterben, nicht ein Alleinerbe; auch nicht der überlebende Ehegatte der gütergemeinschaftlichen Ehe.

Miterben haben vor der Theilung nur aliquoten Theil an der Erbschaft, nicht aber Sonderrecht an einzelnen Sachen; Auflassung ist also nöthig, wenn ein Erbe das Nachlaßgrundstück erwirbt R.G. v. 21. Mai 1883, Bd. 9 S. 272. Ueber das Rechtsverhältniß der Miterben siehe § 21 Note 4 (S. 21).

Eingetragene Erben sind zum Antrage, die Erbquoten, zu denen sie an der Erbschaft betheiligt sind, zur Feststellung ihrer Miteigenthumsquoten am Nachlaßgrundstück auf diesem einzutragen, ohne Auflassung berechtigt. 28. Nov. 1881, K. 2 S. 94 (96).

Durch die Eintragung wird bei dem Grundbuche nur kundgegeben, daß die Betheiligung an dem Grundstücke dieselbe geblieben ist, wie sie an der Erbschaft von Anfang an bestand. Ebenda.

Die testamentarische Bestimmung, welche einem Miterben das Recht beilegt, ein zum Nachlaß gehöriges Grundstück für eine bestimmte Summe zu erwerben, ist bedingtes Prälegat. Zur Eintragung des Prälegatars als Eigenthümer ist nicht Auflassung, sondern nur Einwilligung der Miterben nöthig 23. Febr. 1885, K. 5 S. 136

Ist der Schuldner nur Miterbe, so ist der Gläubiger nicht zu dem Antrage berechtigt, das Eigenthum aller Erben einzutragen (§ 6 Zwangsv.Ges.) 22. Dez. 1884, K. 5 S. 131 (ob der Miterbe selbst, ist unentschieden gelassen. S. 135)

5. Testamentsvollstrecker:

Der Testamentsexekutor, welchem vom Erblasser aufgetragen ist, alle Bestimmungen des Testaments in Ausführung zu bringen, ist zur Vornahme der eine Spezialvollmacht erfordernden Handlungen nur insofern befugt, als dieselben in dem Testamente ihm ausdrücklich aufgetragen sind (A L.R. I. 12 § 557). 16. Aug. 1881, K 2 S 132.

Der Testamentsexekutor ist zur Veräußerung eines Nachlaßgrundstücks, entsprechende Spezialvollmacht im Testamente vorausgesetzt, auch befugt, nachdem der Erbe als Eigenthümer im Grundbuche eingetragen ist. 5. Juli 1886, K. 6 S. 80.

Auf Grund der im Testament ertheilten Vollmacht sind die Testamentsexekutoren zu Löschungsanträgen legitimirt, ohne daß es der Eintragung der Erben als Eigenthümer des Grundstückes bedarf. 21. Jan. 1884, K. 4 S. 189.

Testamentsexekutoren sind ohne eine im Testament ertheilte Spezialvollmacht nicht berechtigt, Nachlaßhypotheken abzutreten. 16. Aug 1881, K. 2 S. 132.

Belastung des Nachlaßgrundstückes, zu denen der Testamentsexekutor nach dem Inhalt seiner testamentarischen Vollmacht befugt ist, sind einzutragen, ohne daß es der vorherigen oder gleichzeitigen Umschreibung des Grundstückes für die Erben bedarf. 7. Nov. 1881, K. 2 S. 115.

§ 6.

Gegen den eingetragenen Eigenthümer findet ein Erwerb des Eigenthums an dem Grundstück durch Ersitzung nicht statt.[1 2]

1. Wer vorher ersessen hat, kann sein Eigenthum gegenüber dem vor dem 1. Oktober 1872 eingetragenen Eigenthümer geltend machen. R.G. v. 27. Febr. 1886, Bd. 15 S. 256 (258).

2. Die Ersitzung kann gegen einen auf Grund früheren Rechtes eingetragenen Eigenthümer nach dem 1. Oktober 1872 nicht zu Ende geführt werden. R.G. v. 27. Febr. 1886, Bd. 15 S. 256.

§ 7.

Der eingetragene Eigenthümer ist kraft seiner Eintragung befugt, alle Klagerechte des Eigenthümers auszuüben, und verpflichtet, sich auf die gegen ihn als Eigenthümer des Grundstücks gerichteten Klagen einzulassen.[1–4]

Gegen seine Eigenthumsklage steht dem Beklagten die Einrede der Verjährung nicht zu. Hat der Beklagte von dem Kläger oder seinem Rechtsvorgänger auf Grund eines den Eigenthumserwerb bezweckenden Rechtsgeschäfts den Besitz des Grundstücks erhalten, so sind die aus dem Rechtsgeschäft herzuleitenden Rechte nicht als Einrede, sondern nur durch Klage oder Widerklage[5] geltend zu machen.

1. Der nach früherem Recht eingetragene Eigenthümer kann sich nicht lediglich zum Nachweis seines Eigenthums bei der Eigenthumsklage auf § 7 stützen R.G. v. 19. März 1881, Bd. 4 S. 270.

2. Die Klagebefugniß liegt vor, auch wenn es der Auflassung und Eintragung zum Erwerbe des Eigenthums überhaupt nicht bedarf. R.G. v. 30. Juni 1880, Bd. 2 S. 230.

3. Der Erwerber eines Grundstückes, für welches irrthümlich zwei Grundbuchblätter bestehen, muß eine vor seinem Erwerbe rechtsgültig bestellte und auf einem dieser Blätter eingetragene Hypothek wider sich gelten lassen, auch wenn er nur das Blatt gekannt hat, auf welchem die Eintragung fehlte. R.G. v. 4. März 1885, Bd. 13 S. 246.

4. Der Ersteher erwirbt das Eigenthum eines Grundstückes nicht, welches nur irrthümlich für den Subhastaten, zugleich aber für den wahren Eigenthümer auf einem andern Blatte des Grundbuchs eingetragen und nicht diesem Blatte entsprechend in dem Patente bezeichnet war. R.G. v. 27. Febr. 1884, Bd. 11 S. 275.

5. Wenn die Widerklage durchdringt, braucht nur nach dieser (nicht auch auf die Klage) erkannt zu werden. 17. Febr. 1886, R.G. Bd. 15 S. 253.

§ 8.[1]

Eine Vormerkung[2—4] zur Erhaltung des Rechts auf Auflassung oder auf Eintragung des Eigenthumsüberganges kann nur unter Vermittelung des Prozeßrichters[5] oder mit Bewilligung des eingetragenen Eigenthümers eingetragen und nur auf Ersuchen des Prozeßrichters oder auf Antrag desjenigen, für welchen die Vormerkung erfolgte, gelöscht werden.

1. Die für § 8 geltenden Sätze finden ohne Weiteres Anwendung auf die Vormerke des § 64 G.B.O. (Vermerk der Veräußerung von Trennstücken) R.G. v. 10. April 1886, Bd. 15 S. 269.

2. Durch die Vormerkung wird das Recht in dem Umfange, in welchem es zur Zeit der Eintragung bestehend war, erhalten; eine nach der Eintragung erfolgende Belastung des Grundstücks kann dem Vorgemerkten nicht nachtheilig sein. Die Bestellung von Rechten an Dritte durch Verfügungen des Eigenthümers wird nicht gehindert, das vorgemerkte Recht wirkt aber mit seiner Durchführung auf alle früheren Rechte resolvirend. R.G. v. 17. Dez. 1881, Bd. 7 S. 177.

3. Die Eintragung des Vermerkes (auch auf Grund der Bewilligung des Eigenthümers) hindert den Eigenthümer nicht, das Grundstück einer andern Person aufzulassen. 3. Okt. 1881, K. 2 S. 110.

4. In der Zwangsversteigerung wird die Vormerkung nach Ausführung des Theilungsplanes gelöscht (§ 124 Nr. 2 des Zwangsv. Ges.). Der durch die Vormerkung geschützte Eigenthumsprätendent muß vor Schluß des Termins die Einstellung des Verfahrens herbeiführen, sonst steht ihm nur ein Anspruch auf das Kaufgeld zu. R.G. v. 4. Juni 1887, Bd 18 S. 294 (298).

5. Vgl. § 18 AusfGes. zur CPO. v. 24. März 1879, G.S. S. 281:

Die nach dem Gesetz über den Eigenthumserwerb und die dingliche Belastung der Grundstücke vom 5. Mai 1872 zur Eintragung einer Vormerkung erforderliche Vermittlung des Prozessrichters findet nur als Ausführung einer einstweiligen Verfügung nach den Vorschriften der Deutschen Civilprozessordnung statt.

§ 9.

Die Eintragung des Eigenthumsüberganges und deren Folgen konnen nach den Vorschriften des bürgerlichen Rechts angefochten[1] werden.

Es bleiben jedoch die in der Zwischenzeit von dritten Personen gegen Entgelt[2] und im redlichen Glauben an die Richtigkeit des Grundbuchs erworbenen Rechte[3] in Kraft.

Gegen diesen Nachtheil kann sich der Anfechtungskläger durch die von dem Prozeßrichter nachzusuchende Eintragung einer Vormerkung sichern.

Vgl. auch betreff Anfechtung von Eintragungen im Wege der Beschwerde § 24 G.B.O.

1. Die Anfechtung der Eintragung des Eigenthumsüberganges steht nur Demjenigen zu, welcher ein persönliches oder dingliches Anfechtungs**recht** hat, und muß danach entweder den Charakter einer persönlichen Klage (z. B. der Kondiktion oder des paulianischen

Rechtsmittels) oder den einer Vindikation des wahren Eigenthümers haben. R.G. v. 23. Mai 1880, Bd. 2 S. 228 (231).

2. Gegen Entgelt bezeichnet nur den Gegensatz zur bloßen Bereicherung des Erwerbers; die bloße Bereicherung soll ebensowenig Bestand haben, wie der unredliche Erwerb. Hypotheken, welche zur Sicherung von Forderungen nachträglich bestellt sind, insbesondere Exekutionshypotheken und die Rechte aus den Vormerkungen von solchen sind gegen Entgelt erworben. R.G. v. 8. Juli 1880, Bd. 2 S. 258.

3. Auch das Eigenthum; für die Wirkung der Auflassung macht es keinen Unterschied, ob das Eigenthum des Auflassers vor oder nach dem 1. Oktober eingetragen war. R G. v. 19. Juni 1886, Bd. 16 S. 225.

§ 10.

Die Anfechtung ist auch auf Grund des Rechtsgeschäfts, in dessen Veranlassung die Auflassung erfolgt ist, statthaft, jedoch wird die mangelnde Form dieses Geschäfts durch die Auflassung geheilt.[1–3]

1. Wer die ihm vertragsmäßig obliegende Auflassung erklärt, wird dadurch nicht allein zur Forderung der Gegenleistung berechtigt, sondern auch verpflichtet, die ihm durch den Vertrag neben der Auflassung aufgelegten Leistungen zu gewähren, sofern die Abreden darüber in den Rahmen des Gesammtveräußerungsvertrages fallen. R G. v. 20. Nov. 1886, Bd. 16 S. 267.

2. § 10 findet auch auf mündliche Nebenabreden zu dem schriftlichen Veräußerungsvertrage Anwendung. R.G. v 29. Junj 1880, Bd. 2 S. 233.

3. Den an sich nothwendigen Beitritt des Dritten ersetzt die Auflassung nicht. R G. v. 22. Nov. 1880, Bd. 3 S. 257.

§ 11.

Beschränkungen des Eigenthumsrechts[1] an dem Grundstück erlangen Rechtswirkung gegen Dritte nur, wenn dieselben die Beschränkungen gekannt haben[2] oder letztere im Grundbuch eingetragen sind.[3]

Vgl. G.B.O. § 11 (Eintragungen in der zweiten Abtheilung).

1. § 11 und der § 73 G.B.O. widersprechen sich. § 11, nicht aber der auf einem Redaktionsversehen beruhende § 73, enthält die maßgebende Bestimmung. § 11 bezieht sich nur auf Beschränkungen des Eigenthumsrechts für jeden Eigenthümer. Dazu gehören namentlich Beschränkungen, welche aus der rechtlichen Natur des Eigenthums (Lehn, Fideikommiß u. s. w.) für die Veräußerungsbefugniß jedes Eigenthümers folgen. Das Reichsgericht hat auch erkannt, daß testamentarische Veräußerungsverbote unter die Vorschrift des § 11 fallen (Entsch. v. 20. Mai 1882, Bd. 7 S. 249). Noch weiter zu gehen und die obligatorische Pflicht des Eigenthümers, einem andern das Eigenthum oder Miteigenthum einzuräumen, ebenfalls für eine Beschränkung des Eigenthums zu erklären, kann nicht für richtig erachtet werden. R.G. v. 4. Juni 1887, Bd. 18 S. 294.

2. Zur Zeit der Eintragung, wenn auch erst erfahren nach der Einreichung des Antrages. R G. v. 25 Nov. 1885, Bd. 14 S. 288 (290).

3. Der Verzicht auf Ersatz von Schäden, welche einem Grundstücke durch ein Unternehmen erwachsen möchten, ist (die Verbindlichkeit des Verzichts vorausgesetzt) auf Grund der Bewilligung des Eigenthümers im Grundbuch einzutragen. 18. Sept. 1882, K. 3 S. 193.

Zweiter Abschnitt.

Von den dinglichen Rechten an Grundstücken.

Vgl. § 11 G.B O. (Eintragungen in der zweiten Abtheilung des Grundbuchs)

§ 12.

Dingliche Rechte an Grundstücken, welche auf einem privatrechtlichen Titel beruhen, erlangen gegen Dritte nur durch Eintragung Wirksamkeit und verlieren dieselbe durch Löschung.

Der Eintragung bedürfen jedoch nicht[1] die gesetzlichen Vorkaufsrechte, die Grundgerechtigkeiten, die Miethe und

Pacht und diejenigen Gebrauchs- und Nutzungsrechte, welche nach §§ 8, 142 des Allgemeinen Berggesetzes vom 24. Juni 1865 im Wege des Zwangsverfahrens erworben werden können.

Inwieweit die den Rentenbanken überwiesenen Renten und die Domainen-Amortisationsrenten[2] der Eintragung bedürfen, wird durch das Gesetz vom 2. März 1850 über die Rentenbanken für dessen Geltungsbereich bestimmt.

1. Die vom Eigenthümer beantragte Eintragung eines dinglichen Rechtes darf der Grundbuchrichter nicht aus dem Grunde ablehnen, weil es zur Erhaltung dieses Rechtes der Eintragung nicht bedarf. 6. Dez 1880, K. 2 S. 113.

2. Nach § 18 des Ges. vom 2 März 1850 ist die Dinglichkeit der Amortisationsrente von deren Eintragung nicht abhängig. R.G. vom 5. Jan. 1882, Bd. 6 S 293.

§ 13.

Zur Eintragung eines Rechtes in der zweiten Abtheilung des Grundbuchs genügt der Antrag[1] des eingetragenen oder seine Eintragung gleichzeitig erlangenden[2] Eigenthümers unter bestimmter Bezeichnung des Rechts und des Berechtigten.

Auf Antrag des Berechtigten findet die Eintragung statt, wenn der eingetragene Eigenthümer ihm gegenüber in einer beglaubigten Urkunde die Eintragung bewilligt hat.

1. Ob der Grundbuchrichter, wenn der notarielle Verpfändungsantrag eines Eigenthümers vorliegt, berechtigt und verpflichtet ist, einzutragen, oder ob er nur nach nochmaliger Erklärung der Eintragsbewilligung eintragen darf, ist dahingestellt; trägt er jedoch ein, so gilt die Eintragung. R.G. vom 28. Juni 1884, Bd 11 S. 325.

2. Das heißt, wenn die Bewilligung nach Eintragung oder bei Gelegenheit einer vom Grundbuchrichter nicht beanstandeten Verhandlung über die Eintragung des Eigenthümers erklärt ist. 18. Sept. 1882, K. 3 S. 141.

Notariell beglaubigte Eintragungsanträge des Erwerbers, welche von demselben Tage datiren, an welchem die Auflassung vollzogen ist, müssen die Tagesstunde der Vollziehung durch den Aussteller ergeben und diese muß ersichtlich machen, daß der Antrag nach erfolgter Auflassung vollzogen ist. Joh. 8 S 200.

3. Eine Ausnahme enthält § 124 Abs. 3 Zwangv.Ges.

Eintragungen, welche der Ersteher in der Vertheilungsverhandlung bewilligt hat, erfolgen bei der Eintragung des Erstehers als Eigenthümer auf Grund der Bewilligung.

4. Kosten: § 2 des Tarifs.

Stempel. Der Antrag ist an sich nicht stempelpflichtig, inwiefern etwa die dem Antrage zu Grunde liegende Urkunde stempelpflichtig ist, ist nach deren Inhalt bezw. Form zu beurtheilen.

§ 14.

Fehlt die Einwilligung des Eigenthümers, so kann die Eintragung, auch wenn das Recht auf einer letztwilligen Verfügung des Erblassers des Eigenthümers beruht, nur auf Grund eines rechtskräftigen Erkenntnisses auf Eintragung oder auf Ersuchen einer zuständigen Behörde erfolgen.

§ 15.

Der Erwerb des eingetragenen dinglichen Rechts wird dadurch nicht gehindert, daß der Erwerber das ältere Recht eines Anderen auf Eintragung eines widerstreitenden dinglichen Rechts gekannt hat, oder daß sich Letzterer bereits in der Ausübung dieses Rechts befindet.[1 2]

1. § 15 steht dem Erwerbe des dinglichen Rechtes zur Seite Voraussetzung seiner Anwendbarkeit aber ist der Widerstreit eines durch Eintragung noch zu erwerbenden dinglichen Rechtes am Grundstücke mit einem andern bereits eingetragenen dinglichen Rechte am Grundstücke; bei Rechten auf Hypothekenforderungen kommt er nicht zur Anwendung. R.G v. 23. Nov. 1880, Bd 3 S. 262.

2. Die §§ 4 und 15 bilden Ausnahmen von den im Uebrigen in Kraft gebliebenen landesgesetzlichen Vorschriften über die Wirkung des bösen Glaubens beim Erwerbe von Eigenthum oder dinglichen

Rechten (§ 10 A.L.R. I 10, §§ 4 ff. I 19, §§ 5 ff. I 21), siehe oben die Note zu § 4.

§ 16.

Eine Vormerkung zur Erhaltung des Rechts auf Eintragung eines dinglichen Rechts kann nur nach Vorschrift des § 8 eingetragen und gelöscht werden.

Durch die Vormerkung wird für die endgültige Eintragung die Stelle in der Reihenfolge der Eintragungen gesichert.

§ 17.

Die Rangordnung der auf demselben Grundstück eingetragenen Rechte bestimmt sich nach der Reihenfolge der Eintragungen, die letztere nach der Zeit, zu welcher der Antrag auf Eintragung dem Grundbuchamt vorgelegt worden ist.

Eintragungen unter demselben Datum haben die Rangordnung nach ihrer Reihenfolge, wenn nicht besonders dabei bemerkt ist, daß sie zu gleichen Rechten neben einander stehen sollen.

Rangordnung der Posten der dritten Abtheilung nach siehe § 34 (ebenso).

Rangordnung zwischen den Posten beider Abtheilungen siehe § 36 (nach dem Datum).

Dritter Abschnitt.

Von dem Recht der Hypothek und der Grundschuld.

Vgl. §§ 73 ff. G.B.O. Verfahren bei Eintragungen in der zweiten und dritten Abtheilung. §§ 119 ff. Von der Bildung der Urkunden über Eintragungen im Grundbuch.

1. Von der Begründung dieser Rechte.

§ 18.

Das Recht der Hypothek[1] und der Grundschuld entsteht durch die Eintragung[2] im Grundbuch.

1. **Revenüenhypotheken** sind zulässig. R.G. v. 28. Jan. 1885, Bd. 13 S. 233; auch bei Fideikommißgütern im Gebiete des gemeinen Rechtes. 21. Dez. 1885, K. 6 S. 119.

Der Eigenthümer kann bei Einräumung einer Hypothek und Eintragung einer Grundschuld einer später zu bestellenden Hypothek (Grundschuld) das **Vorrecht vorbehalten**, vgl. § 56 G.B.O. Note.

2. Erst durch die Eintragung, daher wirkt mala fides, welche erst nach der Einreichung entsteht, schädlich. R.G. v. 25. Nov. 1885, Bd. 14 S. 288.

Der Gläubiger erlangt nicht schon durch Präsentation des gegen den eingetragenen Eigenthümer gerichteten Pfandtitels ein unbedingtes Recht auf Eintragung; der Grundbuchrichter kann unter Ablehnung des Antrages die versehentlich erfolgte Eintragung des Eigenthümers beseitigen (siehe § 118 G.B.O.). 13. Febr. 1882, K. 3 S. 146.

Stempel: $^1/_{12}$ Prozent (vgl. jedoch § 11 Stemp.Ges., nach welchem der Stempel wegfällt, wenn die Hypothek auf einer Urkunde beruht).

Kosten: § 2 des Tarifs, siehe daselbst auch wegen Eintragung einer Hypothek in mehreren Antheilen.

Die Nothwendigkeit der Antragstellung nach der Auflassung belastet jede gemäß dem Veräußerungsvertrage vom Erwerber zu bestellende Hypothek mit den in § 8 Nr. 3 des Tarifs bestimmten Kosten des Antrages.

§ 19.

Die Eintragung erfolgt:

1) wenn der eingetragene oder seine Eintragung gleichzeitig erlangende[1] Eigenthümer[2] sie bewilligt.[3]

   Die Bewilligung kann mit Angabe eines Schuldgrundes[4] geschehen (Hypothek), oder ohne Angabe eines Schuldgrundes (Grundschuld).[5] Im ersteren Falle muß die Schuldurkunde vorgelegt werden;

2) wenn der Gläubiger auf Grund eines rechtskräftigen Erkenntnisses, durch welches der eingetragene Eigenthümer zur Bestellung einer Hypothek oder Grund-

schuld verurtheilt worden ist, die Eintragung beantragt;[6]

3) wenn eine zuständige Behörde gegen den eingetragenen Eigenthümer die Eintragung nachsucht.

1. D. h. wenn die Bewilligung nach Eintragung oder bei Gelegenheit einer vom Grundbuchrichter nicht beanstandeten Verhandlung über die Eintragung des Eigenthümers erklärt ist. 18. Sept. 1882, K. 3 S. 141.

Ob es genügt, wenn dem Grundbuchrichter zur Zeit der Eintragung des Verpfänders als Eigenthümers der vorher von demselben in notarieller Urkunde gestellte Antrag auf Eintragung einer Hypothek vorliegt, um ihn zu berechtigen und zu verpflichten, die Hypothek einzutragen oder ob er nur eintragen darf, wenn die Eintragungsbewilligung zu dieser Zeit nochmals erklärt ist, ist dahingestellt gelassen; entschieden ist, daß wenn der Grundbuchrichter die Hypothek ohne Wiederholung der Eintragungsbewilligung eingetragen hat, die Eintragung rechtswirksam ist und ein Realrecht begründet. R.G. v. 28. Juni 1884, Bd. 11 S. 325.

Notariell beglaubigte Eintragungsanträge des Erwerbers, welche von demselben Tage datiren, an welchem die Auflassung vollzogen ist, müssen die Tagesstunde der Vollziehung durch den Aussteller ergeben und diese muß ersichtlich machen, daß der Antrag nach erfolgter Auflassung vollzogen ist. Joh. 8 S. 200.

2. Auch wenn der Eigenthümer vor der Eintragung stirbt, erfolgt dieselbe. Ostpr. Trib., K. 1 S. 76.

3. Um den Zweifeln über das Recht des Gläubigers auf Grund der Bewilligung Eintragung zu verlangen und über die Form dieses Antrages des Gläubigers zuvorzukommen, empfiehlt es sich, den Eigenthümer stets erklären zu lassen: ich bewillige und beantrage.

Ist auf Grund der Eintragungsbewilligung des Eigenthümers der Antrag vom Eigenthümer und Gläubiger gemeinschaftlich gestellt, so kann die Eintragung nicht mehr durch einseitige Rücknahme der Bewilligung und des Antrages seitens des Eigenthümers gehindert werden. 20 Sept 1880, K. 2 S. 118.

Gemeinsam gestellte Anträge können nur von allen Betheiligten zurückgenommen werden. Gemeinsamkeit liegt vor, wenn z. B. der Gläubiger dem vom Schuldner zu Protokoll erklärten Antrage in dessen Gegenwart auch nur mündlich unter Ueberreichung der Schuldurkunde beigetreten ist. 15 Sept. 1883, K. 4 S. 178.

4. Die Prüfung der Rechtsbeständigkeit des angegebenen Schuldgrundes liegt dem Grundbuchrichter nicht ob. 23. Januar 1882, K. 3 S 144.

5. Die Grundschuld ist nicht von der persönlichen Forderung in dem Sinne unabhängig, daß jeder die Bestellung der Grundschuld betreffende Hergang für den persönlichen Anspruch schlechtweg unverwendbar ist; wird z. B. zur Sicherung eines Darlehns eine befristete Grundschuld bestellt, so ist mangels besonderer Umstände damit auch der Wille ausgedrückt, daß die Darlehnsforderung ebenso befristet sein soll. 29. Nov. 1886, R.G. Bd. 17 S. 148 (152).

6. Vorausgesetzt, daß bei Anstellung der Klage bereits ein Anspruch auf Eintragung vorhanden war; wird ein rein persönliches Forderungsrecht geltend gemacht, so findet nicht § 19, sondern §§ 6 ff. Zwangsv Ges. Anwendung

Die Mitwirkung des Prozeßgerichts ist beseitigt, die vollstreckbaren Titel sind zu Titeln zur Eintragung erhoben, welche die betheiligte Partei an den Grundbuchrichter mit ihrem Antrage auf Eintragung zu bringen hat. 4. März 1884, K. 4 S. 116.

Aus § 6 Zwangv Ges. darf nur eine Hypothek (nicht auch etwa als minus eine Vormerkung) eingetragen werden. 5. Okt. 1885, K. 6 S. 103.

Die Zustellung des Urtheils, aus welchem eingetragen werden soll, muß nachgewiesen werden 7. Juni 1879, K. 1 S. 120 (auch jetzt nach dem § 6 Zwangsv.Ges anwendbar).

Die auf dem Grundstück eingetragene Verpflichtung des Eigenthümers, dasselbe in einem künftigen Zeitpunkte Dritten schuldenfrei herauszugeben, steht der Eintragung einer gegen den Eigenthümer erstrittenen Forderung nicht entgegen. 9. Juli 1880, K. 1 S. 125.

Ist nach Inhalt des Grundbuches die Verfügungsbefugniß des Eigenthümers dahin beschränkt, daß er das Grundstück nur mit

Genehmigung anderer Personen zu belasten befugt ist, so darf die Eintragung einer Forderung aus einem gegen den Eigenthümer allein ergangenen Urtheil nicht erfolgen. 30. August 1880, K. 1 S. 127.

Urtheile auf fremde Währung siehe § 23 Note 4.

Die Gebühren des Rechtsanwalts für den Antrag auf Eintragung einer Judikatsforderung können nicht ohne vorherige Festsetzung seitens des Prozeßgegners eingetragen werden. 5. Januar 1880, K. 1 S. 122; 21. Febr. 1881; 12 Dez. 1881, K. 2 S. 122; aufrecht erhalten auch unter der Herrschaft des Zwangsv.Ges. durch Beschluß v. 16. Juni 1884, K. 5 S. 155. Es ist diese Ansicht sehr bestritten (Jäckel S. 75), ihre Aufrechterhaltung konstruirt eine Schraube ohne Ende, ein dem ganzen, verschrobenen Kostenfestsetzungsverfahren allerdings sehr würdiges Nachspiel.

§ 20.

Der eingetragene Gläubiger erlangt das Verfügungsrecht über die Grundschuld erst durch die Aushändigung des Grundschuldbriefs an ihn.[1, 2]

1. Auch bei Abtretung der Grundschuld muß die Aushändigung des Grundschuldbriefes an den Erwerber hinzukommen, wenn die Abtretung in Kraft treten soll. R.G. v. 10. Dez. 1880, Bd. 3 S. 326.

2. Auf Hypotheken findet § 20 nicht Anwendung, der Gläubiger erlangt das Verfügungsrecht durch die Eintragung; er kann also die Hypothek abtreten, ohne in Besitz des Dokumentes gelangt zu sein (auch wenn ein solches gebildet ist); der Erwerber kann sich aber gegen spätere anderweite Abtretungen nur durch die Besitznahme des Dokumentes sichern.

§ 21.

Der eingetragene Miteigenthümer kann auf seinen Antheil eine Hypothek oder Grundschuld bewilligen; auch kann im Wege des gesetzlichen Zwanges gegen ihn auf seinen Antheil eine solche eingetragen werden.

1. Das Anerkenntniß der Betheiligten, daß eine auf sie übergegangene Post ihnen zu gleichen Theilen zusteht, genügt zur Fest-

stellung des Theilnahmeverhältnisses, wenn das Grundbuch der solcher Erklärung zu Grunde liegenden Annahme, daß dieses Theilnahmeverhältniß schon zur Zeit des Erwerbes feststand und durch den Erwerbsakt begründet ist, nicht entgegensteht. 22. Jan. 1883, K. 3 S. 165.

2. Zu dem Antrage auf Löschung der das ganze Grundstück belastenden Hypothek ist ein einzelner Miteigenthümer nicht befugt, wenn die Unterlagen des Antrages nicht klarstellen, daß durch die Löschung nicht Rechte anderer Miteigenthümer beeinträchtigt werden. 28 Mai 1883, K. 4 S. 187.

3. Ob bei einer für mehrere Gläubiger ohne Antheilsbestimmung eingetragene Post ein gemeinschaftliches Recht Aller anzunehmen, oder ob dem Einzelnen bestimmte Antheile beizumessen, ist durch Auslegung des der Eintragung zu Grunde liegenden Rechtsgeschäfts zu beantworten. Ersterenfalls kann kein Theil der Post auf Grund der Quittung eines Mitberechtigten gelöscht werden, bevor die Höhe des Antheils durch Auseinandersetzung mit den übrigen festgestellt ist. 21. Mai 1883, K. 4 S 197.

4. Nach der herrschenden Ansicht bildet den Gegenstand des Miteigenthums der Miterben die Erbschaft als solche und steht dem einzelnen Miterben eine Quote nur an der Erbschaft, nicht an den einzelnen Erbschaftssachen zu, und daraus ist der weitere Satz abgeleitet worden, daß eine vor der Erbtheilung von einem Miterben vorgenommene Verpfändung seines Grundstückantheiles zwar nicht von vornherein ungültig sei, aber in ihrer Wirksamkeit solange suspendirt bleibe, bis sich durch die Erbtheilung entscheide, ob der betreffende Miterbe das verpfändete Grundstück ganz oder theilweise zum Eigenthum zugetheilt erhalte — welchen Falles die Verpfändung definitiv gültig werde — bezw. ob derselbe keinen Antheil am Grundstücke erhalte — womit das Pfandrecht gegenstandslos werde. Von anderer Seite wird bestritten, daß das preußische Recht sich in dieser Beziehung von dem ein Miteigenthum der Miterben an den einzelnen Nachlaßsachen anerkennenden römischen Rechte unterscheide. Einer Stellungnahme zu dieser Frage bedarf es für die Entscheidung des vorliegenden Falles (Fall der Note 5) nicht. R.G. v. 23. Okt. 1886, Bd. 16 S. 251.

5. Eine Grundschuld, welche zwar von einem im Grundbuche, aber nicht im Grundschuldbriefe als Miterbe bezeichneten, bei der demnächstigen Erbtheilung nicht in den Besitz des Grundstücks gelangten Miteigenthümer errichtet worden ist, kann gegenüber dem dritten gutgläubigen Inhaber des Grundschuldbriefes vom Eigenthümer nicht angefochten werden. R.G. v. 23. Okt. 1886, Bd. 16 S. 251.

Miterben siehe auch § 5 Note 4 (Auflassung) § 40 G.B.O. (Verfügung über Nachlaßforderungen.

Testamentsvollstrecker siehe § 5 Note 5.

Gütergemeinschaft siehe §§ 46, 50 G.B.O.

§ 22.

Der Gläubiger[1] hat das Recht, unter Vermittelung des Prozeßrichters[2] eine Vormerkung auf dem Grundstück seines Schuldners eintragen zu lassen.

Auch diejenigen Behörden, welche die Eintragung einer Hypothek gegen den Eigenthümer nachzusuchen gesetzlich berechtigt sind, können die Eintragung einer Vormerkung verlangen.

Durch die Vormerkung wird für die endgültige Eintragung die Stelle in der Reihenfolge der Eintragungen gesichert.[3]

1. D. h. derjenige, welcher ein Recht (einen Titel) auf Eintragung einer Hypothek oder Grundschuld hat, z. B. der in § 972 A.L.R. I 11 behandelte Fall (Hypothekentitel des Werkmeisters).

2. Unter Glaubhaftmachung (§ 70) ist Erlaß einer einstweiligen Verfügung nach § 18 Ausf.Ges. zur C.P.O. zu erwirken, deren Ausführung der Prozeßrichter nachsucht; der Gläubiger muß sodann nach § 809 Abs. 3 C.P.O. für rechtzeitige Zustellung der Verfügung sorgen.

Betreff der Eintragung auf Grund eines vollstreckbaren Urtheils, welche die Partei betreibt, siehe § 6 Zwangsv.Ges.

3. Die in Gemäßheit des § 22 eingetragene Vormerkung begründet ein bedingtes (durch den Hinzutritt eines Titels von selbst in Wirksamkeit tretendes) Hypothekenrecht. R.G. v. 3. Jan. 1881, Bd. 3 S. 315 (316).

Die Vormerkung setzt voraus, daß die Forderung mit einem Titel zum Pfandrecht versehen ist; ist dies nicht der Fall, so schafft die Eintragung keinen Titel und keine bedingte Hypothek. R.G. v. 3. März 1881, Bd. 4 S. 266 (268, 270).

§ 23.

Die Eintragungsbewilligung muß auf den Namen eines bestimmten Gläubigers [1–3] lauten, das verpfändete Grundstück bezeichnen, und eine bestimmte Summe in gesetzlicher Währung,[4] den Zinssatz[5] oder die Bemerkung der Zinslosigkeit, den Anfangstag der Verzinsung und die Bedingungen der Rückzahlung[6–10] angeben.

1. Diesem Erforderniß ist genügt durch jede Bezeichnung, welche den Gläubiger individuell erkennbar macht Kollektivbezeichnung für eine Mehrheit von Personen ist nicht unstatthaft, wenn sie unzweideutig auf bestimmte physische Personen zu beziehen ist und deren Feststellung jeder Zeit erreichbar ist (Nachlaßmasse). 18. Juni 1883, K 4 S. 184 und 28. Sept. 1885, K. 6 S. 98.

2. Die Umschreibung einer Hypothek für die Deszendenz einer bestimmten Person ist nicht für unzulässig zu erachten. 4. April 1881, K. 2 S. 125.

3. Von der Nothwendigkeit der individuellen Bezeichnung des Gläubigers, sofern diese möglich ist, sind Abweichungen nur statthaft, wo jene Bezeichnung unthunlich und zugleich die Möglichkeit gesichert ist, aus amtlichem Material Gewißheit über die Person der Berechtigten oder ihrer gesetzlichen Vertreter zu erlangen. 1. Juni 1885, K. 5 S. 158.

Betreff der Firmen und Handelsgesellschaften siehe zu § 10 G.B.O.

4. Auch im Wege der Zwangsvollstreckung dürfen aus Urtheilen, welche auf Zahlung eines Betrages in ausländischer Währung lauten, Eintragungen nicht erfolgen. 19. April 1880, K. 1 S. 128.

5. Zinsen müssen nur bei der ersten Eintragung erwähnt werden, nicht auch bei Abtretungen. 22. Mai 1882, K. 3 S. 169.

6. Enthält die Urkunde über die Schuld die Bezeichnung als fällige, so braucht diese Bezeichnung nicht in der Eintragungsbewilligung wiederholt zu werden. 2. Aug. 1881, K. 2 S. 117.

7. Eine Grundschuld welche ohne Angabe der Bedingungen der Rückzahlung eingetragen ist, ist nicht ungültig. R.G. v. 17. Okt. 1885, Bd 14, S. 273.

8. Die Angabe der Rückzahlungsbedingungen in der Eintragungsbewilligung ist für Hypotheken nicht ausnahmslos als unerläßlich zu erachten. Dem Grundbuchrichter steht eine Prüfung der Vollständigkeit der in der Eintragungsbewilligung festgesetzten Rückzahlungsbedingungen nicht zu. 15. Sept. 1883, K. 4 S. 174.

9. Aus dem Rechte des Gläubigers zur Verfügung über seine Forderung folgt auch seine Befugniß, ohne Mitwirkung des Eigenthümers die Eintragung diesen begünstigender Kündigungsmodalitäten zu beantragen. 8. April 1884, K. 4 S. 176.

10. Die Bewilligung der Eintragung des Kündigungsausschlusses, betreff bereits eingetragener Hypotheken, stellt sich nicht als ein Akt selbstständiger Belastung des Grundstücks dar. 7. Nov. 1885, K. 2 S. 115.

§ 24.

Wenn die Größe eines Anspruchs zur Zeit der Eintragung noch unbestimmt ist (Kautions-Hypotheken), so muß der höchste Betrag eingetragen werden, bis zu welchem das Grundstück haften soll.

1. Ein Anspruch ist deshalb, weil er nicht nur hinsichtlich seiner Existenz überhaupt suspensiv bedingt, sondern auch hinsichtlich seines Betrages von dem früheren oder späteren Zeitpunkte dieses Eintritts abhängig ist, noch kein der Größe nach unbestimmter Anspruch im Sinne des § 24. 1. Nov. 1886, K. 6 S. 100.

2. § 24 ist nur auf die Kapitalsforderung und solche Nebenforderungen zu beziehen, welche die Natur des Kapitals haben; dagegen können Zinsen, welche für den Fall des Verzuges neben geringeren Konventionalzinsen gezahlt werden sollen, ohne Bestimmung des Höchstbetrages eingetragen werden. 13. Juli 1880, K. 1 S. 130.

3. Die Verpflichtung des Schuldners, ein Darlehn nach Wahl des Gläubigers baar oder in Hypothekenbriefen eines Kreditinstitutes zum Nennwerth zurückzuzahlen, kann nur durch Bestellung einer Kautionshypothek sichergestellt werden. 11. Dez. 1883, K. 4 S. 172.

4. Eintragung einer Kautionshypothek von bestimmtem Höchstbetrage „wegen aller Forderungen, welche der Gläubiger an den Besteller habe oder künftig erwerben werde," ist statthaft. 23. Febr. 1885, K. 5 S. 159.

5. Auch auf eine aus einer Kautionshypothek entstandenen unbedingten Hypothek findet § 25 Anwendung. 16. April 1884, K. 5 S. 169.

6. Umschreibung von Kautionshypotheken kann auch nach inzwischen erfolgter Veräußerung des Grundstückes nur mit Bewilligung bezw. auf Antrag des Bestellers oder auf Grund eines dieselbe ersetzenden Urtheils, nicht dagegen auf Antrag des neuen Grundstückserwerbers geschehen 16. April 1884, K. 5 S. 169.

7. Bei Umschreibung einer Kautionshypothek nach Feststellung können auch Zinsen bis 5 Prozent mit der Rangordnung des Kapitals eingetragen werden. R.G. v. 16. Mai 1881, Bd. 5 S. 234.

8. Der Eigenthümer kann gegen den Kautionsgläubiger einer vom Vorbesitzer bestellten Hypothek negatorisch auf Löschung klagen, sofern er nachweisen kann, daß eine Forderung, für welche sie haftbar war, nicht mehr besteht und nicht mehr entstehen kann, wenn der Gläubiger der Löschung widerspricht. R.G. v. 13. April 1887, Bd. 18 S. 205.

9. Die Vorschriften der §§ 63—69 Eig.G. finden nach § 67 auf Kautionshypotheken keine Anwendung. Es kann also eine Kautionshypothek nicht dem Eigenthümer abgetreten werden. Da eine solche Hypothek auch einem Dritten nicht abgetreten werden kann, so muß, wenn der locus der Kautionshypothek konservirt werden soll, der Eigenthümer die zur Umwandlung in eine definitive Hypothek erforderliche Erklärung abgeben und hierauf der Gläubiger die definitive Hypothek abtreten.

Stempel: $^1/_{12}$ Prozent, bei Vorlegung einer Urkunde jedoch nach § 11 Stemp.Ges. und § 1 Ges. v. 26. März 1873 nur 0,50 bis 1,50 Mark; siehe § 11 des Stemp.Ges.

Kosten der Eintragung einer Kautionshypothek § 2 des Tarifs (gleich den Kosten der Eintragung einer definitiven Hypothek).

Kosten der Umschreibung in eine definitive Hypothek § 3 des Tarifs (die Hälfte).

§ 25.

Für Kapitalien, welche zinslos oder mit Zinsen unter dem Zinssatz von fünf vom Hundert eingetragen sind, kann der Eigenthümer des Grundstücks einen Zinssatz bis fünf vom Hundert mit der Rangordnung des Kapitals eintragen lassen. Der Einwilligung der nach dem Tage, an welchem dieses Gesetz in Kraft getreten ist, gleich- oder nachstehend eingetragenen Gläubiger bedarf es nicht.

Auch bei denjenigen Hypotheken, welche seit der Geltung des Gesetzes vom 24. Mai 1853 mit Zinsen unter fünf vom Hundert eingetragen worden sind, bedarf es einer Zustimmung der gleich- oder nachstehenden Gläubiger zu diesem Zwecke nicht.

§ 25 findet auch Anwendung auf eine aus einer Kautionshypothek entstandene unbedingte Hypothek. 16. April 1884, K. 5 S. 169; R.G. v. 16. Mai 1881, Bd. 5 S. 234.

§ 26.

Der bei der Veräußerung eines Grundstücks zur Sicherstellung einer Forderung bedungene Vorbehalt des Eigenthums gewährt dem Veräußerer nur das Recht, für die bestimmte Summe eine Hypothek auf das Grundstück eintragen zu lassen.

§ 27.

Der Eigenthümer kann auf seinen Namen Grundschulden eintragen und sich Grundschuldbriefe ausfertigen lassen. Er erlangt dadurch das Recht, über diese Grundschuld zu verfügen und auf dritte Personen die vollen Rechte eines Grundschuldgläubigers zu übertragen.

Bei der Vertheilung der Kaufgelder in Folge einer gerichtlichen Zwangsversteigerung kann er die Grundschuld für sich geltend machen.

Nur Grundschulden, § 27 ist Ausnahmefall; andere Belastungen zu seinen Gunsten (z. B. Nießbrauch) kann der Eigenthümer nicht eintragen lassen. 28. Sept. 1885, K. 6 S. 95. (Es muß also der neue Erwerber den Nießbrauch für den frühern Eigenthümer eintragen lassen.)

Hypotheken kann der Eigenthümer nicht für sich eintragen, jedoch bereits eingetragene nach § 64 auf sich umschreiben lassen.

§ 28.

Hat der Eigenthümer das Eigenthum des Grundstücks abgetreten, so erlangt er an der auf seinen Namen eingetragenen Grundschuld alle Rechte eines Grundschuldgläubigers.

§ 29.

Eine Hypothek kann auf Antrag des Eigenthümers und des Gläubigers in eine Grundschuld umgewandelt werden, wenn diejenigen in der zweiten und dritten Abtheilung gleich- oder nacheingetragenen Berechtigten einwilligen, welche vor dem Tage, an welchem dieses Gesetz in Kraft tritt, eingetragen sind.

Eine Grundschuld kann in eine Hypothek umgewandelt werden. 13. Juli 1880, K. 1 S. 139 (Verfahren nach § 90 G.B.O.).

2. Von dem Umfang des Hypotheken- und des Grundschuldrechts.

§ 30.

Für das eingetragene Kapital, für die eingetragenen[1] Zinsen[2] und sonstigen Jahreszahlungen und für die Kosten der Eintragung, der Kündigung, der Klage[3] und Beitreibung haften:

das ganze Grundstück[4] mit allen seinen, zur Zeit der Eintragung nicht abgeschriebenen Theilen (Parzellen, Trennstücken);

die auf dem Grundstück befindlichen oder nachträglich darauf errichteten, dem Eigenthümer gehörigen Gebäude;

die natürlichen An- und Zuwüchse, die stehenden und hängenden Früchte;[5]

die auf dem Grundstück noch vorhandenen abgesonderten, dem Eigenthümer gehörigen Früchte;

die Mieth- und Pachtzinsen und sonstigen Hebungen;[6]

die zugeschriebenen unbeweglichen Zubehörstücke (Pertinenzien) und Gerechtigkeiten;

das bewegliche, dem Eigenthümer gehörige[7] Zubehör,[8] so lange bis dasselbe veräußert und von dem Grundstück räumlich getrennt worden ist;[9]

die dem Eigenthümer zufallenden Versicherungsgelder[10] für Früchte, bewegliches Zubehör und abgebrannte oder durch Brand beschädigte Gebäude, wenn diese Gelder nicht statutenmäßig zur Wiederherstellung der Gebäude verwendet werden müssen oder verwendet worden sind.

1. Die Bezugnahme auf Reglements genügt nicht, um darin enthaltene Bestimmungen über Verzugszinsen als eingetragene gelten zu lassen. R G v. 24. Juni 1880, Bd. 2 S. 287.

2. Wegen Konventionalzinsen siehe § 24 Note 2.

3. Nicht auch einer von der Hypothekenklage getrennt angestellten persönlichen Klage (gegen einen frühern Besitzer). R.G. v. 24. Okt. 1879, Bd. 1 S. 105.

4. Durch die von dem Eigenthümer ausgehende Ueberbauung von zwei auf verschiedenen Grundbuchblättern eingetragenen und verschieden verpfändeten Grundstücken mit einem seiner Bestimmung und Beschaffenheit nach nicht theilbaren Gebäude, gelangen die Gläubiger des einen und des andern Grundstückes durch eine von ihrem Willen unabhängige Handlung in eine zufällige Gemeinschaft; die Subhastation des einen Grundstückes, welche ohne vorherige Auseinandersetzung dieses Verhältnisses erfolgt, hat auf diesen Zustand keinen Einfluß R.G. v. 10. Febr. 1886, Bd. 15 S. 249.

5. Der Hypothekengläubiger kann sein dingliches Recht an Früchten, welche als stehende oder hängende veräußert und demnächst vom Erwerber getrennt und vom Grundstücke weggeschafft

sind, geltend machen, ohne vorher Beschlagnahme ausgebracht zu haben. R.G. v. 7. Juli 1881, Bd. 5 S. 292.

6. Der Erlös aus einer auf einem verpfändeten Grundstücke betriebenen Fabrik gehört nicht zu den sonstigen Hebungen (dazu gehören nur die an Stelle der Früchte und Nutzungen tretenden Nutzungswerthe der Grundstücke). R.G. v. 18. Juni 1880, Bd. 2 S. 245.

7. § 30 stellt keinen einheitlichen Begriff dessen, was als Zubehör im Sinne dieses Paragraphen zu gelten hat, für den Geltungsbereich dieses Gesetzes auf und muß die Frage betreff der in Kurhessen liegenden Grundstücke nach den Grundsätzen des gemeinen Rechts entschieden werden. R.G. v. 4. Mai 1886, Bd. 15 S. 214.

8. Sachen, die an sich die Pertinenzeigenschaft haben würden, gelten doch nicht als Pertinenzstücke, wenn sie einem Dritten und nicht dem Grundstückseigenthümer gehören; aber das an wirklichen Pertinenzstücken entstandene Hypothekenrecht geht bloß dadurch, daß die Sachen von einem Dritten erworben werden, bis zur gänzlichen Trennung von der Hauptsache nicht unter. R.G. v. 4. Juli 1883, Bd. 9 S. 303.

9. Die Pertinenzeigenschaft ist nicht trotz der Trennung als fortdauernd anzusehen, ihre Fortdauer wird nur in Bezug auf die Hypothekengläubiger fingirt; der Ersteher kann dieselben nicht beanspruchen, die Gläubiger aber können auch nach der Subhastation verschleppte Pertinenzstucke zurückfordern. R.G. v. 23. Dez. 1880, Bd. 3 S. 309.

10. Werden im Versteigerungstermin die Feuerversicherungsgelder mit ausgeboten, im Zuschlagsurtheil aber nicht erwähnt, so erwirbt der Ersteher dieselben. R.G. v. 16. Sept. 1882, Bd. 7 S. 271.

11. Ueber die Reihenfolge und den Umfang der aus dem Kaufgelde im Zwangsvollstreckungsverfahren zu berichtigenden Forderungen siehe §§ 29 und 35 Zwangsv Ges. (Zinsenrückstände der Hypotheken und Grundschulden aus den beiden letzten Jahren).

§ 31.

Die Abtretung und Verpfändung der Ansprüche auf Versicherungsgelder, die Vorauserhebung, Abtretung und

Verpfändung von Pacht- und Miethzinsen auf mehr als ein Vierteljahr,[1] und die Veräußerung stehender und hängender Früchte ist, soweit sie zum Nachtheil der eingetragenen Gläubiger[2] gereicht, ohne Wirksamkeit.

1. D. h.: Es darf nur die Abtretung u. s. w. bezüglich des Vierteljahrs, im Laufe dessen die Beschlagnahme geschieht, von den Gläubigern nicht angefochten werden; wer also auf länger als ein Vierteljahr im Voraus Miethe zahlt u. s. w., setzt sich der Klage der Gläubiger aus.

2. Nur diese, nicht auch der Administrator, Konkursverwalter u. s. w.

§ 32.

Werden nach der Eintragung der Hypothek oder Grundschuld dem verpfändeten Grundstück andere Grundstücke als Zubehör zugeschrieben, so treten diese in die Pfandverbindlichkeiten desselben; es gehen jedoch die mitübertragenen Posten des zugeschriebenen Stücks — soweit es sich um Befriedigung derselben aus diesem Stück handelt — den zur Zeit der Zuschreibung auf dem Hauptgut eingetragenen vor.

1. § 32 findet nicht Anwendung auf vor dem 1. Oktober 1872 erfolgende Zuschreibungen. Realrechte, welche dem entgegen übertragen sind, müssen von Amtswegen gelöscht werden, soweit nicht Rechtserwerb Dritter verletzt wird. 18. Sept 1882, K. 3 S. 127.

2. Die §§ 30, 32, 35 enthalten keine ausdrücklichen gesetzlichen Bestimmungen über die Auslegung von Prioritätseinräumungen und die Rangordnung der eingetragenen Posten betreff später zugeschriebener Grundstücke. 25. Sept. 1882, K. 3 S. 160.

§ 33.

Werden unbewegliche Zubehörstücke oder Theile des Grundstücks auf dem Blatt des bisherigen Haupt- oder Stammguts abgeschrieben und auf ein anderes Blatt übertragen, so haften sie für die eingetragenen Belastungen des bisherigen Haupt- oder Stammguts nur dann, wenn diese bei der Abschreibung auf das andere Blatt mitübertragen worden sind.

3. Von der Rangordnung der auf demselben Grundstück haftenden Hypotheken und Grundschulden.

§ 34.

Die Rangordnung der auf demselben Grundstück haftenden Hypotheken und Grundschulden bestimmt sich nach den in § 17 gegebenen Vorschriften.

Die §§ 17 und 34 betreffen nur die dingliche Seite. Der voreingetragene Gläubiger hat durch die Eintragung an oberer Stelle ein Hypothekenrecht und zwar in Bezug auf das Grundstück das Vorrecht vor dem nacheingetragenen Gläubiger erlangt. Jeder, welcher von ihm die Hypothek erwirbt, erwirbt dieselbe mit dem Vorrecht vor dem nacheingetragenen Gläubiger; der Eigenthümer muß sich gefallen lassen, daß der voreingetragene Gläubiger aus dem Grundstücke vor dem nacheingetragenen befriedigt werde. Ob und unter welchen Umständen der voreingetragene Gläubiger und der Eigenthümer auf Grund persönlicher Rechtsverhältnisse dem Vorrechte bezw. der Vorbefriedigung des voreingetragenen Gläubigers widersprechen kann, darüber enthält das Eig Ges nichts, dies wird nach A.L.R. I 20 entschieden. R.G v 21. März 1881, Bd. 4 S. 324.

Ueber Korrealhypotheken siehe § 42.

Rangordnung der Posten der zweiten Abtheilung § 17; Rangordnung zwischen den Belastungen zur zweiten und dritten Abtheilung § 36.

§ 35.

Ein voreingetragener Gläubiger kann sein Vorrecht einem nachstehenden einräumen. Die Einräumung des Vorrechts für das Kapital bezieht sich auch auf die

Nebenleistungen. Die Vorrechte der Zwischenposten werden hierdurch nicht geändert.

Siehe § 86 G.B.O. (Einräumungs-Erklärung, Vermerk auf Urkunde.)

1. Der Eigenthümer kann bei Konstituirung einer Hypothek oder Grundschuld einer später zu konstituirenden das Vorrecht vorbehalten, vgl. § 86 G.B.O. Note.

2. Die Rechtswirkung der Vorrechtseinräumung geht dahin, daß bei einer Kollision beider Pfandrechte der Zurücktretende den Vorrang seiner Hypothek nicht geltend machen darf, daß also die Schranke, welche das Pfandrecht des Zurücktretenden für die Ausübung desjenigen des Vortretenden bildet, fortfällt und daß der Vortretende befugt wird, sein an sich gültig bleibendes Pfandrecht an der Stelle des Zurücktretenden geltend zu machen. R.G. v. 2. Okt. 1886, Bd. 16 S. 244 (249).

3. Die §§ 30, 32, 35 enthalten keine ausdrückliche gesetzliche Bestimmung über die Auslegung von Prioritätseinräumungen (und die Rangordnung der eingetragenen Posten bezüglich später zugeschriebener Grundstücke). 25. Sept. 1882, K. 3 S. 160.

4. Durch Zahlung an den vortretenden Gläubiger bei der Kaufgelderveriheilung im Zwangsversteigerungsverfahren wird die Forderung des vortretenden Gläubigers getilgt. R.G. v. 2. Okt. 1886, Bd 16 S. 244.

5. Das Recht des Gläubigers wird dadurch nicht beschränkt, daß das Rangordnungsverhältniß beider Posten durch zweiseitigen Vertrag bestimmt ist, sofern eine Beschränkung nicht eingetragen ist. Bescheid 27. Febr. 1879, K. 1 S. 89 (Naumburg).

6. Die Aufgabe der zur Sicherheit für eine Forderung bestellten Hypothek oder des Vorrechts enthält keinen Verzicht auf die persönliche Forderung. R.G. v. 2. Okt. 1886, Bd. 16 S. 244.

7. Die Löschung der zurücktretenden Hypothek kann auch ohne Zustimmung des vortretenden Gläubigers erfolgen, dann rücken die Zwischenhypotheken vor. R.G. v. 2. Okt. 1886, Bd. 16 S. 224.

8. Der Eigenthümer hat im Kündigungsfalle einer Hypothek, deren Vorrecht ohne seine Zustimmung einem andern Hypothekar abgetreten ist, kein Recht zu verlangen, daß der kündigende Gläubiger

ihm gegen Zahlung der gekündigten Hypothek deren frühere Priorität wieder verschaffe. R.G. v. 21. März 1883, Bd. 9 S. 250.

9. Der Erwerber einer Hypothekenforderung, welcher weiß, daß einer später eingetragenen Forderung das Vorrecht eingeräumt ist, muß diese nicht im Grundbuche eingetragene Vorrechtseinräumung gegen sich gelten lassen. R.G. v. 7. April 1886, Bd. 15 S. 264.

Kosten der Prioritätseinräumung sind gleich den Kosten der Abtretung der geringeren Post.

Kosten der Eintragung derselben § 3 des Tarifs nach der Höhe der geringeren Post.

Stempel gleich dem Cessionsstempel, wenn die Einräumung nicht unentgeltlich erfolgt. Die ausdrückliche Erwähnung der Unentgeltlichkeit dürfte den Erklärer der Gefahr aussetzen, den Schenkungsstempel zahlen zu müssen.

Verfahren betreff der Urkunden § 86 G.B.O.

§ 36.

Die Rangordnung zwischen den Belastungen zur zweiten und dritten Abtheilung des Grundbuchs bestimmt sich nach dem Datum der Eintragung.

Eintragungen unter demselben Datum stehen zu gleichem Recht, wenn nicht besonders dabei bemerkt ist, daß die eine der anderen nachstehen soll.

Rangordnung der in der zweiten Abtheilung eingetragenen Rechte § 17, der in der dritten eingetragenen Posten § 34 oben.

4. Von der Wirkung des Rechts der Hypotheken und der Grundschulden.

§ 37.

Durch die Eintragung der Hypothek und der Grundschuld wird für den Gläubiger die dingliche Klage gegen den Eigenthümer begründet. Der Letztere haftet nur mit dem Grundstück nach Maßgabe der §§ 30, 32.

Hiernach sind bei der dinglichen Klage die Kosten des Prozesses nur zur Vermeidung der Zwangsvollstreckung in das Grundstück zu beantragen, zuzusprechen und festzusetzen, was übersehen zu werden pflegt.

§ 38.

Gegen die Klage aus einer Grundschuld sind Einreden nur soweit zulässig, als sie dem Beklagten gegen den jedesmaligen Kläger unmittelbar zustehen oder aus dem Grundschuldbrief sich ergeben, oder die Thatsachen, auf welche sich dieselben gründen, dem Kläger beim Erwerb der Grundschuld bekannt gewesen sind.

Gegen die Klage aus einer Hypothek können Einreden[1] aus dem persönlichen Schuldverhältniß einem Dritten,[2 3] welcher ein Recht[4] auf die Hypothek gegen Entgelt erworben hat,[5] nur entgegengesetzt werden, wenn sie ihm vorher bekannt geworden sind oder sich aus dem Grundbuch ergeben.

Einreden gegen das Verfügungsrecht des Klägers aus der Person seines eingetragenen Rechtsurhebers (Autors) sind sowohl gegen die Klage aus einer Grundschuld als gegen die aus einer Hypothek unzulässig.

1. „Einreden" im Absatz 2 heißt dasselbe wie im Absatz 1: „oder die Thatsachen, auf welche sich dieselben (d. i. die Einreden) gründen". Es kann dem Dritten nicht schon dann eine Einrede aus dem persönlichen Schuldverhältnisse entgegengesetzt werden, wenn ihm bekannt war, daß der Forderung zu irgend einer Zeit die Einrede entgegengestanden hat, sondern nur dann, wenn ihm bekannt war, daß die Einrede noch zur Zeit der Cession bestand. R.G. v. 9. April 1886, Bd. 16 S. 198 (200).

2. Der Haussohn, dem eine Hypothek testamentarisch mit der Beschränkung zugewendet, daß er bis zum 25 Jahre über dieselbe nicht verfügen dürfe, kann auch nicht in Gemeinschaft mit seinem Vater Löschung gültig bewilligen oder cediren. Zu solchen Rechtsakten bedarf es für die Dauer der Beschränkung der Einwilligung sämmtlicher Erben.

Eine Beschränkung solcher Art erlangt Rechtswirkung gegen einen Dritten, wenn bei Umschreibung in der Umschreibungsformel des dieselbe enthaltenden Testaments gedacht ist und der Dritte vor dem Erwerbe von dem bezüglichen Inhalte dieses Testamentes Kenntniß erhalten hat. 7. März 1881, K. 2 S. 140.

3. Der Cessionar einer Hypothekenforderung, welcher weiß, daß einer später eingetragenen Forderung das Recht eingeräumt ist, muß diese nicht im Grundbuche eingetragene Vorrechtseinräumung gegen sich gelten lassen. R.G. v. 7. April 1886, Bd. 15 S. 264.

4. Auch Pfandrecht ohne Ueberweisung zur Einklagung oder Verpfändung. R.G. v. 8. Dez. 1883, Bd. 10 S. 251.

5. Dem Gläubiger des Hypothekengläubigers, welcher die Forderung im Wege der Zwangsvollstreckung erworben hat, kann der Schuldner die Einreden, welche dem Gläubiger entgegenzusetzen waren, entgegenstellen. R.G. v. 17. Jan. 1883, Bd. 8 S. 277.

§ 39.

Gegen die dingliche Klage auf Rückstände von Zinsen und sonstigen Jahresleistungen ist die Einrede der Tilgung unbedingt zulässig.[1] [2]

Mit dem Grundschuldbriefe können Zinsquittungsscheine[3] ausgegeben werden. Ist dies geschehen, so ist nur der Inhaber des fälligen Zinsquittungsscheines gegen Aushändigung desselben zur Empfangnahme der Zinsen berechtigt.

1. § 39 bezieht sich nicht auf Zinsen, die erst nach der Cession fällig werden. R.G. v. 28. März 1881, Bd. 4 S. 334.

2. Einwendungen gegen einen Zwischencedenten kann der Schuldner entgegensetzen, nicht aber Gegenforderungen. R.G. v. 28. März 1881, Bd. 4 S. 330.

3. Die Ausgabe von Zinsquittungsscheinen kommt fast gar nicht vor; Jastrow in Koch's Formularbuch (S. 241 Note 1) theilt mit, daß bei dem Amtsgericht I in Berlin in der Zeit vom 1. Oktober 1884 bis 1. Oktober 1885 gar kein Brief mit Zinsquittungsscheinen und in der Zeit vom 1. Oktober 1885 bis 1. Oktober 1886 bei einem Grundschuldverkehr von fast 7 Millionen Mark nur vier Grundschuldbriefe über zusammen 40 000 Mk. mit Zinsquittungsscheinen ausgegeben worden sind.

§ 40.

Gleich- oder nacheingetragene Gläubiger können Grundschulden nur dann anfechten, wenn sie im Wege der Zwangsvollstreckung die Eintragung erlangt haben.

Ob § 40 nur die eigentliche Anfechtung oder auch das Bestreiten der Grundschuld beschränken sollte und ob dieser Paragraph durch das R.G. v. 21. Juli 1879, betreffend die Anfechtung von Rechtshandlungen eines Schuldners außerhalb des Konkursverfahrens (R.G Bl. S. 277) aufgehoben ist und wie sich § 5 des Zwangsv.Ges. zu dem § 40 verhält, ist sehr streitig. Vgl. Turnau zu § 40 (3. Aufl. S. 730).

§ 41.

Hat der Erwerber eines Grundstücks die auf demselben haftende Hypothek[1] in Anrechnung auf das Kaufgeld[2] übernommen,[3] so erlangt der Gläubiger gegen den Erwerber die persönliche Klage,[4 5] auch wenn er dem Uebernahmevertrag nicht beigetreten ist.[6]

Der Veräußerer wird von seiner persönlichen Verbindlichkeit frei, wenn der Gläubiger nicht innerhalb eines Jahres, nachdem ihm der Veräußerer[7] die Schuldübernahme bekannt gemacht, die Hypothek dem Eigenthümer des Grundstücks gekündigt und binnen sechs Monaten nach der Fälligkeit eingeklagt hat.[8—10]

Ist das Kündigungsrecht für eine bestimmte Zeit ausgeschlossen oder an den Eintritt eines bestimmten Ereignisses geknüpft, so beginnt die Frist mit Ablauf der Zeit oder Eintritt des Ereignisses.[11 12]

Betreff der Uebernahme im Zwangsversteigerungsverfahren durch den Ersteher siehe § 116 Zwangsv.Ges. (Der Ersteher kann mit Einwilligung der Gläubiger zur Hebung kommende Forderungen übernehmen, dies wirkt wie Befriedigung aus dem Grundstücke.)

1. § 41 bezieht sich auch auf den Konstituenten der Hypothek. R.G. v. 29. Nov. 1879, Bd. 1 S. 122.

2. Oder die vom Erwerber sonst geschuldete Leistung. Hierüber ist die Theorie einig. Das Reichsgericht hat für den Fall des Tausches ebenso entschieden. R.G. v. 16. März 1880, Bd. 1 S. 403.

3. Durch die Uebernahme entsteht für den Käufer die Pflicht, dem Verkäufer gegenüber den Gläubiger der übernommenen Hypothek zu befriedigen oder den Verkäufer auf andere Weise von seiner Zahlungspflicht zu befreien. Hat der Verkäufer den Gläubiger selbst befriedigen müssen, so tritt für den Käufer an die Stelle der Befreiungspflicht die gesetzliche ursprüngliche Vertragspflicht zur Zahlung des Kaufpreises an den Vertreter. R G. v. 11. Mai 1882, Bd. 7 S. 255.

4. Die Klage des Gläubigers gegen den Uebernehmer ist die Klage aus der Hypothek, nicht aus dem Kaufvertrage. R.G. v. 16. März 1880, Bd. 1 S. 403.

5. Der neue Schuldner tritt in die alte Obligation ein und haftet nur nach Maßgabe derselben; er hat gegen den persönlichen Gläubiger dieselben Rechte, wie der ursprüngliche Schuldner. R.G. v. 18. April 1882, Bd. 7 S 217.

6. Käufer und Verkäufer können nach Abschluß des Vertrages dem Gläubiger das aus dem Uebernahmevertrag erworbene Recht nicht wieder durch Aufhebung des Vertrages entziehen. R.G. v. 25. Nov. 1879, Bd. 1 S. 116.

7. Nur dessen Bekanntmachung wirkt Befreiung, nicht die des Erwerbers oder sonst Jemandes. Bei Aufnahme von Veräußerungsverträgen muß der Veräußerer hierauf hingewiesen werden; es empfiehlt sich, die Bekanntmachung durch den Gerichtsvollzieher zustellen zu lassen.

8. Bedarf es keiner Kündigung, sondern ist das Kapital zur Zeit der bekannt gemachten Uebernahme (z. B. wegen nicht pünktlicher Zinszahlung) fällig, so muß innerhalb der 6 Monate geklagt werden R.G v. 29. Nov. 1879, Bd. 1 S. 122.

9. Durch Anstellung der Klage wird der Veräußerer nicht frei; er bleibt mitverhaftet. R.G. v. 19. März 1887, Bd. 17 S. 277.

10. Durch Zustellung des Zahlungsbefehles an den Erwerber wird die persönliche Klage an den Verkäufer erhalten, wenn es zur

Subhastation kommt. (Ob § 41 Abs. 2 die Erhebung der dinglichen Klage verlangt, ist dahingestellt gelassen.) R.G. v. 19. März 1887, Bd. 17 S. 277 (285).

11. Absatz 2 giebt dem Verkäufer ein Recht, legt ihm aber keine Verpflichtung dem Käufer gegenüber auf. R.G. v. 11. Mai 1882, Bd. 7 S. 255.

12. Wenn der Gläubiger nicht kündigen kann, weil die Hypothek bei der Subhastation ausfällt und erlischt, wird der Schuldner nicht frei. R.G. v. 17. Okt. 1881, Bd. 5 S 329.

§ 42.

Wenn eine Hypothek oder Grundschuld ungetheilt auf mehreren Grundstücken haftet, so ist der Gläubiger berechtigt, sich an jedes einzelne Grundstück wegen seiner ganzen Forderung zu halten.[1]

Soweit der Gläubiger aus dem einen Grundstück[2] seine Befriedigung erhalten hat, erlischt[3] die Hypothek oder Grundschuld auf dem mitverhafteten Grundstück. Der Eigenthümer desselben erlangt nicht das Recht, über diese Post zu verfügen, oder sie für sich zu liquidiren.

Bei den Vorschriften der Artikel V. VI. VII. des Gesetzes vom 12. März 1869 verbleibt es für dessen Geltungsbereich.[4]

1. Bei der Zwangsversteigerung eines Grundstückes darf der Gläubiger auf seine Befriedigung aus den Kaufgeldern verzichten, ohne dadurch sein Realrecht an den mitverhafteten Grundstücken zu verlieren; auch wenn er Ersteher ist, die Forderung nach dem Zuschlage erworben hat und durch den Verzicht beabsichtigt und bewirkt, daß eine eigene nachgetragene Hypothek, die sonst ausgefallen wäre, zur Hebung gelangt. R.G. v. 12. Mai 1886, Bd. 16 S. 164.

2. „Aus dem Grundstücke" heißt: aus den Kaufgeldern des subhastirten Grundstückes (nach § 116 Zwangsv.Ges. auch durch Uebernahme seitens des Erstehers). Durch Zahlung des Grundstücksbesitzers erlischt die Hypothek nicht, der zahlende Eigenthümer kann dieselbe auf seinem Grundstücke löschen lassen und auf dem andern stehen lassen. R.G. v. 25. Nov. 1880, Bd 3 S. 259.

3. Die auf ein in der Mithaft verbliebenes Trennstück übertragenen dinglichen Lasten des Stammgrundstückes sind, wenn sie auf dem letzteren zur Löschung kommen, auf Antrag des Eigenthümers des Stammgrundstückes auch auf dem Trennstücke zu löschen, ohne daß es regelmäßig eines besonderen Antrages des Eigenthümers dieses Trennstückes bedarf. 25. Okt. 1886, K. 6 S. 140, vgl. § 30 G.B.O. Note 2.

4. Der dritte Absatz hat nur für diejenigen Hypotheken Bedeutung, welche vor dem 1. Juli 1869 hinter einer Korrealhypothek eingetragen sind. Es verhält sich hiermit folgendermaßen:

§ 56 der Konkursordnung v. 8. Mai 1855 (anwendbar nach § 395 auch für Subhastationen außer dem Konkurse) lautete:

Wenn eine Forderung ungetheilt auf mehreren zur Konkursmasse gehörigen Grundstücken haftet, so ist bei Vertheilung der Kaufgelder nach folgenden Grundsätzen zu verfahren:

1) Der Gläubiger ist berechtigt, sich an die Kaufgelder jedes einzelnen Grundstücks wegen seiner ganzen Forderung zu halten.

2) Kommen die Kaufgelder aller oder einiger Grundstücke gleichzeitig zur Vertheilung, so müssen von der Masse eines jeden dieser Grundstücke die der Forderung vorgehenden Posten abgerechnet und die verbleibenden Reste der einzelnen Massen zusammengerechnet werden; nach dem Verhältniss dieser Summe zu den einzelnen Masseresten ist alsdann die Forderung aus den einzelnen Massen antheilig zu berichtigen. Sind die Grundstücke nur nach einem Gesammtgebote zugeschlagen, so werden die Taxwerthe der einzelnen Grundstücke der Berechnung zum Grunde gelegt.

3) Erfolgt die Vertheilung der Kaufgelder eines oder einiger Grundstücke früher, als die der übrigen, so wird von den Kaufgeldern der letzteren soviel auf die Forderung vertheilt, als daraus bei gleichzeitiger Vertheilung der Kaufgelder sämmtlicher verkauften Grundstücke auf die Forderung gefallen sein würde (Nr. 2). Der ermittelte Antheil kommt, nach Befriedigung der Forderung, den Gläubigern zu gut, welche auf den Grundstücken, deren Kaufgelder früher vertheilt worden sind, hinter der Forderung eingetragen waren und einen Ausfall erlitten haben.

Dieser Anspruch der ausgefallenen Gläubiger ist sogleich nach jeder früheren Kaufgeldervertheilung in das Hypothekenbuch der übrigen Grundstücke bei der Forderung von Amtswegen einzutragen.

4) Verlangt der Gläubiger, vermöge des ihm nach Nr. 1 zustehenden Rechts, eine andere als die unter Nr. 2 und 3 vorgeschriebene antheilige Befriedigung aus einer oder der anderen Masse, so wird dadurch gleichwohl in dem Beitragsverhältnisse der einzelnen Massen unter sich nichts geändert, und es muss den Massen, welche zur Befriedigung des Gläubigers über ihren Antheil hergegeben haben, dieser Mehrbetrag aus den Massen, welche gar nichts oder weniger als ihren vollen Antheil hergegeben haben, verhältnissmässig erstattet werden.

Durch Gesetz vom 13. März 1869, welches am 1. Juli 1869 in Kraft trat, erhielt der § 56 folgende Fassung:

§ 56. Wenn eine Forderung ungetheilt auf mehreren Grundstücken haftet, die sämmtlich oder von denen eins oder mehrere zur Konkursmasse gehören, so ist bei Vertheilung der Kaufgelder nach folgenden Grundsätzen zu verfahren:

1) Der Gläubiger ist berechtigt, sich an die Kaufgelder jedes einzelnen Grundstucks wegen seiner ganzen Forderung zu halten.

2) Soweit der Glaubiger aus den Kaufgeldern Eines Grundstuckes seine Befriedigung erhalt, erlischt die Korrealhpyothek auf den mitverhafteten Grundstücken, und ist die Loschung derselben im Hypothekenbuche vom Subhastationrichter von Amtswegen zu beantragen.

Nach § 74 der Subhastationsordnung vom 13. März 1869 war diese Bestimmung gleichfalls auch für Fälle außerhalb des Konkurses zur Anwendung zu bringen

Um die Rechte solcher Gläubiger, welche schon vor dem 1. Juli 1869 hinter einer Korrealhypothek eingetragen waren, nicht zu beeinträchtigen, wurden in den Artikeln V, VI und VII des Ges. v. 13. März 1869 Bestimmungen getroffen.

§ 125 des Zwangsv.Ges. bestimmt jetzt:

Ist eine Forderung, welche ungetheilt auch auf einem anderen Grundstücke eingetragen ist, durch Zahlung getilgt oder von dem Ersteher mit Einwilligung des

Gläubigers in Anrechnung auf den Kaufpreis übernommen (§ 116), so ersucht das Gericht den Grundbuchrichter um Löschung der Forderung bei dem mitverhafteten Grundstücke. Mit dem Ersuchen ist eine auszugweise Ausfertigung des Protokolls und im Falle der Uebernahme der Forderung die Schuldurkunde vorzulegen.

Ist für eine solche Forderung ein Kaufgelderrückstand überwiesen, so ist bei Eintragung des Kaufgelderrückstandes die Mithaft des anderen Grundstücks zu vermerken.

Hiernach gelten die Art. V, VI und VII in folgender Fassung:

Art V. Der § 56 der neuen Fassung § 124 des Gesetzes, betr. die Zwangsvollstreckung in das unbewegliche Vermögen, kommt auch hinsichtlich derjenigen Hypotheken, welche vor dem 1. Juli 1869 hinter einer Korrealhypothek eingetragen sind, zur Anwendung, jedoch mit der Beschränkung, dass der Gläubiger einer solchen Hypothek im Kaufgelderbelegungs-Termine darauf anzutragen berechtigt ist, den ihm nach § 56 der bisherigen Fassung von der Masse des mitverhafteten Grundstücks gebührenden Antheil zu ermitteln und ihm zu überweisen. In dem Falle der Nr. 3 des § 56 der bisherigen Fassung wird der ermittelte Antheil im Hypothekenbuche des mitverhafteten Grundstücks an der Stelle der Korrealhypothek für den Gläubiger' eingetragen.

Bei dieser Ermittelung gilt als Kaufgeldmasse eines mitverhafteten, aber nicht zur Subhastation stehenden Grundstucks diejenige Summe, welche sich zu dem Betrage der auf diesem Grundstucke haftenden Grund- und Gebaudesteuer ebenso verhält, wie der Kaufpreis des subhastirten Grundstucks zu dem Betrage der auf diesem haftenden Grund- und Gebäudesteuer, oder wenn bereits mehrere mithaftende Grundstücke subhastirt sind, wie die Summe der Kaufpreise zu der Summe der Steuerbetrage. Hierbei ist derjenige Steuerbetrag maassgebend, welcher am 1. Juli 1869 auf den Grundstucken haftet.

Der Eigenthümer des mitverhafteten Grundstücks und die auf demselben hinter der Korrealhypothek eingetragenen Gläubiger sind befugt, in dem Ermittelungsverfahren ihr Interesse wahrzunehmen und werden deshalb von den anzusetzenden Terminen benachrichtigt.

Art. VI. Nach der Vorschrift des Artikels V werden auch bei den auf Grund des § 56 der bisherigen Fassung in dem Hypothekenbuche eingetragenen Vermerken die den betheiligten Gläubigern zustehenden Summen auf den Antrag eines Gläubigers oder des Eigenthümers ermittelt und an der Stelle des Vermerks eingetragen. Der Antrag ist bei dem Subhastationsrichter, auf dessen Ersuchen der Vermerk eingetragen worden, zu stellen.

Art. VII. Für das Ermittelungsverfahren, mit Ausnahme der Prozesshandlungen über hervortretende Streitpunkte und für die Umschreibung in dem Hypothekenbuche, werden Gerichtskosten nicht angesetzt. Baare Auslagen sind von den Extrahenten einzuziehen.

1. Der Besitzer des mitverhafteten Grundstückes kann dem Gläubiger, welcher den ihm überwiesenen Anspruch geltend macht, die gegen den ursprünglichen Gläubiger zulässigen Einreden entgegensetzen. R.G. v. 3. April 1882, Bd. 7 S. 200.

§ 43.

Der hypothekarische oder Grundschuldgläubiger, dessen Anspruch vollstreckbar geworden,[1] hat das Recht, auf gerichtliche Zwangsverwaltung und gerichtliche Zwangsversteigerung anzutragen.

Haftet die Hypothek oder Grundschuld nur auf einem Antheil des Grundstücks, so kann nur der Antheil[2] zur Zwangsverwaltung und Zwangsversteigerung gestellt werden.

1. Die Einwilligung des Vormundes in die Eintragung der Namens seiner Mündel erklärten Unterwerfung unter die sofortige Zwangsvollstreckung wegen einer auf ihrem Grundstück eingetragenen Schuld bedarf nicht der Genehmigung des Vormundschaftsrichters. R.G. v. 15. Aug. 1882, K. 3 S. 164.

2. Ueber Zwangsverwaltung und Zwangsversteigerung eines Antheils siehe Jäckel zu § 1 (2. Aufl. S. 28 Abs. 3).

§ 44.

Der Antrag auf Zwangsverwaltung und Zwangsversteigerung ist auch dann zulässig, wenn seit der Zustellung der Klage ein Wechsel in der Person des Eigenthümers des Grundstücks eingetreten ist.[1]

1. Inwiefern die vollstreckbaren Urkunden des § 702 Nr. 5 C.P.O. gegen den Eigenthumsnachfolger wirken können, ist streitig.

§ 45.

Ein Vertrag zwischen dem hypothekarischen oder Grundschuldgläubiger und dem Eigenthümer, durch welchen Ersteren das Recht der Veräußerung zum Zweck ihrer Befriedigung entzogen wird, ist nichtig.

§ 45 hat lediglich den Fall der Substanzhypothek vor Augen. Revenüenhypotheken sind nach wie vor zulässig. Dieselbe wird auf dem Grundstücke mit der Einschränkung des Gläubigers auf dessen Früchte und Nutzungen eingetragen. RG. v. 28. Jan. 1885, Bd. 13 S. 233.

§ 46.

Der Eigenthümer ist berechtigt, bei der Zwangsversteigerung mitzubieten. Es muß jedoch, sobald ein Betheiligter seiner Zulassung widerspricht, für sein jedesmaliges Gebot im Termin eine Sicherheit baar oder in inländischen öffentlichen nicht außer Umlauf gesetzten Papieren einschließlich der Schuldverschreibungen des Deutschen Reichs erlegt werden. Diese Papiere müssen mit den laufenden Zinsscheinen und Talons eingereicht werden und sind nach dem Börsenpreise zu berechnen.[1] Wenn der Eigenthümer der Meistbietende geblieben und ein begründeter Widerspruch nicht erfolgt ist, so wird durch Erkenntniß ausgesprochen, daß ihm das Eigenthum an dem Grundstück zu belassen sei.[2]

1. Vgl. jetzt §§ 62—64 Zwangsv.Ges.

2. Vgl. jetzt § 83 Abs. 3 Zwangsv.Ges.

§ 47.

Der Ersteher erwirbt das Eigenthum frei von allen Hypotheken und Grundschulden. Diejenigen Gebrauchs- und Nutzungsrechte, welche nach §§ 8, 142 des Allgemeinen Berggesetzes vom 24. Juni 1865 im Wege des Zwangsverfahrens gegen den Eigenthümer des Grundstücks erworben werden können, gehen als Lasten auf den Ersteher über, sofern dieselben vor Einleitung der Zwangsversteigerung durch Besitzergreifung die Eigenschaft dinglicher Rechte erlangt haben.

Dingliche Lasten anderer Art, welche aus privatrechtlichen Titeln herrühren, müssen von dem Ersteher übernommen werden, wenn denselben keine Hypothek oder Grundschuld vorgeht. Gebote, durch welche der Bietende sich zur Uebernahme derartiger, einer Hypothek oder Grundschuld nachstehender Lasten bereit erklärt, dürfen nur dann berücksichtigt werden, wenn dieselben zugleich für sämmtliche der zu übernehmenden Last vorgehende Hypotheken oder Grundschulden vollständige Deckung gewähren.

Vgl jetzt § 22 Zwangsv.Ges.

§ 47 drückt den Grundsatz aus, daß ältere Hypotheken durch die Uebernahme jüngerer dinglicher Rechte der zweiten Abtheilung auf das Kaufgebot nicht geschädigt werden dürfen, das dingliche Vorkaufsrecht ist eine solche Last. R.G. v. 9. Febr. 1881, Bd. 4 S. 230.

§ 48.

Ein Vertrag, durch welchen sich der Eigenthümer einem Hypotheken- oder Grundschuldgläubiger gegenüber [1] verpflichtet, das Grundstück nicht weiter zu belasten, ist nichtig.

Der Paragraph schließt die Verpflichtung nicht an sich, sondern nur dem Hypotheken- oder Grundschuldgläubiger gegenüber aus; die Verpflichtung des Verpächters im Pachtvertrage, das Grundstück während der Dauer desselben nicht zu belasten, ist rechtswirksam und eintragungsfähig. Joh. 8 S. 191.

§ 49.

Beschränkungen des eingetragenen Gläubigers in der Verfügung über die Hypothek oder Grundschuld erlangen Rechtswirkung gegen Dritte nur, wenn dieselben bei Hypotheken im Grundbuch eingetragen [1] oder bei Grundschulden auf dem Grundschuldbrief vermerkt sind oder wenn sie den Dritten bei Erwerb ihres Rechts an dem Grundstück bekannt waren.[2]

Die Eintragung erfolgt entweder mit Bewilligung des Gläubigers,[3] oder auf Ersuchen einer zuständigen Behörde.

1. Zur Eintragung von Beschränkungen in der Verfügung über eine Hypothek ist die Beibringung des über denselben gebildeten Dokumentes erforderlich. 28. März 1881, K. 2 S. 129; vgl. § 91 G B O.

2. Der Cessionar einer Hypothek kann nicht im Beschwerdewege die Löschung von Arresten verlangen, die bei der abgetretenen Post nach der Cession, aber vor veranlaßter Umschreibung derselben auf seinen Namen gegen den als Gläubiger eingetragenen Cedenten vermerkt sind. Die Kollision ist im Wege des Prozesses zum Austrage zu bringen. 12. Juni 1883, K. 4 S. 190.

3. Der Gläubiger kann ohne Mitwirkung des Grundstückseigenthümers die Eintragung diesen begünstigender Kündigungsmodalitäten beantragen. 8. April 1884, K. 4 S. 176.

§ 50.

Erhebliche Verschlechterungen des Grundstücks, durch welche die Sicherheit des Gläubigers gefährdet wird, berechtigen denselben, bei dem Prozeßrichter Sicherungsmaßregeln zu beantragen, auch seine Befriedigung vor der Verfallzeit zu fordern.

§ 51.

An den bestehenden Vorschriften über die unter Aufsicht einer Behörde zu bewirkende Verwendung der dem Grundstückseigenthümer zufallenden Kapitalien im Interesse der dinglich Berechtigten wird durch dieses Gesetz nichts geändert.

5. Von dem Uebergang der Hypotheken und Grundschulden.

§ 52.

Die Hypothek kann nur gemeinsam mit dem persönlichen Recht abgetreten werden.

Wird eine zur Sicherung eines persönlichen Rechts dienende Grundschuld ohne den persönlichen Anspruch abgetreten, so erlischt letzterer.[1]

1. Diese Gesetzesstelle regelt nur den Fall, daß bei der ursprünglichen Bestellung einer Grundschuld, d. h. der Belastung des betreffenden Grundstücks, mit der Grundschuld verabredet war, daß die Grundschuld zur Sicherstellung eines persönlichen Anspruches dienen sollte. R.G. v 20. Juni 1883, Bd. 9 S. 292.

2. Nach § 427 A.L.R. I. 11 haftet der Cedent bei Cession einer in das Grundbuch eingetragenen Forderung für die Sicherheit derselben nur alsdann, wenn er solches ausdrücklich übernommen hat.

§ 53.

Die Eintragung der Abtretung oder Verpfändung einer Hypothek oder Grundschuld darf nur auf Grund der Bewilligung des Gläubigers[2] oder seiner rechtskräftigen Verurtheilung zur Bewilligung oder auf Grund eines Ersuchens einer zuständigen Behörde gegen den eingetragenen Gläubiger erfolgen.

1. Die Eintragung einer von mehreren mit Kollektivvollmacht versehenen Liquidatoren einer Handelsgesellschaft an einen derselben bewirkten Cession einer Gesellschaftshypothek ist abzulehnen, wenn sich aus der Sachlage eine Verschiedenheit der Interessen des Cessionars und der Gesellschaft ergiebt. 19. März 1883, K. 3 S. 167.

2. Die Umschreibung des cedirten Betrages einer Grundschuld oder einer Hypothek darf nicht abgelehnt werden, weil die Umschreibungsbewilligung sich nur auf das Kapital bezieht und den eingetragenen Zinsanspruch nicht erwähnt. 22. Mai 1882, K. 3 S. 168.

3. Zur Umschreibung bedarf es neben dem hierauf gerichteten Antrage des eingetragenen Gläubigers nicht der Vorlegung einer besonderen Abtretungserklärung. 26. Febr. 1883, K. 3 S. 169; dann ist aber der Umschreibungsantrag stempelpflichtig (wie eine Cession). 13. Nov. 1883, K. 4 S. 232.

§ 54.

Der Erwerb der Hypothek oder Grundschuld durch Abtretung und die Wirksamkeit der Verpfändung derselben hängt nicht von der Eintragung[1] ab.

1. Durch die Cession geht das Recht auf die Grundschuld nicht über, dazu ist auch Uebergabe der Urkunde erforderlich. R.G. v. 10. Dez 1880, Bd. 3 S. 326; eine Grundschuld kann nicht ohne Uebergabe des Grundschuldbriefes abgetreten werden. R.G. v. 24. Juni 1884, Bd. 14 S. 94.

§ 55.

Grundschulden können ohne Nennung des Erwerbers abgetreten werden (Blankoabtretung).

Jeder Inhaber erlangt dadurch das Recht, die Blankoabtretung durch einen Namen auszufüllen, die Grundschuld auch ohne diese Ausfüllung abzutreten und die dingliche Klage anzustellen.

Abtretungserklärung ist nöthig; bloße Namensunterschrift genügt nicht. — Betreff der Abtretungen ohne Ausfüllung des Namens des Erwerbers überhaupt siehe R.G. v. 2. Dez. 1885, Bd. 14 S. 297 und R.G. v. 16. Okt. 1886, Bd. 17 S. 115.

§ 56.

In Ermangelung einer Vereinbarung der Betheiligten werden die Kosten der Verpfändung einer Hypothek oder Grundschuld und deren Eintragung von dem Verpfänder allein, die Kosten der Abtretung und deren Eintragung von dem abtretenden Gläubiger und dem Erwerber zu gleichen Theilen getragen; hat jedoch der befriedigte Gläubiger auf Veranlassung des Eigenthümers die Hypothek oder Grundschuld ihm oder einem Anderen abgetreten, so hat der Eigenthümer die Abtretungs- und Eintragungskosten zu zahlen.

6. Von der Löschung der Hypotheken und Grundschulden.

§ 57.

Das Hypotheken- und Grundschuldrecht wird nur durch Löschung im Grundbuch aufgehoben.

Erfolgt die Löschung unter der formalen Voraussetzung des Gesetzes, aber aus einem falsch beurkundeten Grunde (eine unberechtigte Person ließ sich betrüglicher Weise rekognoziren und erklärte notarielle Löschung), so kann auf Wiedereintragung geklagt werden. R.G. v. 3. Jan. 1880, Bd. 1 S. 168.

Betreff der Löschungen ohne Vernichtung der Urkunden siehe zu § 94 der G.B.O.

§ 58.

Die Löschung erfolgt auf Antrag des Eigenthümers,[1] oder auf Ersuchen einer zuständigen Behörde.[2]

1. Oder des nach § 5 Zwangsv.Ges. berechtigten Gläubigers desselben.

2. Wenn der zu Abschlagszahlungen verpflichtete Eigenthümer Theile einer Hypothek abgetragen hat, so steht diesem Theile gleiches Recht zu wie dem Reste. R.G. v 21. April 1880, Bd. 2 S. 206. (Dies ist bei der Stipulation von Kaufverträgen zu beachten und je nachdem dem Verkäufer Verpflichtung zur Cession der vom Käufer abzuzahlenden Raten mit gleichem Recht, Vor- oder Nachrecht nach dem Rückstande besonders aufzuerlegen.)

§ 59.

Vormerkungen werden gelöscht auf Ersuchen derjenigen Behörde, auf deren Antrag dieselben im Grundbuch vermerkt worden, oder auf Bewillignng dessen, für den sie vermerkt worden sind.

§ 60.

Weigert der Gläubiger die Bewilligung der Löschung, so bleibt dem Eigenthümer[1] überlassen, zugleich mit der

Klage gegen den Gläubiger bei dem Prozeßrichter den Antrag zu begründen, das Grundbuchamt (Amtsgericht) zu ersuchen, daß bei der Hypothek oder Grundschuld Widerspruch gegen weitere Verfügungen des Gläubigers vermerkt werde.

1. Oder dem Gläubiger desselben nach § 5 Zwangsv.Ges.

§ 61.

Die Kosten der Quittung und Löschung hat beim Mangel einer Vereinbarung der Betheiligten der Schuldner, die besonderen Kosten für den Nachweis der Berechtigung des Gläubigers der Letztere zu tragen.

§ 62.

An die Stelle einer gelöschten Hypothek und Grundschuld darf eine andere nicht eingetragen werden, vielmehr rücken die nachstehenden Posten vor.

§ 63.*)

Wenn eine Hypothek[1] oder Grundschuld von dem Eigenthümer bezahlt oder auf andere Weise getilgt[2] worden ist, so ist der bisherige Gläubiger nach der Wahl des Eigenthümers verpflichtet, entweder Quittung oder Löschungsbewilligung zu ertheilen, oder die Post ohne Gewährleistung abzutreten.[3]

Siehe auch § 64.

1. Ueber nicht existent gewordene Hypotheken kann der Eigenthümer nicht verfügen. R.G. v. 17. Dez. 1880, Bd. 3 S. 266; 20. März 1882, R. 3 S. 176.

2. Schon der Akt der Tilgung erwirbt das Gläubigerrecht, nicht erst die Ertheilung der Quittung, Löschungsbewilligung oder Cession. R.G. v. 8. April 1881, Bd. 5 S. 307 (312).

---

*) Siehe Note * auf S. 50 (§§ 63 bis 66 finden auf Kautionshypotheken und im Fall des § 124 Abs. 3 Zwangsv.Ges. keine Anwendung).

3. § 63 findet auch Anwendung auf vor dem 1. Oktober 1872 eingetragene Darlehne von Inhaberpapieren. 12. März 1883, K. 3 S. 172.

§ 64.*)

Der eingetragene Eigenthümer ist berechtigt, auf Grund der Quittung oder Löschungsbewilligung die Post auf seinen Namen umschreiben zu lassen oder über sie zu verfügen.

Vgl. § 63.

1. Im Falle des Zusammentreffens von Hypothekenforderung und Eigenthum des Pfandobjekts in derselben Hand ruht die persönliche Schuldforderung während der Dauer der Vereinigung und tritt nach deren Aufhebung mit aller rechtlichen Wirkung wiederum als fortbestehend in Aktion. Verfügt der Eigenthümer über die Forderung, so überträgt er das Gläubigerrecht, wird aber nicht neuer Schuldner. R.G. v. 11. Okt. 1881, Bd. 5 S. 321 und v. 18. April 1882, Bd. 7 S 217.

2. Auch nach der Veräußerung darf der frühere Eigenthümer cediren. 23. Febr. 1880, K. 1 S. 131, R.G. v. 12. April 1882, Bd. 5 S. 307 (312).

3. Der Eigenthümer ist zum Antrage auf Löschung einer vom Vorbesitzer unter der Herrschaft des Gesetzes vom 5. Mai 1872 bezahlten Post nicht ohne den Nachweis berechtigt, daß durch die Löschung das Recht des Vorbesitzers nicht verletzt wird, 21. März 1881, K. 2 S. 147; er ist zu dem Antrage berechtigt, wenn er bei Vorlegung der Quittung und des Dokumentes nachweist, daß der Vorbesitzer sich ihm gegenüber zur Löschung verpflichtet hat. 7. Febr. 1881, K. 2 S. 148.

4. Der Eigenthümer hat die Befugniß des § 64 nur dann, wenn ihm die Quittung oder Löschungsbewilligung gemäß § 63

---

*) Die §§ 63—66 finden nach § 67 keine Anwendung auf Kautionshypotheken und ferner nach § 124 Abs. 3 Zwangsv.-Ges. auch nicht auf die Theile des Kaufgeldes, welche auf die Kosten des Verfahrens oder die in den §§ 24, 26 daselbst bezeichneten Ansprüche überwiesen und eingetragen sind.

ertheilt ist, d. h. wenn er selbst (oder ein Dritter für ihn) gezahlt oder in anderer Weise die Forderung getilgt hat. Wenn die Quittung ergiebt, daß eine Tilgung nicht bewirkt ist, darf der Eigenthümer über die Hypothek nicht verfügen. 1. Juni 1885, K. 6 S. 127.

5. Zur Verfügung über die Hypothek legitimirt nur eine solche Quittung, welche ergiebt, daß der verfügende Eigenthümer (nicht ein Vorbesitzer) die Tilgung bewirkt hat. 12. Jan. 1880, K. 1 S. 132; R.G. v. 12. April 1881, Bd. 5 S. 307.

6. Es genügt, wenn die Quittung den Eigenthümer als den Zahler bezeichnet, wenn auch über den Zeitpunkt der Zahlung nichts gesagt ist. 12. März 1883, K. 3 S. 172.

7. Die Erklärung des Hypothekengläubigers, daß er von dem Eigenthümer Zahlung empfangen habe und auf dessen Anweisung die bezahlte Post einem Dritten abtrete, begründet den Antrag auf deren Umschreibung für den Erwerber, ohne daß die ertheilte Anweisung nachzuweisen wäre. 16. Mai 1881, K. 2 S. 127.

8. Ueber nicht existent gewordene Hypotheken kann der Eigenthümer nicht verfügen. 20. März 1882, K. 3 S. 176; R.G. v. 17. Dez. 1880, Bd. 3 S. 269.

9. Das über eine Hypothekenpost ergangene Präklusionsurtheil, auch wenn es die Löschung der Post für zulässig erklärt, berechtigt den eingetragenen Eigenthümer nicht, über die Post weiter zu verfügen. 9. Nov. 1885, K. 6 S. 108.

§ 65.*)

Ein gleiches Recht hat der eingetragene Eigenthümer, welcher die Hypothek oder Grundschuld von Todeswegen erworben hat, auf Grund des Testaments, des Erbvertrages oder der Erbbescheinigung.

Hat derselbe die Post als Vermächtnißnehmer erworben, so bedarf es zur Umschreibung der Einwilligung des Erben, oder seiner rechtskräftigen Verurtheilung zu derselben.

---

*) Siehe Note * auf der vorhergehenden Seite.

§ 66.*)

Erwirbt der Gläubiger das verpfändete Grundstück, so kann er die Hypothek oder Grundschuld auf seinen Namen stehen lassen oder über sie verfügen.

§ 67.

Die Vorschriften der §§ 63—66 finden auf Kautionshypotheken keine Anwendung.

Vierter Abschnitt.

Von dem Bergwerkseigenthum und den selbstständigen Gerechtigkeiten.

§ 68.

Verliehene Bergwerke, unbewegliche Bergwerksantheile und die selbstständigen Kohlen-Abbaugerechtigkeiten in den vormals Königlich Sächsischen Landestheilen unterliegen den Vorschriften dieses Gesetzes mit folgenden zusätzlichen Bestimmungen:

1) Das Bergwerkseigenthum wird durch die von dem Oberbergamt ertheilte Verleihung, bestätigte Konsolidation, Theilung oder Vertauschung von Grubenfeldern und Feldestheilen erworben.

Der Erwerber ist in diesen Fällen von Amtswegen zur Eintragung seines Bergwerkseigenthums anzuhalten.[1]

Zu diesem Zweck hat das Oberbergamt dem Grundbuchamt eine beglaubigte Abschrift der Verleihungsurkunde oder die Ausfertigung des bestätigten Konsolidations-, Theilungs- oder Tauschaktes zuzustellen.

*) Die §§ 63—66 finden nach § 67 keine Anwendung auf Kautionshypotheken und ferner nach § 124 Abs 3 Zwangsv.-Ges. auch nicht auf die Theile des Kaufgeldes, welche auf die Kosten des Verfahrens oder die in den §§ 24, 26 daselbst bezeichneten Ansprüche überwiesen und eingetragen sind.

2) In Betreff der Befugniß des eingetragenen Bergwerkseigenthümers, das verliehene Feld zu theilen, Feldestheile auszutauschen, oder auf dieselben zu verzichten, kommen die Vorschriften des Allgemeinen Berggesetzes vom 24. Juni 1865 zur Anwendung.

3) Hülfsbaue, welche unter die Vorschriften der §§ 60 ff. des Allgemeinen Berggesetzes vom 24. Juni 1865 fallen, erlangen auch ohne Eintragung in das Grundbuch durch Uebergang des Besitzes die Eigenschaft dinglicher Rechte. Dieselben erlöschen nicht durch Ertheilung des Zuschlages in Folge gerichtlicher Zwangsversteigerung.

1. Hierbei kommen §§ 55, 56 G.B.O. zur Anwendung.

§ 69.

Wenn für selbstständige Gerechtigkeiten Grundbuchblätter eingerichtet sind, so wird die Veräußerung und der Erwerb des Eigenthums an ihnen, ihre Belastung und Verpfändung nach den Vorschriften dieses Gesetzes beurtheilt.

Bei Grundstücken genügt nach § 49 G.B.O. die Möglichkeit der Anlegung von Grundbuchblättern zur Anwendung dieses Gesetzes; bei Gerechtigkeiten ist die faktische Einrichtung erforderlich zur Anwendung dieses und zum Ausschlusse des früheren Rechtes.

Fünfter Abschnitt.

Allgemeine Bestimmungen.

§ 70.

Der Prozeßrichter hat auf den Antrag einer Partei die Eintragung einer Vormerkung bei dem Grundbuchamt (Amtsgericht) nachzusuchen, wenn ihm der Anspruch oder das Widerspruchsrecht,[1] welche durch die Vormerkung gesichert werden sollen, glaubhaft[2] gemacht sind.

1. Durch die Anfechtung einer Cession einer Hypothek wird ein Widerspruchsrecht im Sinne des § 70 geltend gemacht, behufs dessen Sicherung der Prozeßrichter zur Ausführung einer in Gemäßheit der C.P.O. von ihm erlassenen einstweiligen Verfügung um Eintragung einer die Thatsache der erfolgten Anfechtung im Grundbuche kundgebende Vormerkung zu ersuchen zuständig ist. Gegen die ein solches Ersuchen zurückweisende Verfügung finden die in Grundbuchsachen zulässigen Rechtsmittel statt. Zur Einlegung derselben ist der Prozeßrichter legitimirt. 15. Dez. 1884, K. 5 S. 197.

2. Nur Glaubhaftmachung des Anspruches ist nöthig, nicht etwa auch wie im Falle des § 814 C.P.O. Glaubhaftmachung der Besorgniß, daß durch Veränderung Verwirklichung des Rechtes des Klägers erschwert wird. R.G. v. 19. April 1884, Bd. 11 S. 279. Die in diesem Urtheile für erforderlich erklärte vorherige Zustellung der Verfügung ist nach der jetzigen Fassung des § 809 C.P.O. nicht mehr nöthig.

§ 71.

Die statutenmäßigen Befugnisse der mit Korporationsrechten versehenen Kreditinstitute in Betreff der Zwangsverwaltung werden durch dieses Gesetz nicht berührt.

1. Die landschaftliche Zwangsverwaltung erstreckt sich nicht auf diejenigen Gegenstände, welche der Pächter in Ergänzung des ihm selbst gehörigen Inventars zur Bewirthschaftung des Gutes angeschafft hat (weil diese nicht dem Pfandrecht unterliegen). R.G. v. 4. Juli 1883, Bd. 9 S. 303

§ 72.

Dieses Gesetz tritt am 1. Oktober 1872 in Kraft.

Urkundlich unter Unserer Höchsteigenhändigen Unterschrift und beigedrucktem Königlichen Insiegel.

Gegeben Berlin, den 5. Mai 1872.

(L. S.) Wilhelm.

Fürst v. Bismarck. Gr. v. Roon. Gr. v. Itzenplitz. v. Selchow. Gr. zu Eulenburg. Leonhardt. Camphausen. Falk.

Text-Abdruck

des Gesetzes über den Eigenthumserwerb und die dingliche Belastung der Grundstücke, Bergwerke und selbstständigen Gerechtigkeiten.

(G.S. S. 433, Nr. 8034, ausgegeben zu Berlin den 27. Mai 1872).

Wir Wilhelm, von Gottes Gnaden König von Preußen 2c. verordnen für die Landestheile, in welchen das Allgemeine Landrecht und die Hypothekenordnung vom 20. Dezember 1873 gilt, mit Ausschluß der Gebietstheile der Provinz Hannover, unter Zustimmung der beiden Häuser des Landtages Unserer Monarchie, was folgt:

Erster Abschnitt.

Von dem Erwerb des Eigenthums an Grundstücken.

§ 1.

Im Fall einer freiwilligen Veräußerung wird das Eigenthum an einem Grundstück nur durch die auf Grund einer Auflassung erfolgte Eintragung des Eigenthumsüberganges im Grundbuch erworben.

§ 2.

Die Auflassung eines Grundstücks erfolgt durch die mündlich und gleichzeitig vor dem zuständigen Grundbuchamt (Amtsgericht) abzugebenden Erklärungen des eingetragenen Eigenthümers, daß er die Eintragung des neuen Erwerbers bewillige und des Letzteren, daß er diese Eintragung beantrage.

§ 3.

Ein Erkenntniß, durch welches der eingetragene Eigenthümer eines Grundstücks zur Auflassung rechtskräftg verurtheilt ist, ersetzt die Auflassungserklärung desselben.

§ 4.

Die Kenntniß des Erwerbers eines Grundstücks von einem ältern Rechtsgeschäft, welches für einen Anderen ein Recht auf Auflassung dieses Grundstücks begründet, steht dem Eigenthumserwerb nicht entgegen.

§ 5.

Außerhalb der Fälle einer freiwilligen Veräußerung wird Grundeigenthum nach dem bisher geltenden Recht erworben. Das Recht der Auflassung und Belastung des Grundstücks erlangt aber der Erwerber erst durch seine Eintragung im Grundbuch.

Miterben können jedoch ein ererbtes Grundstück auflassen, auch wenn sie nicht als Eigenthümer desselben im Grundbuch eingetragen sind.

§ 6.

Gegen den eingetragenen Eigenthümer findet ein Erwerb des Eigenthums an dem Grundstück durch Ersitzung nicht statt.

§ 7.

Der eingetragene Eigenthümer ist kraft seiner Eintragung befugt, alle Klagerechte des Eigenthümers auszuüben, und verpflichtet, sich auf die gegen ihn als Eigenthümer des Grundstücks gerichteten Klagen einzulassen.

Gegen seine Eigenthumsklage steht dem Beklagten die Einrede der Verjährung nicht zu. Hat der Beklagte von dem Kläger oder seinem Rechtsvorgänger auf Grund eines den Eigenthumserwerb bezweckenden Rechtsgeschäfts den Besitz des Grundstücks erhalten, so sind die aus dem Rechtsgeschäft herzuleitenden Rechte nicht als Einrede, sondern nur durch Klage oder Widerklage geltend zu machen.

§ 8.

Eine Vormerkung zur Erhaltung des Rechts auf Auflassung oder auf Eintragung des Eigenthumsüberganges kann nur unter Vermittelung des Prozeßrichters oder mit Bewilligung des eingetragenen Eigenthümers eingetragen und nur auf Ersuchen des Prozeßrichters oder auf Antrag desjenigen, für welchen die Vormerkung erfolgte, gelöscht werden.

§ 9.

Die Eintragung des Eigenthumsüberganges und deren Folgen können nach den Vorschriften des bürgerlichen Rechts angefochten werden.

Es bleiben jedoch die in der Zwischenzeit von dritten Personen gegen Entgelt nnd im redlichen Glauben an die Richtigkeit des Grundbuchs erworbenen Rechte in Kraft.

Gegen diesen Nachtheil kann sich der Anfechtungskläger durch die von dem Prozeßrichter nachzusuchende Eintragung einer Vormerkung sichern.

§ 10.

Die Anfechtung ist auch auf Grund des Rechtsgeschäfts, in dessen Veranlassung die Auflassung erfolgt ist, statthaft, jedoch wird die mangelnde Form dieses Geschäfts durch die Auflassung geheilt.

§ 11.

Beschränkungen des Eigenthumsrechts an dem Grundstück erlangen Rechtswirkung gegen Dritte nur, wenn dieselben die Beschränkungen gekannt haben oder letztere im Grundbuch eingetragen sind.

Zweiter Abschnitt.

Von den dinglichen Rechten an Grundstücken.

§ 12.

Dingliche Rechte an Grundstücken, welche auf einem privatrechtichen Titel beruhen, erlangen gegen Dritte nur durch Eintragung Wirksamkeit und verlieren dieselbe durch Löschung.

Der Eintragung bedürfen jedoch nicht die gesetzlichen Vorkaufsrechte, die Grundgerechtigkeiten, die Miethe und Pacht und diejenigen Gebrauchs- und Nutzungsrechte, welche nach §§ 8, 142 des Allgemeinen Berggesetzes vom 24. Juni 1865 im Wege des Zwangsverfahrens erworben werden können.

Inwieweit die den Rentenbanken überwiesenen Renten und die Domänen-Amortisationsrenten der Eintragung bedürfen, wird durch das Gesetz vom 2. März 1850 über die Rentenbanken für dessen Geltungsbereich bestimmt.

§ 13.

Zur Eintragung eines Rechts in der zweiten Abtheilung des Grundbuchs genügt der Antrag des eingetragenen oder seine Eintragung gleichzeitig erlangenden Eigenthümers unter bestimmter Bezeichnung des Rechts und des Berechtigten.

Auf Antrag des Berechtigten findet die Eintragung statt, wenn der eingetragene Eigenthümer ihm gegenüber in einer beglaubigten Urkunde die Eintragung bewilligt hat.

§ 14.

Fehlt die Einwilligung des Eigenthümers, so kann die Eintragung, auch wenn das Recht auf einer letztwilligen Verfügung des Erblassers des Eigenthümers beruht, nur auf Grund eines rechtskräftigen Erkenntnisses auf Eintragung oder auf Ersuchen einer zuständigen Behörde erfolgen.

§ 15.

Der Erwerb des eingetragenen dinglichen Rechts wird dadurch nicht gehindert, daß der Erwerber das ältere Recht eines Anderen auf Eintragung eines widerstreitenden dinglichen Rechts gekannt hat, oder daß sich Letzterer bereits in der Ausübung dieses Rechts befindet.

§ 16.

Eine Vormerkung zur Erhaltung des Rechts auf Eintragung eines dinglichen Rechts kann nur nach Vorschrift des § 8 eingetragen und gelöscht werden.

Durch die Vormerkung wird für die endgültige Eintragung die Stelle in der Reihenfolge der Eintragungen gesichert.

§ 17.

Die Rangordnung der auf demselben Grundstück eingetragenen Rechte bestimmt sich nach der Reihenfolge der Eintragungen, die letztere nach der Zeit, zu welcher der Antrag auf Eintragung dem Grundbuchamt vorgelegt worden ist.

Eintragungen unter demselben Datum haben die Rangordnung nach ihrer Reihenfolge, wenn nicht besonders dabei bemerkt ist, daß sie zu gleichen Rechten neben einander stehen sollen.

Dritter Abschnitt.

Von dem Recht der Hypothek und der Grundschuld.

1. Von der Begründung dieser Rechte.

§ 18.

Das Recht der Hypothek und der Grundschuld entsteht durch die Eintragung im Grundbuch.

§ 19.

Die Eintragung erfolgt:

1) wenn der eingetragene oder seine Eintragung gleichzeitig erlangende Eigenthümer sie bewilligt.

   Die Bewilligung kann mit Angabe eines Schuldgrundes geschehen (Hypothek), oder ohne Angabe eines Schuldgrundes (Grundschuld). Im ersteren Falle muß die Schuldurkunde vorgelegt werden;

2) wenn der Gläubiger auf Grund eines rechtskräftigen Erkenntnisses, durch welches der eingetragene Eigenthümer zur Bestellung einer Hypothek oder Grundschuld verurtheilt worden ist, die Eintragung beantragt;

3) wenn eine zuständige Behörde gegen den eingetragenen Eigenthümer die Eintragung nachsucht.

§ 20.

Der eingetragene Gläubiger erlangt das Verfügungsrecht über die Grundschuld erst durch die Aushändigung des Grundschuldbriefs an ihn.

§ 21.

Der eingetragene Miteigenthümer kann auf seinen Antheil eine Hypothek oder Grundschuld bewilligen; auch kann im Wege des gesetzlichen Zwanges gegen ihn auf seinen Antheil eine solche eingetragen werden.

§ 22.

Der Gläubiger hat das Recht, unter Vermittelung des Prozeßrichters eine Vormerkung auf dem Grundstück seines Schuldners eintragen zu lassen.

Auch diejenigen Behörden, welche die Eintragung einer Hypothek gegen den Eigenthümer nachzusuchen gesetzlich berechtigt sind, können die Eintragung einer Vormerkung verlangen.

Durch die Vormerkung wird für die endgültige Eintragung die Stelle in der Reihenfolge der Eintragungen gesichert.

§ 23.

Die Eintragungsbewilligung muß auf den Namen eines bestimmten Gläubigers lauten, das verpfändete Grundstück bezeichnen, und eine bestimmte Summe in gesetzlicher Währung, den Zinssatz oder die Bemerkung der Zinslosigkeit, den Anfangstag der Verzinsung und die Bedingungen der Rückzahlung angeben.

§ 24.

Wenn die Größe eines Anspruchs zur Zeit der Eintragung noch unbestimmt ist (Kautions-Hypotheken), so muß der höchste Betrag eingetragen werden, bis zu welchem das Grundstück haften soll.

§ 25.

Für Kapitalien, welche zinslos oder mit Zinsen unter dem Zinssatz von fünf vom Hundert eingetragen sind, kann der Eigenthümer des Grundstücks einen Zinssatz bis fünf vom Hundert mit der Rangordnung des Kapitals eintragen lassen. Der Einwilligung der nach dem Tage, an welchem dieses Gesetz in Kraft getreten ist, gleich- oder nachstehend eingetragenen Gläubiger bedarf es nicht.

Auch bei denjenigen Hypotheken, welche seit der Geltung des Gesetzes vom 24. Mai 1853 mit Zinsen unter fünf vom Hundert eingetragen worden sind, bedarf es einer Zustimmung der gleich- oder nachstehenden Gläubiger zu diesem Zwecke nicht.

§ 26.

Der bei der Veräußerung eines Grundstücks zur Sicherstellung einer Forderung bedungene Vorbehalt des Eigenthums gewährt dem Veräußerer nur das Recht, für die bestimmte Summe eine Hypothek auf das Grundstück eintragen zu lassen.

§ 27.

Der Eigenthümer kann auf seinen Namen Grundschulden eintragen und sich Grundschuldbriefe ausfertigen lassen. Er erlangt dadurch das Recht, über diese Grundschuld zu verfügen und auf dritte Personen die vollen Rechte eines Grundschuldgläubigers zu übertragen.

Bei der Vertheilung der Kaufgelder in Folge einer gerichtlichen Zwangsversteigerung kann er die Grundschuld für sich geltend machen.

§ 28.

Hat der Eigenthümer das Eigenthum des Grundstücks abgetreten, so erlangt er an der auf seinen Namen eingetragenen Grundschuld alle Rechte eines Grundschuldgläubigers.

§ 29.

Eine Hypothek kann auf Antrag des Eigenthümers und des Gläubigers in eine Grundschuld umgewandelt werden, wenn diejenigen in der zweiten und dritten Abtheilung gleich- oder nacheingetragenen Berechtigten einwilligen, welche vor dem Tage, an welchem dieses Gesetz in Kraft tritt, eingetragen sind.

2. Von dem Umfang des Hypotheken- und des Grundschuldrechts.

§ 30.

Für das eingetragene Kapital, für die eingetragenen Zinsen und sonstigen Jahreszahlungen und für die Kosten der Eintragung, der Kündigung, der Klage und Beitreibung haften:

das ganze Grundstück mit allen seinen, zur Zeit der Eintragung nicht abgeschriebenen Theilen (Parzellen, Trennstücken);

die auf dem Grundstück befindlichen oder nachträglich darauf errichteten, dem Eigenthümer gehörigen Gebäude;

die natürlichen An- und Zuwüchse, die stehenden und hängenden Früchte;

die auf dem Grundstück noch vorhandenen abgesonderten, dem Eigenthümer gehörigen Früchte;

die Mieth- und Pachtzinsen und sonstigen Hebungen;

die zugeschriebenen unbeweglichen Zubehörstücke (Pertinenzien) und Gerechtigkeiten;

das bewegliche, dem Eigenthümer gehörige Zubehör, so lange bis dasselbe veräußert und von dem Grundstück räumlich getrennt worden ist;

die dem Eigenthümer zufallenden Versicherungsgelder für Früchte, bewegliches Zubehör und abgebrannte oder durch Brand beschädigte Gebäude, wenn diese Gelder nicht statutenmäßig zur Wiederherstellung der Gebäude verwendet werden müssen oder verwendet worden sind.

§ 31.

Die Abtretung und Verpfändung der Ansprüche auf Versicherungsgelder, die Vorauserhebung, Abtretung und Verpfändung von Pacht- und Miethzinsen auf mehr als ein Vierteljahr, und die Veräußerung stehender und hängender Früchte ist, soweit sie zum Nachtheil der eingetragenen Gläubiger gereicht, ohne Wirksamkeit.

§ 32.

Werden nach der Eintragung der Hypothek oder Grundschuld dem verpfändeten Grundstück andere Grundstücke als Zubehör zugeschrieben, so treten diese in die Pfandverbindlichkeiten desselben; es gehen jedoch die mitübertragenen Posten des zugeschriebenen Stücks — soweit es sich um Befriedigung derselben aus diesem Stück handelt — den zur Zeit der Zuschreibung auf dem Hauptgut eingetragenen vor.

§ 33.

Werden unbewegliche Zubehörstücke oder Theile des Grundstücks auf dem Blatt des bisherigen Haupt- oder Stammguts abgeschrieben und auf ein anderes Blatt übertragen, so haften sie für die eingetragenen Belastungen des bisherigen Haupt- oder Stammguts nur dann, wenn diese bei der Abschreibung auf das andere Blatt mitübertragen worden sind.

3. Von der Rangordnung der auf demselben Grundstück haftenden Hypotheken und Grundschulden.

§ 34.

Die Rangordnung der auf demselben Grundstück haftenden Hypotheken und Grundschulden bestimmt sich nach den in § 17 gegebenen Vorschriften.

§ 35.

Ein voreingetragener Gläubiger kann sein Vorrecht einem nachstehenden einräumen. Die Einräumung des Vorrechts für das Kapital bezieht sich auch auf die Nebenleistungen. Die Vorrechte der Zwischenposten werden hierdurch nicht geändert.

§ 36.

Die Rangordnung zwischen den Belastungen zur zweiten und dritten Abtheilung des Grundbuchs bestimmt sich nach dem Datum der Eintragung.

Eintragungen unter demselben Datum stehen zu gleichem Recht, wenn nicht besonders dabei bemerkt ist, daß die eine der anderen nachstehen soll.

4. Von der Wirkung des Rechts der Hypotheken und der Grundschulden.

§ 37.

Durch die Eintragung der Hypothek und der Grundschuld wird für den Gläubiger die dingliche Klage gegen den Eigenthümer begründet. Der Letztere haftet nur mit dem Grundstück nach Maßgabe der §§ 30, 32.

§ 38.

Gegen die Klage aus einer Grundschuld sind Einreden nur soweit zulässig, als sie dem Beklagten gegen den jedesmaligen Kläger unmittelbar zustehen oder aus dem Grundschuldbrief sich ergeben, oder die Thatsachen, auf welche sich dieselben gründen, dem Kläger beim Erwerb der Grundschuld bekannt gewesen sind.

Gegen die Klage aus einer Hypothek können Einreden aus dem persönlichen Schuldverhältniß einem Dritten, welcher ein Recht auf die Hypothek gegen Entgelt erworben hat, nur entgegensetzt werden, wenn sie ihm vorher bekannt geworden sind oder sich aus dem Grundbuch ergeben.

Einreden gegen das Verfügungsrecht des Klägers aus der Person seines eingetragenen Rechtsurhebers (Autors) sind sowohl gegen die Klage aus einer Grundschuld als gegen die aus einer Hypothek unzulässig.

§ 39.

Gegen die dingliche Klage auf Rückstände von Zinsen und sonstigen Jahresleistungen ist die Einrede der Tilgung unbedingt zulässig.

Mit dem Grundschuldbriefe können Zinsquittungsscheine ausgegeben werden. Ist dies geschehen, so ist nur der Inhaber des fälligen Zinsquittungsscheines gegen Aushändigung desselben zur Empfangnahme der Zinsen berechtigt.

§ 40.

Gleich- oder nacheingetragene Gläubiger können Grundschulden nur dann anfechten, wenn sie im Wege der Zwangsvollstreckung die Eintragung erlangt haben.

§ 41.

Hat der Erwerber eines Grundstücks die auf demselben haftende Hypothek in Anrechnung auf das Kaufgeld übernommen, so erlangt der Gläubiger gegen den Erwerber die persönliche Klage, auch wenn er dem Uebernahmevertrag nicht beigetreten ist.

Der Veräußerer wird von seiner persönlichen Verbindlichkeit frei, wenn der Gläubiger nicht innerhalb eines Jahres, nachdem ihm der Veräußerer die Schuldübernahme bekannt gemacht, die Hypothek dem Eigenthümer des Grundstücks gekündigt und binnen sechs Monaten nach der Fälligkeit eingeklagt hat.

Ist das Kündigungsrecht für eine bestimmte Zeit ausgeschlossen oder an den Eintritt eines bestimmten Ereignisses geknüpft, so beginnt die Frist mit Ablauf der Zeit oder Eintritt des Ereignisses.

§ 42.

Wenn eine Hypothek oder Grundschuld ungetheilt auf mehreren Grundstücken haftet, so ist der Gläubiger berechtigt, sich an jedes einzelne Grundstück wegen seiner ganzen Forderung zu halten.

Soweit der Gläubiger aus dem einen Grundstück seine Befriedigung erhalten hat, erlischt die Hypothek oder Grundschuld auf dem mitverhafteten Grundstück. Der Eigenthümer desselben erlangt nicht das Recht, über diese Post zu verfügen, oder sie für sich zu liquidiren.

Bei den Vorschriften der Artikel V. VI. VII. des Gesetzes vom 12. März 1869 verbleibt es für dessen Geltungsbereich.

§ 43.

Der hypothekarische oder Grundschuldgläubiger, dessen Anspruch vollstreckbar geworden, hat das Recht, auf gerichtliche Zwangsverwaltung und gerichtliche Zwangsversteigerung anzutragen.

Haftet die Hypothek oder Grundschuld nur auf einem Antheil des Grundstücks, so kann nur der Antheil zur Zwangsverwaltung und Zwangsversteigerung gestellt werden.

§ 44.

Der Antrag auf Zwangsverwaltung und Zwangsversteigerung ist auch dann zulässig, wenn seit der Zustellung der Klage ein Wechsel in der Person des Eigenthümers des Grundstücks eingetreten ist.

§ 45.

Ein Vertrag zwischen dem hypothekarischen oder Grundschuldgläubiger und dem Eigenthümer, durch welchen Ersteren das Recht der Veräußerung zum Zweck ihrer Befriedigung entzogen wird, ist nichtig.

§ 46.

Der Eigenthümer ist berechtigt, bei der Zwangsversteigerung mitzubieten. Es muß jedoch, sobald ein Betheiligter seiner Zulassung widerspricht, für sein jedesmaliges Gebot im Termin eine Sicherheit baar oder in inländischen öffentlichen nicht außer Umlauf gesetzten Papieren einschließlich der Schuldverschreibungen des Deutschen Reichs erlegt werden. Diese Papiere müssen mit den laufenden Zinsscheinen und Talons eingereicht werden und sind nach dem Börsenpreise zu berechnen.[1] Wenn der Eigenthümer der Meistbietende geblieben und ein begründeter Widerspruch nicht erfolgt ist, so wird durch Erkenntniß ausgesprochen, daß ihm das Eigenthum an dem Grundstück zu belassen sei.[2]

1. Vgl. jetzt §§ 62—64 Zwangsv.Ges.
2. Vgl. jetzt § 83 Abs. 3 Zwangsv.Ges.

§ 47.

Der Ersteher erwirbt das Eigenthum frei von allen Hypotheken und Grundschulden. Diejenigen Gebrauchs- und Nutzungsrechte, welche nach §§ 8, 142 des Allgemeinen Berggesetzes vom 24. Juni 1865 im Wege des Zwangsverfahrens gegen den Eigenthümer des Grundstücks erworben werden können, gehen als Lasten auf den Ersteher über, sofern dieselben vor Einleitung der Zwangversteigerung durch Besitzergreifung die Eigenschaften dinglicher Rechte erlangt haben.

Dingliche Lasten anderer Art, welche aus privatrechtlichen Titeln herrühren, müssen von dem Ersteher übernommen werden, wenn denselben keine Hypothek oder Grundschuld vorgeht. Gebote, durch welche der Bietende sich zur Uebernahme derartiger, einer Hypothek oder Grundschuld nachstehender Lasten bereit erklärt, dürfen nur dann berücksichtigt werden, wenn dieselben zugleich für sämmtliche der zu übernehmenden Last vorgehende Hypotheken oder Grundschulden vollständige Deckung gewähren.

Vgl. jetzt § 22 Zwangsv.Ges.

§ 48.

Ein Vertrag, durch welchen sich der Eigenthümer einem Hypotheken- oder Grundschuldgläubiger gegenüber verpflichtet, das Grundstück nicht weiter zu belasten, ist nichtig.

§ 49.

Beschränkungen des eingetragenen Gläubigers in der Verfügung über die Hypothek oder Grundschuld erlangen Rechtswirkung gegen Dritte nur, wenn dieselben bei Hypotheken im Grundbuch eingetragen oder bei Grundschulden auf dem Grundschuldbrief vermerkt sind oder wenn sie den Dritten bei Erwerb ihres Rechts an dem Grundstück bekannt waren.

Die Eintragung erfolgt entweder mit Bewilligung des Gläubigers, oder auf Ersuchen einer zuständigen Behörde.

§ 50.

Erhebliche Verschlechterungen des Grundstücks, durch welche die Sicherheit des Gläubigers gefährdet wird, berechtigen denselben, bei dem Prozeßrichter Sicherungsmaßregeln zu beantragen, auch seine Befriedigung vor der Verfallzeit zu fordern.

§ 51.

An den bestehenden Vorschriften über die unter Aufsicht einer Behörde zu bewirkende Verwendung der dem Grundstückseigenthümer zufallenden Kapitalien im Interesse der dinglich Berechtigten wird durch dieses Gesetz nichts geändert.

5. Von dem Uebergang der Hypotheken und Grundschulden.

§ 52.

Die Hypothek kann nur gemeinsam mit dem persönlichen Recht abgetreten werden.

Wird eine zur Sicherung eines persönlichen Rechts dienende Grundschuld ohne den persönlichen Anspruch abgetreten, so erlischt letzterer.

§ 53.

Die Eintragung der Abtretung oder Verpfändung einer Hypothek oder Grundschuld darf nur auf Grund der Bewilligung des Gläubigers oder seiner rechtskräftigen Verurtheilung zur Bewilligung oder auf Grund eines Ersuchens einer zuständigen Behörde gegen den eingetragenen Gläubiger erfolgen.

§ 54.

Der Erwerb der Hypothek oder Grundschuld durch Abtretung und die Wirksamkeit der Verpfändung derselben hängt nicht von der Eintragung ab.

§ 55.

Grundschulden können ohne Nennung des Erwerbers abgetreten werden (Blankoabtretung).

Jeder Inhaber erlangt dadurch das Recht, die Blankoabtretung durch einen Namen auszufüllen, die Grundschuld auch ohne diese Ausfüllung abzutreten, und die dingliche Klage anzustellen.

§ 56.

In Ermangelung einer Vereinbarung der Betheiligten werden die Kosten der Verpfändung einer Hypothek oder Grundschuld und deren Eintragung von dem Verpfänder allein, die Kosten der Abtretung und deren Eintragung von dem abtretenden Gläubiger und dem Erwerber zu gleichen Theilen getragen; hat jedoch der befriedigte Gläubiger auf Veranlassung des Eigenthümers die Hypothek oder Grundschuld ihm oder einem Anderen abgetreten, so hat der Eigenthümer die Abtretungs- und Eintragungskosten zu zahlen.

6. Von der Löschung der Hypotheken und Grundschulden.

§ 57.

Das Hypotheken- und Grundschuldrecht wird nur durch Löschung im Grundbuch aufgehoben.

§ 58.

Die Löschung erfolgt auf Antrag des Eigenthümers, oder auf Ersuchen einer zuständigen Behörde.

§ 59.

Vormerkungen werden gelöscht auf Ersuchen derjenigen Behörde, auf deren Antrag dieselben im Grundbuch vermerkt worden, oder auf Bewilligung dessen, für den sie vermerkt worden sind.

§ 60.

Weigert der Gläubiger die Bewilligung der Löschung, so bleibt dem Eigenthümer überlassen, zugleich mit der Klage gegen den Gläubiger bei dem Prozeßrichter den Antrag zu begründen, das Grundbuchamt (Amtsgericht) zu ersuchen, daß bei der Hypothek oder Grundschuld Widerspruch gegen weitere Verfugungen des Gläubigers vermerkt werde.

§ 61.

Die Kosten der Quittung und Löschung hat beim Mangel einer Vereinbarung der Betheiligten der Schuldner, die besonderen Kosten für den Nachweis der Berechtigung des Gläubigers der Letztere zu tragen.

§ 62.

An die Stelle einer gelöschten Hypothek und Grundschuld darf eine andere nicht eingetragen werden, vielmehr rücken die nachstehenden Posten vor.

§ 63.

Wenn eine Hypothek oder Grundschuld von dem Eigenthümer bezahlt oder auf andere Weise getilgt worden ist, so ist der bisherige Gläubiger nach der Wahl des Eigenthümers verpflichtet, entweder Quittung oder Löschungsbewilligung zu ertheilen, oder die Post ohne Gewährleistung abzutreten.

§ 64.

Der eingetragene Eigenthümer ist berechtigt, auf Grund der Quittung oder Löschungsbewilligung die Post auf seinen Namen umschreiben zu lassen oder über sie zu verfügen.

§ 65.

Ein gleiches Recht hat der eingetragene Eigenthümer, welcher die Hypothek oder Grundschuld von Todeswegen erworben hat, auf Grund des Testaments, des Erbvertrages oder der Erbbescheinigung.

Hat derselbe die Post als Vermächtnißnehmer erworben, so bedarf es zur Umschreibung der Einwilligung des Erben, oder seiner rechtskräftigen Verurtheilung zu derselben.

§ 66.

Erwirbt der Gläubiger das verpfändete Grundstück, so kann er die Hypothek oder Grundschuld auf seinen Namen stehen lassen oder über sie verfügen.

§ 67.

Die Vorschriften der §§ 63—66 finden auf Kautionshypotheken keine Anwendung.

Vierter Abschnitt.

Von dem Bergwerkseigenthum und den selbstständigen Gerechtigkeiten.

§ 68.

Verliehene Bergwerke, unbewegliche Bergwerksantheile und die selbstständigen Kohlen-Abbaugerechtigkeiten in den vormals Königlich Sächsischen Landestheilen unterliegen den Vorschriften dieses Gesetzes mit folgenden zusätzlichen Bestimmungen:

1) Das Bergwerkseigenthum wird durch die von dem Oberbergamt ertheilte Verleihung, bestätigte Konsolidation, Theilung oder Vertauschung von Grubenfeldern und Feldestheilen erworben.

   Der Erwerber ist in diesen Fällen von Amtswegen zur Eintragung seines Bergwerkseigenthums anzuhalten.

   Zu diesem Zweck hat das Oberbergamt dem Grundbuchamt eine beglaubigte Abschrift der Verleihungsurkunde oder die Ausfertigung des bestätigten Konsolidations-, Theilungs- oder Tauschaktes zuzustellen.

2) In Betreff der Befugniß des eingetragenen Bergwerkseigenthümers, das verliehene Feld zu theilen, Feldestheile auszutauschen, oder auf dieselben zu verzichten, kommen die Vorschriften des Allgemeinen Berggesetzes vom 24. Juni 1865 zur Anwendung.

3) Hülfsbaue, welche unter die Vorschriften der §§ 60 ff. des Allgemeinen Berggesetzes vom 24. Juni 1865 fallen, erlangen auch ohne Eintragung in das Grundbuch durch Uebergang des Besitzes die

Eigenschaft dinglicher Rechte. Dieselben erlöschen nicht durch Ertheilung des Zuschlages in Folge gerichtlicher Zwangsversteigerung.

§ 69.

Wenn für selbstständige Gerechtigkeiten Grundbuchblätter eingerichtet sind, so wird die Veräußerung und der Erwerb an ihnen, ihre Belastung und Verpfändung nach den Vorschriften dieses Gesetzes beurtheilt.

Fünfter Abschnitt.

Allgemeine Bestimmungen.

§ 70.

Der Prozeßrichter hat auf den Antrag einer Partei die Eintragung einer Vormerkung bei dem Grundbuchamt (Amtsgericht) nachzusuchen, wenn ihm der Anspruch oder das Widerspruchsrecht, welche durch die Vormerkung gesichert werden sollen, glaubhaft gemacht sind.

§ 71.

Die statutenmäßigen Befugnisse der mit Korporationsrechten versehenen Kreditinstitute in Betreff der Zwangsverwaltung werden durch dieses Gesetz nicht berührt.

§ 72.

Dieses Gesetz tritt am 1. Oktober 1872 in Kraft.

Urkundlich unter Unserer Höchsteigenhändigen Unterschrift und beigedrucktem Königlichen Insiegel.

Gegeben Berlin, den 5. Mai 1872.

(L. S.) Wilhelm.

Fürst v. Bismarck. Gr. v. Roon. Gr. v. Itzenplitz. v. Selchow. Gr. zu Eulenburg. Leonhardt. Camphausen. Falk.

Grundbuch-Ordnung.

Vom 5. Mai 1872.

(G.S. Nr. 8035 S. 446.)

Wir Wilhelm, von Gottes Gnaden König von Preußen ꝛc. verordnen für die Landestheile, in welchen die Hypothekenordnung vom 20. Dezember 1783 gilt, mit Ausnahme der Gebietstheile der Provinz Hannover, unter Zustimmung beider Häuser des Landtages Unserer Monarchie, was folgt:

Die G.B.O ist nach § 143 am 1. Oktober 1872 in Kraft getreten; das Geltungsgebiet ist dasselbe wie das des Eig.Ges.; siehe oben S. 2.

Erster Abschnitt.

Von der Form und Einrichtung der Grundbücher.

Der den Beurkundungen des Grundbuchs beigelegte öffentliche Glaube besteht nur für den Gesammtinhalt bezüglich eines und desselben Grundstücks, bei widersprechenden Beurkundungen ist der Streit nach allgemeinen Rechtsgrundsätzen zu entscheiden. R.G. v. 4. März 1885, Bd. 13 S. 246 (248).

Der Glaube des Grundbuchs ist auf alle im Grundbuche als Theile des Grundstücks verzeichneten Stücke zu beziehen. R.G. v. 22. Dez. 1886, J.M.Bl. 1887 S. 119.

Das Grundbuch hat nicht die Aufgabe, darüber Nachricht zu geben, ob die darin eingetragenen Personen noch am Leben sind. 13. Dez. 1879, Bd. 1 S. 127.

Der Erwerber eines Grundstückes, für welches irrthümlich zwei Grundbuchblätter bestehen, muß eine vor seinem Erwerbe rechtsgültig bestellte und auf einem dieser Blätter eingetragene Hypothek wider sich gelten lassen, wenn er nur das Blatt gekannt hat, auf dem die Eintragung fehlte. R.G. v. 4. März 1835, Bd. 13 S. 246.

Der Ersteher erwirbt nicht das Eigenthum eines zur Subhastation gezogenen Grundstückes, welches nur irrthümlich für den Subhastaten, zugleich aber für den wahren Eigenthümer auf einem andern Blatte des Grundbuchs eingetragen war und nicht diesem Blatte entsprechend in dem Subhastationspatente bezeichnet war. R.G. v. 27. Febr. 1884, Bd. 11 S. 275.

§ 1.

Für jeden Gemeinde-, selbstständigen Guts- oder besonderen Grundsteuer-Erhebungsbezirk werden ein oder mehrere Grundbücher angelegt. In diese werden die selbstständigen, in den Grundsteuerbüchern verzeichneten Grundstücke eingetragen.

Die Eintragung erfolgt in fortlaufender Nummerreihe.

Der Eigenthümer kann ohne eigentliche Parzellirung sein Grundstück in zwei Theile zerlegen und einen Theil als selbstständiges Grundstück auf ein neues Blatt übertragen lassen. 27. Okt. 1884, K. 5 S. 200.

§ 2.

Für Domainen und andere dem Staat gehörige Grundstücke, für Grundstücke der Kirchen, Klöster, Schulen und Gemeinden, für Eisenbahnen und öffentliche Landwege bedarf es der Anlegung eines Grundbuchblatts nur im Fall der Veräußerung[1] oder Belastung, oder wenn von dem Eigenthümer oder einem Berechtigten darauf angetragen wird.

Die Grundstücke der Eisenbahnen und die öffentlichen Landwege werden dann in dem Grundbuch eines jeden Bezirks (§ 1), in welchem sie liegen, eingetragen.

1. Nur des zu veräußernden Theiles, nicht des Stammgrundstückes. Ostpr. Trib., K. 1 S. 58.

§ 3.

Die für Grundstücke gegebenen Vorschriften dieses Gesetzes gelten auch für Bergwerke[1] und Gerechtigkeiten,[2] sofern nicht ein Anderes ausdrücklich bestimmt ist.

1. § 68 Eig G.

2. § 69 Eig.G. Verpfändung der vom Pächter auf dem gepachteten Gut errichteten Gebäude kann nicht eingetragen werden. Ostpr. Trib., K. 1 S. 81.

§ 4.

Die Grund- und Gebäudesteuerbücher, von welchem dem Grundbuchamt (Amtsgericht) eine Abschrift mitgetheilt werden soll, dienen zur Ausmittelung der in die Grundbücher einzutragenden oder bereits eingetragenen Grundstücke, ihrer Lage und Größe.[1 2] Ihre Bezeichnung in den Steuerbüchern ist bei den Grundbüchern beizubehalten. Bei Gutskomplexen genügt die Eintragung der Gesammtfläche und des Gesammtreinertrages.[3]

Sofern in den Steuerbüchern die Größe von Gebäuden, Hofräumen und Hausgärten, welche nicht zu einem Gutskomplex gehören, nicht angegeben ist, hat der Eigenthümer bei den Fortschreibungsbeamten die Vermessung und Vervollständigung der Grundsteuerbücher zu beantragen.

Die Zurückführung der bereits angelegten Grundbuchblätter auf die Grund- und Gebäudesteuerbücher erfolgt nach den Bestimmungen der darüber zu erlassenden Ausführungsverfügung.

1. § 4 enthält keine materiellen Vorschriften und stellt jedenfalls keine Rechtsvermuthung für das Eigenthum auf. Er giebt im Wesentlichen nur eine Anweisung für den Grundbuchrichter. Ist die Zurückführung geschehen, so ist allerdings der, welcher demnächst auf Grund einer Auflassung als Eigenthümer eingetragen wird, für den Eigenthümer aller verzeichneten Bestandtheile zu erachten; es werden aber Eigenthumsrechte desjenigen, welcher vor den neuen Gesetzen durch Titel und Uebergabe Eigenthum erworben hat, durch

Zuführung des Grundbuchblattes weder verringert noch erweitert, und kann er sich, wenn ihm das Eigenthum bestritten wird, von dem Nachweise desselben nicht durch Berufung auf das Kataster befreien. R.G. v. 1. März 1880, Bd. 1 S. 375 (378). Vgl. § 7 Eig.G. oben S. 9.

2. Stellt sich die Angabe des Steuerbuchs über die Größe des Grundstücks als unrichtig heraus, so hat die Berichtigung des Grundbuchs von Amtswegen auch ohne Zustimmung des Eigenthümers zu erfolgen, sei es auch, daß die Unrichtigkeit durch die von der Steuerbehörde irrthümlich angenommene Zugehörigkeit von Flächen anderer Grundstücke veranlaßt und daß seit der Zurückführung des Grundbuchs auf das Kataster ein Besitzwechsel eingetreten ist. 11. Okt. 1880, K. 2 S. 89.

Wenn der Grundbuchrichter die Ueberzeugung gewinnt, daß bei Zurückführung des Grundbuchblattes auf die Steuerbücher Irrungen vorgekommen sein möchten, so ist er berechtigt, von Amtswegen durch entsprechende Vermerke im Grundbuche weiterer Ausbeutung des Irrthums vorzubeugen. 3. Dez. 1883, K. 4 S. 130.

3. Die Reinertragssummen werden nicht von Thalern in Mark umgerechnet. J.M.V. v. 29. Jan. 1882, J.M Bl. S. 103, K. 2 S. 87.

§ 5.

Das Grundbuchblatt eines Grundstücks umfaßt dessen Bestandtheile, unbewegliche Zubehörstücke und Gerechtigkeiten.[1]

Zubehörstücke erhalten nur dann ein besonderes Blatt im Grundbuch, wenn das Hauptgut im Auslande oder in dem Bezirke eines anderen Grundbuchamtes (Amtsgerichts) liegt.

Im ersteren Fall ist das Zubehörstück, sofern nicht durch Staatsverträge ein Anderes bestimmt ist, als ein selbstständiges Grundstück zu behandeln.

Im letzteren Fall ist auf dem Titel des Zubehörstücks zu vermerken, zu welchem Hauptgut dasselbe gehört, demnächst das Blatt gegen weitere Eintragungen zu schließen, und auf dem Titel des Hauptgutes auf das Grundbuchblatt des Zubehörstückes hinzuweisen.[2,3]

Diese Vorschriften gelten auch für die Zubehörstücke der Bergwerke.

1. Grundgerechtigkeiten sind auf dem Titel des Grundbuchblattes des berechtigten Grundstückes auf Antrag des Eigenthümers zu vermerken, sofern sie nicht für den Werth des Grundstückes oder den Realkredit seines Besitzers ohne Bedeutung sind. 13. Juli 1880, K. 1 S. 113.

2. § 5 behandelt die Zuschreibung, § 13 die Uebertragung von Grundstücken. Das erstere Verfahren findet statt, wenn das Theilstück ausdrücklich als Zubehör des Grundstückes, auf dessen Blatt es zugeschrieben wird, bezeichnet und dadurch mit demselben in eine beabsichtigte fortwährende Verbindung gebracht wird; das letztere, wenn das Theilstück seine Selbstständigkeit auch auf dem anderen Grundbuchblatt, auf das es übertragen wird, fortsetzen soll und also eine Vereinigung desselben mit dem andern Grundstück nicht eintritt. Bei der Zuschreibung tritt das Zubehörstück in die Pfandverbindlichkeit des Hauptgutes ein (§ 32 Eig Ges.) und kann außer seinen bisherigen Belastungen fortan nur mit dem Hauptgute zusammen belastet werden; bei der Uebertragung können beide Grundstücke nach wie vor selbstständig belastet werden. Uebertragungsanträge darf der Grundbuchrichter ablehnen. § 5 gewährt eine derartige Befugniß nicht. Beschl. Landgericht Liegnitz, 24. März 1885, K. 5 S. 413 (6 S. 328).

3. Die Schließung des besonderen Grundbuchblattes erfolgt kostenfrei: § 3 des Tarifs.

§ 6.

Die Grundbücher werden, insoweit dieselben neu anzulegen oder umzuschreiben sind, nach den diesem Gesetz beigelegten Formularen I. oder II. eingerichtet (Anlage
A. B. A. B.).

Das Grundbuchamt (Amtsgericht) hat zu ermessen, welches der beiden Formulare anzuwenden ist.

Für die Bergwerke mit unbeweglichen Antheilen der

C. Gewerken (Kuxe) wird das Formular III. (Anlage C.) vorgeschrieben.

§ 7.

In dem Formular I. erhält jedes Grundstück ein eigenes Grundbuchblatt. Dasselbe besteht in einem Titel und drei Abtheilungen.

§ 8.

Der Titel giebt in der ersten Spalte an:

1) die Bezeichnung[1] des Grundstücks:
   bei selbstständigen Gütern den Namen des Guts und des Kreises;
   bei städtischen Grundstücken die Nummer, Straße und sonstige ortsübliche Bezeichnung;
   bei kleineren ländlichen, zu einer Ortschaft gehörenden Gütern die Bezeichnung des Kreises, der Ortschaft, der Nummer oder sonstigen Kennzeichen;
2) die Eigenschaft des Grundstücks;[2]
3) die Nummer, welche das Grundstück im Steuerbuch führt;
4) die Größe und den Grundsteuerreinertrag oder Nutzungswerth (§ 4):
   bei vereinigten Grundstücken (§ 13) die Größe und den Grundsteuerreinertrag oder Nutzungswerth eines jeden einzelnen Grundstücks.

Die zweite Spalte ist für Abschreibungen bestimmt.

1. Nach dem Formular A wird die Bezeichnung nicht in der ersten Spalte, sondern in der Ueberschrift vermerkt.

2. Die Eintragung des Vermerkes, daß das Grundstück ein Fabrik- oder Ziegelgrundstück sei, kann, jedoch nur auf Grund amtlicher Bescheinigung, erfolgen. Joh. 8 S. 144.

3. Nach der Justizmin.Verf. v. 5. Juni 1877 (J.M.Bl. S. 103) soll auch die Nummer der Gebäudesteuerrolle eingetragen werden.

§ 9.

Bei Bergwerken[1] und den Kohlenabbaugerechtigkeiten in den vormals Königlich Sächsischen Landestheilen[2] ist eine Beschreibung derselben in den Titel aufzunehmen, welche den wesentlichen Inhalt der Verleihungsurkunde oder des sonstigen Berechtigungstitels anzugeben hat. Für die Zubehörungen der Bergwerke und Kohlenabbaugerechtigkeiten an Grundstücken und Gebäuden, welche sich im Eigenthume des Bergwerkseigenthümers befinden, sind die Bestimmungen des § 8 Nr. 1—4 dieses Gesetzes maßgebend.

1. Vgl. § 68 Eig Ges. und Allg. Berggesetz v. 24. Juni 1865, G.S. S. 705.

2. Vgl. Ges. v. 22. Febr. 1869, G.S. S. 401.

§ 10.

In die erste Spalte der ersten Abtheilung ist einzutragen:

der Eigenthümer nach Vor- und Zunamen,[1] nach Stand, Gewerbe oder anderen unterscheidenden Merkmalen, Wohnort oder Aufenthaltsort; eine juristische Person nach ihrer gesetzlichen oder in der Verleihungsurkunde enthaltenen Benennung; eine Handelgesellschaft, Aktiengesellschaft und Genossenschaft unter ihrer Firma und Bezeichnung des Orts, wo sie ihren Sitz hat;[2–6]

in die zweite Spalte:

das Datum der Auflassung und der Eintragung, die Vermerke über Zuschreibungen (§ 61), und auf Antrag des Eigenthümers der Erwerbsgrund;

in die dritte Spalte:

auf Antrag des Eigenthümers der Erwerbspreis, die Schätzung des Werths nach einer öffentlichen Taxe[7] und bei Gebäuden die Feuerversicherungssumme mit Angabe des Datums.

1. Soweit thunlich vgl. oben S. 5 Note 4 zu § 2 Eig.Ges. (Auflassung an künftige Deszendenz einer Person).

2. Der Einzelkaufmann kann nicht unter seiner Firma, sondern muß unter seinem bürgerlichen Namen als Eigenthümer von Grundstücken im Grundbuch eingetragen werden. 25. Juni 1883, K. 4 S. 133.

Pr. Einführungsges. zum Handelsgesetzbuch v. 24. Juni 1861 (G.S. S. 449).

Art. 23. Grundstücke, Gerechtigkeiten, dingliche Rechte und Hypothekenforderungen, welche zu dem Vermögen einer Handelsgesellschaft gehören, sei diese eine offene Gesellschaft, eine Kommanditgesellschaft, eine Kommanditgesellschaft auf Aktien, oder eine Aktiengesellschaft, werden auf den Namen der Gesellschaft in das Hypotheken(Grund)buch eingetragen.

Hierbei gelten nachstehende Bestimmungen:

§ 1. Die Eintragung erfolgt ohne Benennung der einzelnen Gesellschafter; sie darf erst geschehen, wenn die Eintragung der Gesellschaft in das Handelsregister nachgewiesen ist. Bei der Eintragung ist die Firma der Gesellschaft und der Ort, wo sie ihren Sitz hat, anzugeben. Tritt in Bezug auf die Firma oder den Sitz der Gesellschaft eine Aenderung ein, so ist diese im Hypotheken(Grund)buche zu vermerken.

§ 2. Soll eine Verfügung, welche im Namen der Gesellschaft über einen der im Eingange dieses Artikels bezeichneten Gegenstände erfolgt ist, in das Hypotheken(Grund)buch eingetragen werden, so genügt zur Feststellung der Befugniss desjenigen, welcher im Namen der Gesellschaft verfügt hat, der Nachweis aus dem Handelsregister, dass derselbe zu der Gesellschaft in einem Verhältniss gestanden hat, wodurch er nach den Bestimmungen des Handelsgesetzbuchs befugt war, in der geschehenen Art im Namen der Gesellschaft mit rechtlicher Wirkung gegen Dritte zu verfügen.

§ 3. Die Nachweisungen aus dem Handelsregister werden durch Atteste des Handelsgerichts geliefert, welches das Handelsregister führt.

3. Durch die Eintragung einer offenen Handelsgesellschaft als Eigenthümerin wird buchmäßiger Erwerb für die zur Zeit der Eintragung vorhandenen Gesellschafter vermittelt. 31. März 1885, K. 5 S. 125.

4. Die Beweiskraft der Atteste aus dem Handelsregister erstreckt sich grundsätzlich nicht über die Zeit ihrer Ausstellung (ist aber auf kürzere Zeit genügend). 8 November 1880, K. 2 S. 69.

5. Wenn das Handelsregister und das Grundbuch bei demselben Gericht geführt werden, so ist der Grundbuchrichter verpflichtet, das Handelsregister einzusehen und muß von der Vorlegung eines Attestes absehen, wenn er die Ueberzeugung von der Richtigkeit der festzustellenden Thatsachen aus dem Inhalte des Registers erlangen kann. 9. Juni 1884, K. 5 S. 92.

6. Notare sind nicht berechtigt, Bescheinigungen über den Inhalt der Handelsregister zu ertheilen; notarielle Bescheinigungen solcher Art sind daher nicht geeignet, Vertreter von Handelsgesellschaften für Grundbuchgeschäfte zu legitimiren. 29. Sept. 1884, K. 5 S. 94.

7. Das sind nur solche Taxen, welche — wie gerichtliche oder landschaftliche — unter öffentlicher Autorität aufgenommen sind. 17. April 1882, K. 3 S. 105.

§ 11.

In die erste Hauptspalte der zweiten Abtheilung werden eingetragen:[1]

1) dauernde Lasten und wiederkehrende Geld- und Naturalleistungen, welche auf einem privatrechtlichen Titel beruhen.

   Von der Eintragung sind ausgeschlossen die an den Staat zu entrichtenden öffentlichen Abgaben und Leistungen.

   Der Eintragung bedürfen nicht die Leistungen zur Erfüllung der Deichpflicht und die im § 49 der Konkursordnung vom 8. Mai 1855 aufgeführten gemeinen Lasten;

2) die Beschränkungen des Eigenthums und des Verfügungsrechts des Eigenthümers.

In die zweite Hauptspalte „Veränderungen" werden alle Veränderungen eingetragen, welche die in der ersten Hauptspalte vermerkten Rechte und Beschränkungen erleiden.[2]

Ist ein in der ersten Hauptspalte eingetragenes Recht aufgehoben, so erfolgt die Löschung in der Hauptspalte

„Löschungen"; die Löschung einer Veränderung wird unter der zweiten Hauptspalte in der Nebenspalte „Löschungen" bewirkt.

Vgl. auch § 11 EigG.

1. Kosten der Eintragung § 2 des Tarifs B.

2. Kosten der Eintragung § 3 des Tarifs C (1/2 von B).

§ 12.

In die erste Hauptspalte der dritten Abtheilung werden die Hypotheken und Grundschulden eingetragen.

Wenn mit solchen Rechten der Besitz und Genuß des Grundstücks von Seiten des Gläubigers verbunden ist, so wird zugleich dieses Recht in der zweiten Abtheilung vermerkt.[1]

In die zweite Hauptspalte „Veränderungen" sind alle Veränderungen[2] der in der ersten Hauptspalte eingetragenen Posten zu vermerken.

Die Nebenspalte „Löschungen" in der zweiten Hauptspalte ist für die Löschung der Veränderungen, die Hauptspalte „Löschungen" zur Löschung der in der ersten Hauptspalte eingetragenen Posten bestimmt.

1. Der antichretische Pfandvertrag (vgl. die antiquirten §§ 227 ff. A.L.R. I 20 und den § 14 A.G.O. II 3) bedarf zur Wirksamkeit gegen Dritte der Eintragung auch in Abth. II. Es wird allgemein angenommen, daß die nach dem Ges. v. 23. April 1821 § 4 vorgeschriebene gerichtliche Bestätigung des Vertrages mit dem Bundesges. v. 14. Nov. 1867 fortgefallen ist. (Durch das Reichsges. v. 24 Mai 1880, betreffend den Wucher, ist dieselbe jedenfalls nicht wieder eingeführt.)

Kosten § 2 des Tarifs B.

2. Abtretungen, Ausfertigung neuer Urkunden, Beschränkungen des Verfügungsrechts, Entpfändungsvermerke, Mithaftvermerke, Umschreibung in Hypotheken oder in Pfandbriefe, Umwandlung in Grundschuld oder Hypotheken, Vererbung, Verpfändung, Vorrechtseinräumung, Zinssatzveränderungen.

Kosten § 3 des Tarifs C (1/2 von B).

§ 13.[1]

Für mehrere im Bezirk desselben Grundbuchamts (Amtsgerichts) liegende Grundstücke desselben Eigenthümers kann auf dessen Antrag[2] ein gemeinschaftliches Blatt angelegt werden, wenn daraus nach dem Ermessen des Grundbuchamts (Amtsgerichts) keine Verwirrung zu besorgen ist.

1. Vgl. oben S. 78 Note 2 zu § 5 über den Unterschied zwischen Zuschreibung (§ 5) und Uebertragung (§ 13).

2. Nicht ohne Antrag. 27. Febr. 1882, K. 3 S. 103.

§ 14.

In dem Formular II. erhält jeder Eigenthümer einen Artikel, unter welchem sämmtliche ihm zugehörige Grundstücke, ihre Steuerverhältnisse, ihre dinglichen Belastungen und deren Veränderungen eingetragen werden.

§ 15.

Die Artikel werden in einem besonderen Grundbuch für jeden Bezirk (§ 1) mit Bezeichnung der Artikelnummer des Steuerbuchs angelegt, und in jedem Artikel die einzelnen Grundstücke nach fortlaufenden Nummern eingetragen.

§ 16.

Grundstücke, welche eine Ehefrau in eine Ehe mit Gemeinschaft der Güter einbringt oder während derselben erwirbt, werden auf den Antrag beider Eheleute in dem Artikel des Ehemannes eingetragen. Bei Trennung der Ehe erhält die Frau einen besonderen Artikel.

Leben die Eheleute unter getrenntem Güterrecht, so erhält zwar die Ehefrau einen besonderen Artikel, aber mit der Nummer des Artikels ihres Mannes, wenn im Steuerbuch die Grundstücke der Ehefrau in dem Artikel des Mannes eingetragen sind.[1]

1. Dies kommt nicht mehr zur Anwendung, da nach der Anweisung des Finanzministers vom 31. März 1877 Grundstücke, welche sich in getrenntem Eigenthume von Ehegatten befinden, sowohl unter sich, als auch von den außerdem noch gemeinschaftlich besessenen Grundstücken gesondert, auf getrennten Artikeln in der Grundsteuermutterrolle nachgewiesen werden.

§ 17.

In dem Grundbuchblatt nach Formular III. ist die Anzahl der Kuxe, welche sich im Eigenthum eines jeden Gewerken befindet, anzugeben.

§ 18.

Für jedes Grundbuchblatt und für jeden Artikel werden besondere Grundakten gehalten. Den Grundakten sind Tabellen vorzuheften,[1] welche eine wörtliche Abschrift der Grundbuchblätter und Artikel sein müssen.

1. Es sind ferner vorzuheften:

a) ein Nummernverzeichniß (§ 8 Gesch.O. für die Gerichtsschreiber der Amtsgerichte v. 3. Aug. 1879, J.M.Bl. hinter S. 230).

b) Verzeichniß der Wohnungsveränderung des Interessenten. (Rekr. v. 20. Marz 1869, J M Bl S. 63 und v. 14. Nov. 1872, J.M.Bl. S. 302, §§ 4, 19 Zwangv.G).

§ 19.

Die Einsicht der Grundbücher und Grundakten ist Jedem gestattet, welcher nach dem Ermessen des Vorstehers des Grundbuchamtes (Amtsrichters) ein rechtliches Interesse dabei hat.[1]

Oeffentlichen Behörden und den von ihnen beauftragten Beamten steht in den gesetzlich bestimmten Fällen die Einsicht der Grundbücher und Grundakten und die Entnahme von Bemerkungen aus denselben frei, auch sind sie berechtigt, Abschriften zu verlangen.[4 5]

Vgl. § 120 unten (Recht des Eigenthümers auf Ertheilung einer Abschrift des Grundbuchblattes).

1. Winkelkonsulenten darf die Einsicht des Grundbuchs und

der Grundakten versagt werden, auch wenn dieselben schriftliche Vollmacht*) des Eigenthümers vorlegen. Ostpr. Trib. K. 5 S. 60.

2. Die Entscheidung, durch welche ein Antrag auf Gestattung der Einsicht mangels genügenden Interesses zurückgewiesen wird, ist mit der weiteren Beschwerde nicht anfechtbar. 5. Juni 1882, K. 3 S. 89.

3. Dem Vormundschaftsrichter darf die verlangte Auskunft über die erfolgte Eintragung von Mündelgeldern nicht versagt werden. Ostpr. Trib. K. 1 S. 59.

4. Ein Recht auf Ertheilung solcher Abschriften besteht nur für öffentliche Behörden und die von ihnen beauftragten Beamten und den Eigenthümer des Grundstückes (§ 120), nicht für jeden, der ein rechtliches Interesse dabei hat. Die Ertheilung solcher Abschriften ist aber auch nicht gesetzlich unzulässig. Eine Entscheidung, durch welche wegen solcher vermeintlichen Unzulässigkeit der Antrag auf Ertheilung der Abschrift zurückgewiesen wird, unterliegt der Beschwerde. 8. Nov. 1886, K. 6 S. 80.

5. Für das Verhältniß der Gerichte zu den Verwaltungsbehörden, welche im öffentlichen Interesse erbitten, ist nicht § 19 sondern § 48 der Verordnung vom 2. Januar 1849 maßgebend; § 19 handelt nur von den Befugnissen öffentlicher Behörden, welche zur Wahrnehmung privatrechtlicher Interessen Kenntniß von dem Inhalte der Grundbücher erlangen wollen. 29. Okt. 1883, K. 4 S. 112.

Zweiter Abschnitt.

Von den Grundbuchämtern.

§ 20.

Zur selbstständigen Bearbeitung der Grundbuchsachen wird bei jedem Stadt- und Kreisgericht und jeder ständigen Kreisgerichtsdeputation ein Grundbuchamt gebildet.

---

*) Eine solche Vollmacht ist rechtlich keine Vollmacht, dieselbe bedarf keines Stempels; um dem Ansatze eines solchen vorzubeugen, empfiehlt es sich, derartige Schriftstücke in Form einer Erlaubnißertheilung zur Einsicht der Grundakten zu kleiden.

Dasselbe besteht aus einem zum Richteramt befähigten Vorstand (Grundbuchrichter), einem Buchführer und den erforderlichen Schreibern und Unterbeamten.

§ 21.

In größeren Städten und Kreisen können durch Anordnung des Justizministers mehrere Grundbuchämter für geographisch abzugrenzende Bezirke gebildet werden.

§ 22.

Die Kreisgerichtskommissionen sind die Grundbuchämter für die in ihrem Bezirk belegenen Grundstücke, sofern nicht das Grundbuch über dieselben nach der Gerichtsverfassung bei den Kreisgerichten zu führen ist.

§ 23.

Die Grundbuchämter stehen unter der geschäftlichen Aufsicht der Stadtgerichtspräsidenten, der Kreisgerichtsdirektoren oder der Dirigenten der Kreisgerichtsdeputationen, welche in Verhinderungsfällen die Vertreter zu bestellen haben.

§ 24.

Beschwerden über Verzögerungen im Geschäftsbetrieb werden zunächst von dem Präsidenten, dem Direktor des Stadt- oder Kreisgerichts oder dem Dirigenten der Deputation, in zweiter Instanz von dem Präsidenten des Appellationsgerichts, in letzter Instanz von dem Justizminister entschieden.

Beschwerden über Verfügungen des Grundbuchrichters gehen an das Appellationsgericht des Bezirks, bei dessen Entscheidung es bewendet.

Vgl. jetzt:

Ausführungsges. zum deutschen Gerichtsverfassungsgesetz vom 24. April 1878, G.S. S. 230:

§ 31. Die Bildung von Grundbuchämtern findet nicht statt. Die Geschäfte der Grundbuchrichter werden von den Amtsrichtern, die Geschäfte der Grundbuchführer von den Gerichtsschreibern wahrgenommen.

Als Zeitpunkt des Eingangs eines Gesuchs um Eintragung im Grundbuche gilt derjenige Zeitpunkt, in welchem das Gesuch dem mit den Geschäften des Grundbuchrichters oder Grundbuchführers hinsichtlich des betreffenden Grundstückes beauftragten Richter oder Gerichtsschreiber vorgelegt wird.

§ 23. Bei den mit mehreren Richtern besetzten Amtsgerichten werden die Geschäfte nach örtlich abgegrenzten

Bezirken oder, wenn das Interesse der Rechtspflege dies erfordert, nach Gattungen oder nach Gattungen und Bezirken vertheilt Die Vertheilung erfolgt durch das Präsidium des Landgerichts im Voraus auf die Dauer eines Geschäftsjahres nach den von dem Justizminister festgestellten Grundsätzen.

Die Gültigkeit der Handlung eines Amtsrichters wird dadurch nicht berührt, dass die Handlung nach der Geschäftsvertheilung von einem der anderen Amtsrichter vorzunehmen gewesen wäre.

§ 40. Die Landgerichte sind zuständig für die Verhandlung und Entscheidung über die Rechtsmittel in den Angelegenheiten, welche durch dieses Gesetz den Amtsgerichten zugewiesen sind.

Gegen die Entscheidungen der Landgerichte findet das Rechtsmittel der weiteren Beschwerde statt.

§ 51. Das Oberlandesgericht in Berlin ist ferner ausschliesslich zuständig für die Verhandlung und Entscheidung über das im § 40 bezeichnete Rechtsmittel der weiteren Beschwerde. Für dieses Rechtsmittel gelten die nachstehenden Vorschriften.

§ 52. Die weitere Beschwerde kann nur darauf gestützt werden, dass die Entscheidung auf einer Verletzung des Gesetzes beruhe. Die Vorschriften der §§ 512, 513 der Deutschen Civilprozessordnung finden entsprechende Anwendung.

§ 53. Die weitere Beschwerde wird bei dem Gericht eingelegt, von welchem die angefochtene Entscheidung erlassen ist; sie kann in dringenden Fällen auch bei dem Oberlandesgericht in Berlin eingelegt werden.

Die Einlegung erfolgt durch Einreichung einer Beschwerdeschrift oder durch Erklärung zu Protokoll des Gerichtsschreibers. Im ersteren Falle muss die Beschwerdeschrift von einem Rechtsanwalt unterzeichnet sein. Oeffentliche Behörden, sowie Personen, welche zum Richteramt befähigt sind, können die Beschwerde schriftlich ohne Zuziehung eines Rechtsanwalts einlegen

Die Beschwerde muss die Bezeichnung der verletzten Rechtsnorm enthalten. Eine unrichtige Bezeichnung der verletzten Rechtsnorm ist unschädlich.

§ 54 Die Vorschriften über die Frist des gegen die Entscheidung erster Instanz zulässigen Rechtsmittels finden auf die weitere Beschwerde entsprechende Anwendung Die Einlegung bei dem Oberlandesgericht in Berlin genügt zur Wahrung der Nothfrist, auch wenn der Fall für dringlich nicht erachtet wird.

§ 85. Beschwerden, welche Angelegenheiten der Justizverwaltung, insbesondere den Geschäftsbetrieb und Verzögerungen betreffen, werden im Aufsichtswege erledigt.

Vgl. die allgemeine Verf. vom 11. Juni 1887, betreffend die Behandlung von Anträgen und Beschwerden in den Angelegenheiten der freiwilligen Gerichtsbarkeit. J.M.Bl. S. 170.

1. Das Rechtsmittel der Beschwerde ist gegen jegliche Verfügung des Grundbuchrichters, also auch gegen ungerechtfertigte Eintragungen gegeben, deren Beseitigung nur insoweit unthunlich ist, als der stattgehabte oder mögliche Erwerb buchmäßiger Rechte entgegensteht; auf den Prozeßweg sind die Interessenten nur dann beschränkt, wenn der Grundbuchrichter durchweg gesetzmäßig verfahren ist. 30. Jan. 1882 und mehrfach, K. 3 S. 82.

2. Beschwerden über Entscheidungen des Grundbuchrichters über Anträge auf Eintragungen aus vollstreckbaren Schuldtiteln sind in dem Instanzenzuge für Grundbuchsachen zu erledigen. 4. März 1884, K. 4 S. 116.

Der Eigenthümer kann eine derartige Eintragung, wenn sie ohne legale Grundlage erfolgt ist, im Wege der Beschwerde anfechten. 4. März 1884, K. 4 S. 116.

3. Die zulässige Beschwerde befaßt die zweite Instanz mit einer vollständigen Kognition, mit einer anderweiten von ihr zu vertretenden Entscheidung in der Sache selbst, nicht bloß mit Korrekturen von Mißgriffen. 12. April 1886, K. 6 S. 150.

4. Den im Beschwerdewege ergangenen Vorentscheidungen kann eine formale Rechtskraft nicht beigemessen werden. Die Grundbehörden haben jeden an sie gebrachten Antrag sachlich zu erledigen und können die sachliche Prüfung nicht deshalb ablehnen, weil in der Sache früher eine entgegenstehende Entscheidung ergangen und diese unanfechtbar geworden sei. 2. Nov. 1885, K. 6 S 10.

5. Das Beschwerderecht muß jeder Person gewährt werden, welche durch den Abweisungsgrund getroffen ist und deshalb an der Beseitigung desselben interessirt. Ist der Löschungsantrag des Eigenthümers wegen Mangels der vorgelegten Löschungsbewilligung zurückgewiesen, so ist zu der Beschwerde hierüber nicht bloß der Eigenthümer, sondern auch der Aussteller der Löschungsbewilligung befugt 7. Juni 1886, K. 6 S. 138.

6. Der Prozeß- bezw. der Vollstreckungsrichter, welcher innerhalb seiner Zuständigkeit im Interesse einer Partei an den Grundbuchrichter ein Ersuchen um Eintragung richtet, ist, wenn seinem Ersuchen nicht oder nicht gehörig entsprochen wird, zur Einlegung von Beschwerden berechtigt. 23. Mai 1881, K. 2 S. 13. Ueber die Beschwerde wird nach §§ 40, 51 ff. Ausf.Ges. vom 24. April 1878 (nicht nach § 169 Ger.Verf.Ges.) befunden. 8. Mai 1882, K. 3 S. 1.

Der Kostenansatz für Entscheidungen über Beschwerden erfolgt nicht nach § 45 Gerichtskostengesetzes v. 18. Juni 1878, sondern nach den seitherigen Gesetzen (Art. 5 u. 15 des Ges. v. 9. Mai 1854); der Maximalsatz beträgt daher 12 Mk 5. Jan. 1880, K. 1 S. 163. (Für abweisende Verfügungen wird nach Art. 15 nur die Hälfte der Sätze des Art. 5 liquidirt.

Frist. Die Beschwerden sind an keine Frist gebunden.

§ 25.

Liegen Grundstücke, welche einem einheitlichen Gutsverbande angehören, in den Bezirken verschiedener Grundbuchämter (Amtsgerichte), so hat das Appellations- (Oberlandes)gericht zu bestimmen, welches Amt das Grundbuch zu führen hat; liegen sie in verschiedenen Appellations- (Oberlandes)gerichts-Bezirken, so hat der Justizminister diese Bestimmung zu treffen.

Vgl § 20 Pr. Ausf.Ges. zum G.V.G. v. 24. April 1878, G.S. S. 39.

§ 26.

Streitigkeiten über die Zuständigkeit mehrerer in dem Bezirk desselben Appellations- (Oberlandes)gerichts bestehender Grundbuchämter (Amtsgerichte) werden von dem Appellations- (Oberlandes)gericht, andernfalls von dem Justizminister entschieden.

Vgl. § 20 Pr. Ausf.Ges.

§ 27.

Wenn ein Grundbuchblatt aus dem Bezirk eines Grundbuchamts (Amtsgerichts) in den eines andern übergeht, so wird dem letzteren eine vollständige beglaubigte Abschrift des Blattes mitgetheilt und das frühere Blatt geschlossen. In diese Abschrift ist nur der noch gültige Inhalt aufzunehmen.

§ 28.

Rücksichtlich des Fortbestandes der Berg-Hypothekenkommissionen und der Ressortverhältnisse derselben[1] bewendet es bei den Bestimmungen des § 246 des Allgemeinen Berggesetzes vom 24. Juni 1865, der Gesetze vom 18. April 1855 und 10. Juni 1861.

1. Die Berg-Hypothekenkommissionen sind inzwischen aufgehoben.

§ 29.

Die (Grundbuch-)Beamten des Grundbuchamts haften für jedes Versehen bei Wahrnehmung ihrer Amtspflichten, soweit für den Beschädigte nvon anderer Seite[1] her Ersatz nicht zu erlangen ist.

Soweit der Beschädigte nicht im Stande ist, Ersatz seines Schadens von dem Grundbuchbeamten zu erhalten, haftet ihm für denselben der Staat.

1. Wer die andere Seite ist, darüber enthält die Grundbuch-Ordnung keine Bestimmung; hierüber entscheiden die §§ 433, 434 A.L.R. I. 20. Ersatzpflichtig ist der Gläubiger derjenigen Post, deren Eintragung später beantragt war, sofern er sie nicht nach der Eintragung im guten Glauben und gegen Entgelt erworben hat. RG. v. 21. März 1881, Bd. 4 S 324 (329).

Dritter Abschnitt.

Von dem Verfahren in Grundbuchsachen.

1. Allgemeine Bestimmungen.

§ 30.

Die Grundbuchämter (Amtsgerichte) verfahren, (in Grundbuchsachen) mit Ausnahme der im Gesetz bestimmten Fälle, nur auf Antrag.

1. Es sind dies folgende Fälle:

Eig.G. § 42 (Löschung von Korrealhypotheken),
§ 68, 1 (Eintragung des Bergwerkeigenthums).

G.B.O. § 64 (Löschung des vorläufigen Vermerkes bei der Abschreibung),
§§ 66—69 (Uebertragung bei Abschreibung von Trennstücken),
§ 97 (Löschung der Benefizialerbeigenschaft u. s. w.),
§ 112 (Vermerk über Bildung einer neuen Hypothekenurkunde oder Grundschuldbriefs),
§ 118 (Eintragung zur Redressirung von Versehen),

Ges. v. 11. Juni 1874 über die Enteignung von Grundeigenthum, G.S. S. 221:
§ 24 (Eintragung einer Vormerkung über das eingeleitete Enteignungverfahren),

ferner die bei Zurückführung auf dem Kataster vorzunehmenden Eintragungen).

2. Die Grundbuchordnung konnte und wollte nicht in dem Sinne erschöpfend sein, daß die unendliche Mannigfaltigkeit der im praktischen Leben möglichen Fälle speziell zu berücksichtigen und durch besondere Vorschriften bis ins Einzelnste zu regeln hätte beabsichtigt werden können. Der Wortlaut des Gesetzes entbindet den Richter nicht von der Pflicht selbstständig zu prüfen, ob im einzelnen Falle die buchstäbliche Anwendung des Gesetzes der Absicht desselben entspricht und ob nicht vielmehr eine freiere, den Bedürfnissen des praktischen Lebens rechnungtragende Auffassung der Vorschrift Platz greifen muß. 25. Okt. 1886, K. 6 S. 140. (Anwendung siehe oben § 42 Eig.G.; der aufgestellte Grundsatz dürfte mit der allergrößten Vorsicht anzuwenden sein; er streift hart an die Grenze zwischen erlaubter richterlicher Gesetzesauslegung und nicht erlaubter Gesetzesverbesserung)

§ 31.

Die Anträge werden mündlich bei dem Grundbuchamt (Amtsgericht) angebracht oder schriftlich eingereicht.

Die Auflassungserklärung nur mündlich.

Betreff der Präsentation der Anträge siehe unten § 42.

§ 32.

Mündliche Anträge auf Eintragungen oder Löschungen sind von dem Grundbuchrichter aufzunehmen.

Betreff der Kosten siehe den Tarif § 8 Nr. 3.

§ 33.

Schriftliche, zu einer Eintragung oder Löschung erforderliche Anträge und Urkunden müssen gerichtlich oder notariell aufgenommen oder beglaubigt sein. Jedoch bedürfen schriftliche Anträge, welchen die beglaubigten Urkunden beiliegen, in denen die Betheiligten die beantragte Eintragung oder Löschung schon bewilligt haben, keiner besonderen Beglaubigung.[1–9]

Der Aufnahme eines besonderen Protokolls über Beglaubigungen und der Zuziehung von Zeugen bedarf es nicht.[10–12]

1. Der Antrag des Eigenthümers auf Löschung einer quittirten Post bedarf nicht der Beglaubigung, wenn ihm die beglaubigte Löschungsbewilligung des eingetragenen Gläubigers beigefügt ist. 13. Okt. 1885, K. 6 S. 130.

2. Der Antrag des Erwerbers auf Umschreibung der abgetretenen Post und der Antrag des Eigenthümers auf Löschung einer quittirten Post bedürfen nicht der Beglaubigung, wenn jenem die beglaubigte Umschreibungs-, diesem die beglaubigte Löschungsbewilligung des eingetragenen Gläubigers beigefügt ist. 30. Jan. 1882, 25. Sept. 1882, K. 3 S. 91.

3. Enthält eine Urkunde neben der Bewilligung einer Eintragung auch den Antrag auf Eintragung, so genügt regelmäßig die bloße Einreichung derselben ohne Begleitschreiben, um den Grundbuchrichter zur Erledigung des in der Urkunde gestellten Antrages zu veranlassen. 19. April 1880, K. 1 S. 108.

4. Ueberreicht der Eigenthümer eine beglaubigte Urkunde, in welcher die Berechtigten eine Eintragung (z B. Umschreibung einer Hypothek) nicht nur bewilligen, sondern auch beantragen, so kann die Eintragung nur abgelehnt werden, wenn erhellt, daß die Vor-

legung der Urkunde gegen den Willen des Antragstellers geschehen ist. 4. März 1884, K. 4 S. 118.

5. Eintragungs- und Löschungsbewilligungen, welche in einem von dem Prozeßgerichte geschlossenen Vergleiche enthalten sind, bedürfen nicht der Unterschrift der Parteien, es genügt die Beobachtung der für die Aufnahme von Protokollen im Prozesse gegebenen Vorschriften. 16. Jan. 1882, K 3 S. 142.

6. Die Bescheinigung des Notars über die erfolgte Genehmigung des Inhaltes und über die Vollziehung der Unterschrift macht die Anerkennung des Inhaltes nicht erweislich, genügt aber als Beglaubigung nach § 33. 21. Juni 1880, K. 1 S. 99.

7. Die Beglaubigung in Gemäßheit des § 33 genügt auch für Vollmachten zur Abgabe der behufs einer bestimmten Eintragung oder Löschung erforderlichen Erklärungen, insbesondere für Vollmachten zur Auflassung. 19. April 1880, K. 1 S. 97.

8. Zur Umschreibung einer Hypothek genügen beglaubigte Abschriften der den Uebergang vermittelnden Urkunden, auch wenn sie nicht von Originalen, sondern von beglaubigten Abschriften gefertigt sind; zur Grundlage für solche Abschriften können auch nach dem § 5 des Gesetzes vom 8. März 1880 rekognoszirte Urkunden dienen. 31. Aug. 1885, K. 6 S. 112. Betreff letztwilliger Verfügungen siehe § 51 und betreff privatschriftlicher letztwilliger Verfügungen Note 2 zu § 51.

9. Es bedürfen Eintragungsanträge auf Grund ausdrücklicher gesetzlicher Vorschrift keiner Beglaubigung:

a) Nach § 12 des Zwangsv.Ges. die nach den Vorschriften der §§ 6—11 dieses Gesetzes gestellten Anträge.

b) Nach § 22 Ausführungs.Ges zur C.P.O. v. 24. März 1879 (G.S. S. 281) der Antrag des Gläubigers auf Eintragung der Pfändung und Ueberweisung einer Hypothek oder Grundschuld.

10. Bei der Beglaubigung von Unterschriften ist es seit Wegfall des Protokolls und der Zuziehung von Zeugen dem Ermessen der Notare zwar überlassen, die Vollziehung oder Anerkennung der Unterschriften inhaltlich in jeder geeigneten Weise zu beurkunden; es muß dies aber unter Beobachtung der sonstigen, für Notariats-

verhandlungen vorgeschriebenen wesentlichen Förmlichkeiten geschehen, insbesondere der Beglaubigungsvermerk vom Notar mit Vor- und Zunamen unterschrieben werden. Die Weglassung des Vornamens des Notars entzieht ihm die Kraft einer Notariatsurkunde. 5. Nov. 1883, K. 4 S. 119.

11. Diese Beglaubigungsform ist nach § 5 Ges. v. 11. März 1880, enthaltend Bestimmungen über das Notariat (G.S. S. 177), für die Notare allgemein eingeführt, so daß diese stets, die Gerichte aber nur in dem Falle des § 33 von der Protokollaufnahme befreit sind. (Jastrow in Koch's Formularbuch S. 130); für die Konsuln sind die Bestimmungen des § 33 und des Ges. v. 11. März 1880 ohne jede Bedeutung, diese müssen zwei Zeugen zuziehen. (Konsulatsgesetz v. 8. Nov. 1867, §§ 14—17.) 11. Nov. 1884, K. 5 S. 101.

12. Darüber, daß die Beglaubigung einen Vermerk über Identität und Verfügungsfähigkeit nicht zu enthalten braucht, herrscht fast allseitige Uebereinstimmung; bezüglich der weiteren Form sind die Ansichten verschieden.

Da der kurze Vermerk „beglaubigt" zu Bedenken Veranlassung giebt, empfiehlt sich die Fassung: „Es wird die vorstehende eigenhändige Unterschrift des . . . . . wohnhaft in . . . . . beglaubigt", oder, wenn die Unterschrift nicht in Gegenwart des Notars erfolgt: „Es wird beglaubigt, daß der . . . . . wohnhaft in . . . . . die vorstehende Unterschrift als die seinige anerkannt hat."

13. Der Notar muß mit der Person, deren Unterschrift er beglaubigt, persönlich verhandeln; eine Beglaubigung ohne solche Verhandlung ist disziplinarisch strafbar. Urtheil des Diszipl.Senats v. 26. Juni 1882, J.M.Bl. 1883, S. 16. Befremdlicher Weise wird das Verlangen, diese strafbare Handlung zu begehen, bisweilen gestellt, und, was noch mehr befremden muß, die Abweisung desselben als Mangel an Zuvorkommenheit empfunden.

14. Stempel. Gesetz vom 21. März 1882, enthaltend Bestimmungen über Gerichtskosten und über Gebühren der Gerichtsvollzieher (G.S. S. 129):

§ 2. Die Beglaubigungen der Unterschriften unter den zu Eintragungen oder Loschungen in einem Grund- oder Hypothekenbuche (Stockbuche, Schuld- und Pfandprotokolle) erforderlichen Anträge und Urkunden sind stempelfrei.

Die Stempelfreiheit war bereits durch § 2 Nr. 6 des Gesetzes vom 26 März 1873 betr. die Auflassung bezw. Ermäßigung gewisser Stempelabgaben, G.S. S. 131, eingeführt.

Die Stempelfreiheit ist nicht dadurch bedingt, daß die beantragte Eintragung für zulässig befunden wird und wirklich erfolgt, sondern nur an die Voraussetzung gebunden, daß eine die Eintragung bezweckende Urkunde beglaubigt wird. Auch die Beglaubigung von Vollmachten, welche sich auf die Ermächtigung zur Abgabe der behufs einer Eintragung oder Löschung erforderlichen Erklärung beschränken, ist stempelfrei. 12. Juni 1882, K. 3 S. 221.

Kosten der Beglaubigung siehe § 8 Nr. 3 des Tarifs.

§ 34.

Die für die Gültigkeit der Verträge der Taubstummen, Blinden und Schreibunkundigen und der Deutschen Sprache nicht mächtigen Personen vorgeschriebenen besonderen Formen [1] gelten auch für ihre Anträge bei dem Grundbuchamte (in Grundbuchsachen).

1. Siehe §§ 171 ff. A.L.R. I. 5; §§ 4 ff. A.G.O. II. 3; Anh. §§ 68 ff. zu § 19 A.G.O. I. 10; §§ 13, 14, 41, 42 Ges. v. 11. Juli 1845 (über das Verfahren bei Aufnahme von Notariatsinstrumenten); A.K.O. v. 20. Juni 1816 betr. die Gültigkeit gerichtlicher Verhandlungen bei Personen, die lesens- und schreibensunerfahren sind (G.S. S. 203) und A.K.O. v. 8. Oktbr. 1837, betr. die Bestimmung, daß bei gerichtlichen Verhandlungen mit Personen, welche des Lesens und Schreibens unkundig sind, ein gerichtlich vereideter Dolmetscher die Stelle des Unterschriftszeugen vertreten könne. (G.S. S. 154.) (Die Kabb.OO. sind in Rehbein u. Reincke Landrecht zu § 178 A.L.R. I. 5 abgedruckt.)

§ 35.

Urkunden und Anträge öffentlicher Behörden bedürfen, wenn sie ordnungsmäßig unterschrieben und untersiegelt sind, keiner Beglaubigung.

1. Vorstände und Kuratoren staatlich genehmigter Armen- und Wohlthätigkeitsanstalten sind, soweit sie nach dem Statut der Anstalt dieselbe vertreten, als öffentliche Behörden anzusehen, und es bedürfen die in dieser Eigenschaft von ihnen ordnungsmäßig unterschriebenen und untersiegelten Eintragungsbewilligungen und Anträge keiner weiteren Beglaubigung. 28. Sept. 1885, K. 6 S. 124.

2. Welche Sparkassen als öffentliche Behörden anzusehen sind, darüber siehe 29. Nov. 1886 und 18. Okt. 1886, K. 6 S. 104 (nur Kommunalbehörden, welche mit der Verwaltung von Kommunalsparkassen betraut sind).

3. Ist die Form, in welcher eine öffentliche Behörde Urkunden auszustellen hat, in den Gesetzen bestimmt, so spricht bei den unter Beobachtung dieser Vorschriften ausgefertigten Urkunden die Präsumtion für die Echtheit der Unterschriften und die Legitimation der Unterzeichner. Der Grundbuchrichter kann daher zwar aus besonderem Anlaß thatsächliche Bedenken gegen die Beweiskraft solcher Urkunden zur Erörterung bringen, nicht aber ohne solchen Anlaß Eintragungen auf Grund derselben bis zur Beibringung von Bescheinigungen über die amtliche Qualität der Unterzeichner ablehnen. Ein derartiges Verlangen ist dagegen dann gerechtfertigt, wenn gesetzliche Bestimmungen über die Organisation der betreffenden Behörde und die Form ihrer Beurkundungen fehlen. 13. Febr. 1882, 12. Juni 1882, K. 3 S. 96 (betrifft die Anträge von Gemeindekirchenräthen und eines Domkapitels)

4. Die gerichtliche oder notarielle Beglaubigung ist nur für solche Urkunden erforderlich, welche die Begründung oder Aufhebung privatrechtlicher Rechtsbeziehungen durch Darlegung entsprechender Willenserklärungen der Betheiligten zum Zwecke von Eintragungen nachweisen sollen; dagegen genügt zur Feststellung der Verfassung einer unter der Aufsicht des Staats stehenden Anstalt auch für den Grundbuchverkehr eine von der Aufsichtsbehörde beglaubigte Abschrift des Statuts. 22. Jan. 1883, K. 3 S 101.

5. Die Beglaubigung der den Eintragungsanträgen öffentlicher Behörden beigefügten Abschriften von Legitimationsurkunden muß unter Siegel und Unterschrift der Behörde selbst erfolgen; Beglaubigung durch einen Subalternbeamten derselben genügt nicht. 24. Mai 1880 K. 1 S. 101.

§ 36.

Notare bedürfen zur Stellung der Anträge keiner besonderen Vollmacht, wenn die von ihnen aufgenommene oder beglaubigte und eingereichte Urkunde die Bewilligung oder den Antrag der Betheiligten auf Eintragung oder Löschung enthält.

1. Der Notar darf nicht nur Namens derjenigen Personen Anträge stellen, welche in der Urkunde die Eintragung bewilligt oder beantragt haben. Er gilt vielmehr als Bevollmächtigter aller Personen, welche aus den Urkunden Anträge auf Eintragung oder Löschung stellen können. Stehen der von ihm beantragten Eintragung Hindernisse entgegen, so sind dieselben ihm, als Antragsteller, bekannt zu machen. 28. April 1884, K. 4 S. 122.

Die Hindernisse, welche einer vom Notar auf Grund von ihm aufgenommener oder beglaubigter Urkunden beantragten Eintragung entgegenstehen, sind dem Notar bekannt zu machen. 28. April 1884, K. 5 S 97.

2. Auch der Gläubiger hat Anspruch auf Mittheilung der Hindernisse, welche für die vom Eigenthümer beantragte Eintragung einer Grundschuld bestehen. 28. April 1884, K. 5 S. 97.

3. Die notarielle Aufnahme oder Beglaubigung der einseitig vom Gläubiger erklärten Löschungsbewilligung berechtigt den Notar nicht zur Stellung des Löschungsantrages, 15. Juni 1885, K. 6 S. 146 (weil dieser Antrag mangels Antrages des Eigenthümers sachlich nicht durch die Urkunde begründet wird).

Wegen Aushändigung der Hypotheken-(Grundschuld-)Briefe an den Notar siehe § 122 Note 2.

§ 37.

Andere Personen, welche als Bevollmächtigte Anträge stellen, haben sich durch gerichtlich oder notariell aufgenommene oder beglaubigte Vollmacht auszuweisen.

1. Die Vollmacht berechtigt nur zur Vertretung Dritten gegenüber; der Bevollmächtigte ist nicht berechtigt, die Löschung auf seinem Grundstücke für den Machtgeber eingetragener Rechte zu beantragen. 20. März 1882, K. 3 S. 178.

2. Die zur Auflassung ertheilte Vollmacht erlischt durch den Tod des Machtgebers auch dann, wenn darin ausdrücklich die Fortgeltung nach dem Tode bestimmt ist. 27. Juni 1881, K. 2 S. 75.

3. Die mit Genehmigung des Vaters ertheilte Vollmacht eines minderjährigen Kindes bedarf an sich zu ihrer Gültigkeit nicht der obervormundschaftlichen Genehmigung, sie macht aber die letztere fur die Veräußerung eines Immobile nicht entbehrlich und erlischt mit dem Eintritte der Volljährigkeit des Kindes. 28. Sept. 1885, K 6 S. 71.

4. Die von dem Ehemanne für die eigenen Angelegenheiten ertheilte Generalvollmacht genügt nicht zur gültigen Ertheilung des ehemännischen Konsenses in solchen Angelegenheiten, in welchen zu Erklärungen der Frau der Konsens des Ehemannes erforderlich ist. 27. Juli 1885, K. 6 S. 70.

5. Auch Privatpersonen sind aufzutreten berechtigt. 25. Febr. 1884, K. 4 S. 126 Ich halte auch diesem Beschlusse gegenüber eine entgegengesetzte Ansicht aufrecht. Eine weitere Erörterung dieser Streitfrage fällt außerhalb des Rahmens dieser Arbeit, da dazu die Fortgeltung der §§ 28, 30 A.G.O. III. 7 für alle Angelegenheiten, welche zu der ordentlichen streitigen Gerichtsbarkeit nicht gehören, also nicht nur für Grundbuchsachen, sondern auch für Vormundschafts-, Nachlaßsachen u. s. w. zu untersuchen wäre, was nicht hierher, sondern in eine Bearbeitung der A.G.O. gehört.

6. Dieselbe Person kann den Auflasser und den Erwerber vertreten. 12. Juni 1883, K. 4 S. 150.

Generalvollmacht siehe § 32 A.G.O. I. 3 und § 118 A.L.R. I. 13.

Beglaubigung von Vollmachten siehe § 33 Note 7.

§ 38.

Sind die zur Eintragung oder Löschung erforderlichen Urkunden oder Vollmachten von einer ausländischen Behörde ausgestellt oder beglaubigt, und ist die Befugniß dieser Behörde zur Ausstellung öffentlicher Urkunden nicht durch Staatsverträge verbürgt, oder sonst dem Grundbuchamt (Amtsgericht) bekannt, so muß die Befugniß der ausländischen Behörde zur Aufnahme des Aktes und deren Unterschrift auf gesandtschaftlichem Wege festgestellt werden.

1. (Reichs)Gesetz, betreffend die Beglaubigung öffentlicher Urkunden, vom 1. Mai 1878, R.G.Bl. S. 89:

Wir Wilhelm, von Gottes Gnaden Deutscher Kaiser, König von Preussen u. s. w. verordnen im Namen des Reichs, nach erfolgter Zustimmung des Bundesrathes und Reichstages, was folgt:

§ 1.

Urkunden, die von einer inländischen öffentlichen Behörde oder von einer mit öffentlichem Glauben versehenen Person des Inlandes aufgenommen oder ausgestellt sind, bedürfen zum Gebrauch im Inlande einer Beglaubigung (Legalisation) nicht.

§ 2.

Zur Annahme der Echtheit einer Urkunde, welche als von einer ausländischen öffentlichen Behörde oder von einer mit öffentlichem Glauben versehenen Person des Auslandes ausgestellt oder aufgenommen sich darstellt, genügt die Legalisation durch einen Konsul oder Gesandten des Reichs.

Urkundlich . . . .

Gegeben Berlin, den 1. Mai 1878.

(L. S.) Wilhelm.
Fürst v. Bismarck.

2. § 38 ist insoweit durch das Reichsgesetz vom 1. Mai 1878 abgeändert, als es in keinem Falle mehr des Nachweises der Befugniß der Behörde zur Aufnahme des Aktes oder Ausstellung der Urkunde bedarf. 19. Mai 1884, K. 5 S. 99.

3. Die Beglaubigungsvermerke deutscher (außerpreußischer) Notare bedürfen zwar auch für den Grundbuchverkehr in Preußen keiner Legalisation, aber der Grundbuchrichter kann den Nachweis fordern, daß die thatsächlichen Voraussetzungen erfüllt sind, von welchen das Heimathrecht die Beweiskraft oder Gültigkeit der Beurkundung abhängig macht. 7. Sept. 1885, K. 6 S. 85.

4. Betreff Oesterreichs siehe den Vertrag zwischen dem Deutschen Reich und der Oesterreichisch-Ungarischen Monarchie wegen Beglaubigung der von öffentlichen Behörden und Beamten ausgestellten oder beglaubigten Urkunden vom 25. Februar 1880,

R.G.Bl. 1881 S. 4 nebst Verzeichniß der Behörden S. 8 und Vertrag vom 13. Juni 1881 wegen Ausdehnung des ersten Vertrages auf Bosnien und Herzogewina R.G.Bl. S. 253. Nach Art. 2 des Vertrages vom 25. Februar 1880 bedürfen die von Notaren ausgefertigten Urkunden der gerichtlichen Beglaubigung. Diese ist als erfolgt anzusehen, wenn sie die Unterschrift und das Amtssiegel eines Gerichts des Staates trägt, in welchem der Aussteller seinen amtlichen Wohnsitz hat. Wechselproteste der Notare bedürfen keiner Beglaubigung.

Betreff der deutschen Konsuln siehe § 33 Note 11.

§ 39.

Bei Eintragungen und Löschungen auf Grund von Erbverträgen, letztwilligen Verfügungen und Erbtheilungsurkunden genügt ein Auszug aus diesen Urkunden,[1] soweit derselbe die einzutragende oder zu löschende Bestimmung betrifft, wenn in den nach dem freien Ermessen des Nachlaßrichters[2 3] dazu geeigneten Fällen eine Bescheinigung desselben darüber beigefügt ist:

daß in der Urkunde eine weitere hierauf bezügliche Bestimmung nicht enthalten sei.

1. Bei Erbverträgen und letztwilligen Verfügungen sind die Niederlegungs- und Eröffnungsverhandlung, bei Erbtheilungsurkunden die Nachweise der Legitimation der Parteien mit aufzunehmen.

2. Nur dieser, nicht ein anderer Richter; auch nicht der Notar.

3. Die Pflicht des Nachlaßrichters zur Prüfung ob die Ausstellung der Bescheinigung erfolgen kann, setzt nicht voraus, daß bei ihm ein Nachlaßregulirungsverfahren anhängig ist. Führt die Prüfung dahin, daß die Bescheinigung nicht genau so wie beantragt, sondern nur mit einer Modifikation ertheilt werden kann, so ist sie demgemäß zu ertheilen. Verf. des Kammerg. v. 21. Febr. 1877, Joh. 7 S. 17.

§ 40.

Sind Nachlaßforderungen getheilt,[1 2 3] so genügt zu deren Umschreibung eine Bescheinigung des Nachlaßrichters:[4]

daß die Forderung bei der Theilung des Nachlasses dem Erben oder Vermächtnißnehmer übereignet worden sei.[5]

1. Vor der Theilung können die Erben nur gemeinsam über die Post verfügen oder dieselbe auf ihren Namen umschreiben lassen.

2. Die von Miterben gemeinschaftlich erklärte Cession einer Nachlaßforderung ist kein Akt der Erbauseinandersetzung; Vormünder bedürfen nicht der Genehmigung des Vormundschaftsgerichts, sondern nur des Gegenvormundes. 12. April 1880 (§§ 41, 42, 43 V O.), K. 1 S. 135.

3. Zu den Nachlaßforderungen gehören auch diejenigen, welche durch die Verfügung über Nachlaßgegenstände vor der Theilung entstanden sind, z. B. Forderung auf Kaufgelder für ein Nachlaßgrundstück, welches die Erben dem Käufer kreditirt haben. Verf. App.Ger. Posen v 8. Nov. 1873, J. 4 S. 179.

4. Vorausgesetzt daß dieser die Erbtheilungs-Urkunde aufgenommen hat (sonst muß der ganze Rezeß beigebracht werden).

5. § 40 kann entsprechend bei der Auseinandersetzung und Nachlaßtheilung nach dem Tode eines in Gütergemeinschaft lebenden Ehegatten angewendet werden.

§ 41.

Dem auf Eintragung oder Löschung gerichteten Ersuchen einer zuständigen Behörde, welches den gesetzlichen Erfordernissen entspricht, insbesondere auch alle wesentlichen Punkte des einzutragenden Vermerks enthalten muß, haben die Grundbuchämter (Amtsgerichte) zu genügen, oder den aus dem Grundbuch sich ergebenden Anstand der ersuchenden Behörde bekannt zu machen.

Bei der Aufzählung zuständiger Behörden gebrauchen die sämmtlichen Kommentatoren Vorsichtsklauseln („zuständige Behörden sind" (Matthis), „zu den zuständigen Behörden gehören" (Willenbacher und Turnau) „gehören insbesondere" (Achilles), so daß keiner die Vollzähligkeit seiner Aufstellung behauptet; den aufgestellten Katalogen dürfte der allerdings zweifelhafte Fall des § 21 A.G.O. I. 38 (Entmündigungsrichter) beizufügen sein.

Es wird hier genügen, die folgenden Fälle hervorzuheben:

a. der Prozeßrichter nur noch nach § 18 Ausf.Ges. zur C.P.O. oben Seite 11 Note 5 zu § 8 Eig.G.

b. der Richter im Verfahren der Zwangsvollstreckung in das unbewegliche Vermögen gemäß dem Zwangsv.G.

c. Der Konkursrichter § 150 Pr. K.O. vom 8. Mai 1855 (§ 106 K.O., § 15 Pr. Ausführges. zur K.O.

Im Uebrigen siehe Turnau zu § 41 (S. 119).

Beschwerderecht des ersuchenden Richters siehe oben S. 90 Note 6 zu § 24.

§ 42.

Die Anträge sowohl als die Urkunden sind genau mit dem Zeitpunkt des Eingangs vom Grundbuchrichter oder Buchführer (Gerichtsschreiber) zu bezeichnen.

1. Ausf.Ges. zum G.Verf.Ges. v. 24. April 1878, G.S. S. 230.

§ 31. . . . .

Als Zeitpunkt des Einganges eines Gesuches um Eintragung im Grundbuche gilt derjenige Zeitpunkt, in welchem das Gesuch dem mit den Geschaften des Grundbuchrichters oder Grundbuchführers hinsichtlich des betreffenden Grundstückes beauftragten Richter oder Gerichtsschreiber vorgelegt wird.

Geschäfts-Ordnung für die Gerichtsschreibereien der Amtsgerichte. (J.M.Bl. v. 1879 hinter S. 32.)

§ 5. . . . .

Gesuche um Eintragungen im Grundbuche, auf welchen nicht schon von dem zustandigen Grundbuchrichter die Zeit des Eingangs vermerkt ist, sind von dem mit den Geschäften des Grundbuchfuhrers hinsichtlich des betreffenden Grundstücks beauftragten Gerichtsschreiber mit dem Zeitpunkte, an welchem ihm das Gesuch vorgelegt ist, zu bezeichnen. (§ 42 G.B.O. und § 31 Abs. 2 des Ges. v. 24. April 1878, G.S. S. 230.)

2. Ein Gesuch um Eintragung auf mehreren Grundstücken desselben Gerichtsbezirks gilt als bei allen Grundstücken zugleich eingegangen.

§ 43.

Die Verfügungen auf die Anträge sind vom Grundbuchrichter zu erlassen und vom Buchführer (Gerichtsschreiber) auszuführen.

Die Eintragsformel ist dem Antrag gemäß[1] von dem Richter wörtlich in der Fassung zu entwerfen,[2] in welcher sie in das Grundbuch eingetragen werden soll.

Nebenbestimmungen, insbesondere über Kündigung oder Zahlung[3] des Kapitals, sind dem Antrag entsprechend in die Formel aufzunehmen.

1. Nur für den Inhalt, nicht für die Formulirung der Eintragungsvermerke sind die Eintragungsanträge schlechthin maßgebend; abweichende Formulirungen sind, wenn sie nicht im Interesse der Betheiligten verletzen, zulässig. 9. Aug. 1881, K. 2 S. 86.

2. Der Grundbuchrichter darf bei dem Entwurf der Eintragungsformel dem Inhalte der Bewilligung oder des Antrages zwar die präziseste uud kürzeste Fassung geben, nicht aber Bestimmungen nicht aufnehmen, weil der Sinn der betreffenden Vereinbarung auch ohne ausdrückliche Abrede feststeht. 25. Sept. 1882, K. 3 S. 160.

3. Eine Grundschuld, die ohne Angabe der Bedingung der Rückzahlung eingetragen ist, ist nicht ungültig. R.G. v. 17. Okt. 1885, Bd. 14 S. 273.

§ 44.

Bei allen Einschreibungen in das Grundbuch ist der Tag der Einschreibung anzugeben; die in die zweite und dritte Abtheilung einzutragenden Posten sind in jeder Abtheilung mit fortlaufenden Nummern zu versehen. Die Einschreibungen sind im Grundbuch von dem Grundbuchrichter und dem Buchführer (Gerichtsschreiber) zu unterzeichnen.[1]

1. Die Unterschriften brauchen in den Hypotheken-(Grundschuld-)briefen nicht mit abgeschrieben zu werden. 20. Dez. 1880, K 2 S. 167.

§ 45.

Aus mehreren Eintragungsgesuchen für dasselbe Grundstück erfolgt die Eintragung in der durch den Zeitpunkt der Vorlegung der Gesuche bei dem Grundbuchamt (Amtsgericht) bestimmten Reihenfolge,[1][2] und aus gleichzeitig vorgelegten Gesuchen zu gleichem Recht, wenn nicht in denselben eine andere Reihenfolge bestimmt ist.

1. Die vom Grundbuchrichter durch die vollzogene Reihenfolge der Eintragungen getroffene Entscheidung über die Rechtsgültigkeit der angemeldeten Eintragungstitel und das Verhältniß der eingetragenen Rechte ist von dem nachgesetzten Gläubiger nicht im Wege der Beschwerde, sondern nur im Wege des Prozesses anfechtbar. 13. Nov. 1882, K. 3 S. 86.

2. Das durch die wirkliche Eintragung entstandene Recht wird so angesehen, als sei es bereits zur Zeit der Präsentation entstanden. R.G. v. 21. März 1881, Bd. 4 S. 324.

§ 46.

Der Grundbuchrichter ist verpflichtet, die Rechtsgültigkeit der vollzogenen Auflassung, Eintragungs- oder Löschungsbewilligung nach Form und Inhalt zu prüfen. Ergiebt diese Prüfung für die beantragte Eintragung oder Löschung ein Hinderniß, so hat der Grundbuchrichter dasselbe dem Antragsteller bekannt zu machen.

Mängel des Rechtsgeschäfts, welches der vollzogenen Auflassung, Eintragungs- oder Löschungsbewilligung zu Grunde liegt, berechtigen nicht, die beantragte Eintragung oder Löschung zu beanstanden.

1. Wenn es aktenmäßig feststeht, daß der eingetragene Eigenthümer in Gütergemeinschaft verheirathet war, muß die Ehefrau die Auflassung genehmigen, auch wenn sie nicht mit eingetragen ist. Der Grundbuchrichter ist aber weder verpflichtet, noch berechtigt, von Amtswegen Erkundigungen einzuziehen, ob der Veräußerer eines Grundstückes verheirathet sei. Ostpr. Trib., K. 1 S. 62.

2. Der Grundbuchrichter ist berechtigt, ihm bekannte Thatsachen, welche die Veräußerungsbefugniß einschränken, z. B. Bestehen der Gütergemeinschaft, zu berücksichtigen. 28. Mai 1883, K. 4 S. 151.

3. Der Grundbuchrichter ist nur von der Prüfung der Mängel des zu Grunde liegenden Rechtsgeschäftes befreit, nicht aber von der Prüfung der Befugniß Desjenigen, der eine Erklärung abge-

geben zu solchen Erklärungen. Das Verfügungsrecht des Erklärenden festzustellen ist Sache des Grundbuchrichters, die bloße Zweifelhaftigkeit entbindet ihn nicht von dieser Prüfung und ermächtigt ihn nicht, sie dem Prozeßrichter zuzuschieben. 21. Nov. 1881, K. 2 S. 145.

4. Der Grundbuchrichter darf sich der Entscheidung über einen an ihn gebrachten Eintragungsantrag nicht entziehen, diese Entscheidung namentlich nicht deshalb an den Prozeßrichter verweisen, weil von anderer Seite Widerspruch gegen den Antrag erhoben und danach über eine zwischen zwei Parteien entstandene Streitfrage zu entscheiden sei. 5. März 1883, K. 3 S. 77.

5. Die in notarieller Urkunde enthaltene Feststellung, daß Jemand Wittwe ist, konstatirt diesen Umstand genügend für den Grundbuchverkehr. 31. Dez. 1883, K. 4 S. 128.

6. Entgegenstehende gerichtskundige Thatsachen sind, ehe sie in Betracht gezogen werden, der Partei zur Aeußerung mitzutheilen. 11 Nov. 1884, K. 5 S. 95.

7. Auch der Gläubiger hat Anspruch auf Mittheilung der Anstände. Diese muß an den Notar erfolgen. 28. April 1884, K. 5 S. 97.

8. Verzicht der Ehefrau auf das Hypothekenrecht an Theilen des verpfandeten Grundstückes ihres Ehemannes bedarf der gerichtlichen Form (§§ 198 ff. A.L.R. II. 1). 9. Juni 1881, K. 2 S. 154.

9. Auf den Antrag des Cedenten muß die Umschreibung der für ihn eingetragenen Hypothek auf den Namen des Erwerbers auch dann erfolgen, wenn der Abtretung Beschränkungen beigefügt sind und die Post dem Erwerber bereits verpfändet war. 29. Sept. 1884, K. 5 S. 170.

§ 47.

Die für die Kreditinstitute ergangenen statutenmäßigen Vorschriften über die Aufnahme,[1] Eintragung und Löschung der Pfandbriefdarlehne, sowie über die Umschreibung eingetragener Forderungen in Pfandbriefdarlehne und die Umwandlung der Pfandbriefe[2] bleiben unberührt.

1. Die den Syndiken des Kur- und Neumärkischen ritterschaftlichen Kredit-Instituts im Allerh. Erlaß vom 2. Juli 1859 beige-

legte Beurkundungsbefugniß bezieht sich nur auf Urkunden, in welchen für Pfandbriefsdarlehne Hypothek oder für bewilligte Vorschüsse Sicherheit bestellt wird. 17. April 1882, K. 3 S. 95.

2. Ebenso die Vorschriften über Bildung der Hypothekenurkunden über Pfandbriefdarlehne. Ostpr.Trib., K. 1 S. 84.

2. Eintragung des Eigenthümers.

§ 48.

Der Grundbuchrichter darf die Auflassungserklärung erst entgegennehmen, wenn er nach Prüfung der Sache dafür hält, daß der sofortigen Eintragung des Eigenthums ein Hinderniß nicht entgegensteht.

In der Auflassungserklärung können die Betheiligten das Rechtsgeschäft, welches der Auflassung zu Grunde liegt, bezeichnen, und sind dieselben befugt, eine Ausfertigung oder Abschrift der über das Rechtsgeschäft errichteten Urkunde zu den Akten zu geben.

Die Eintragung des Eigenthumsüberganges muß sich unmittelbar an die Auflassung anschließen.

Vgl. § 2 Eig.Ges. oben S. 4, 5.

1. Ergeben sich nach der Auflassung Bedenken, so kann der Grundbuchrichter die Eintragung ablehnen, 13. Mai 1884, K. 5 S. 117; es ist aber dann nur Beseitigung des Hindernisses, nicht wiederholte Auflassung nöthig. App.G. Natibor, K. 1 S. 69.

2. Auflassung und Eintragung des Eigenthums bilden einen kontinuirlichen Rechtsakt. Innerhalb der einzelnen Theile dieses Aktes darf eine Eintragung nicht vorgenommen werden, welche den bei Beginn desselben vorhandenen Hypothekenzustand ändert. App G. Naumburg, K. 1 S. 75.

3. Es ist weder anzunehmen, daß in der von der Aufsichtsbehörde dem Veräußerungsgeschäfte eines in seiner Verfugung gesetzlich beschränkten Eigenthümers ertheilten Genehmigung grundsätzlich auch die Ermächtigung zur Auflassung gefunden werden müsse, noch auch richtig, daß umgekehrt neben jener Genehmigung grundsätzlich eine besondre Ermächtigung zur Auflassung erforderlich

sei. Vielmehr haben die Grundbuchbehörden in jedem einzelnen Falle aus dem Inhalte der Urkunden festzustellen, ob der Genehmigung des Veräußerungsgeschäftes zugleich die Genehmigung der Auflassung zu entnehmen ist. 27. Nov. 1882 und 5. Juni 1882, K. 3 S. 108.

§ 49.

Wer vor dem Zeitpunkt, in welchem dieses Gesetz in Kraft tritt, das Eigenthum eines Grundstücks ohne Eintragung erworben hat, erhält auf Antrag die Eintragung als Eigenthümer, wenn er seinen Erwerb nach den Vorschriften des bisherigen Rechts nachgewiesen hat.[1] Diese Vorschriften behalten auch in Ansehung der Grundstücke, für welche ein Grundbuchblatt noch nicht angelegt werden kann, bis zur Anlegung desselben ihre Gültigkeit.[2–4]

1. Wenn die Contrahenten eines vor dem 1. Oktober 1872 geschlossenen Vertrages nach diesem Zeitpunkte urkundlich anerkennen, daß darin der Gegenstand des Vertrages aus Irrthum unvollständig bezeichnet und von ihnen unter der gewählten Bezeichnung auch noch ein anderes Grundstück verstanden, dieses also mitveräußert und mitübergeben sei, so wird dadurch der nach den Vorschriften des fruheren Rechts erfolgte Eigenthumserwerb an dem letzteren Grundstücke nachgewiesen. 15. Jan. 1884, K. 4 S. 155.

2. Auch wer auf Grund des § 49 eingetragen ist zu Verfügungen über das Grundstück, insbesondere auch zur Auflassung legitimirt; der Grundbuchrichter ist nicht berechtigt, Eintragungen auf Grund solcher Verfügungen wegen Bedenken, die er gegen die Berechtigung der Eigenthumseintragung hat, abzulehnen. 31. März 1885, K. 5 S. 125.

3. Der Erwerber eines noch nicht zum Grundbuch übernommenen Grundstückes kann dasselbe weiter veräußern und kann erst der neue Erwerber die Anlegung des Grundbuchs bewirken. Vgl. §§ 134 ff., 28. April 1884, K. 5 S. 107.

4. Das Gesetz vom 7. März 1845 ist durch die Grundbuchgesetze nicht berührt und kommt daher auch Demjenigen zu Statten, der nach dem 1. Oktober durch Kauf und Uebergabe in Besitz des Grundstückes gekommen ist. 6. Oktober 1884, K. 5, S. 113.

Das Gesetz vom 7. März 1845 zur Erleichterung des Verfahrens bei Berichtigung des Besitztitels (G.S. S. 160) lautet:

Wir Friedrich Wilhelm etc. etc. verordnen zur Erleichterung der Berichtigung des Besitztitels bei Grundstücken, welche bereits in das Hypothekenbuch eingetragen sind, auf den Antrag Unseres Staatsministeriums, und nach vernommenem Gutachten Unseres Staatsrathes, für alle Provinzen der Monarchie, in welchen das A L.R. und die Hypothekenordnung Gesetzeskraft haben, was folgt:

§ 1. Das in der Ordre vom 9. Mai 1839 unter 1 No. 2 für den Fall der Anlegung neuer (Hypotheken-Folien) Grundbuchblätter gestattete Aufgebot soll auch alsdann zulässig sein, wenn der Besitzer eines bereits in das (Hypotheken-) Grundbuch eingetragenen Grundstückes sein Recht von einem Anderen als dem zuletzt eingetragenen Besitzer herleitet, oder bei Herleitung seines Rechtes von diesem Besitzer nachweist, dass derselbe gestorben oder rechtskräftig für todt erklärt worden ist.

§ 2. Zur Begründung des Antrages, das Aufgebot (§ 1) zu erlassen, muss der Besitzer ausser dem in der Ordre vom 9. Mai 1839 unter 1 No. 2 vorgeschriebenen Nachweise[1]) entweder die Urkunde, durch welche der zuletzt eingetragene Besitzer das Grundstück veräussert hat, oder dessen Einwilligung in die beantragte Umschreibung des Besitztitels in beglaubigter Form beibringen, oder den Beweis führen, dass der zuletzt eingetragene Besitzer vor länger als einem Jahre gestorben oder rechtskräftig für todt erklärt worden ist.

§ 3. Sind von dem Extrahenten Eigenthums-Prätendenten angezeigt worden, welche aus dem (Hypotheken-) Grundbuche nicht ersichtlich sind, so muss denselben der zur Anmeldung der Ansprüche anberaumte Termin, sofern ihr Aufenthalt bekannt ist, durch besondere Erlasse, sonst aber durch namentliche Aufforderung in der (Ediktal-) öffentlichen Ladung (§§ 100 ff Tit. 51 der Prozess-O.) mit der Verwarnung bekannt gemacht werden, dass, wenn sie sich nicht spätestens im Termine melden und ihr Widerspruchsrecht bescheinigen, die Eintragung des (Besitztitels) Eigenthums für den Extrahenten erfolgen werde, und ihnen überlassen bleibe, ihre Ansprüche in einem besonderen Prozesse zu verfolgen.

§ 4. Nach rechtskräftig erfolgter (Präklusion) Ausschliessung der nicht erschienenen und nach Beseitigung des Widerspruches des erschienenen Eigenthums-Prätendenten ist die (Berichtigung des Besitztitels) Eintragung des Eigenthums für den Extrahenten auf dessen Antrag zu bewirken, ohne dass es der Eintragung der Vorbesitzer bedarf.

Es werden jedoch durch diese (Präklusion) Ausschliessung diejenigen Hindernisse der Eintragung des Besitztitels nicht beseitigt, welche sich aus der zweiten (Rubrik) Abtheilung des (Hypotheken-) Grundbuches ergeben.

§ 5. In den Fällen, in welchen ein Grundbesitzer zur (Berichtigung seines Besitztitels) Eintragung seines Eigenthums nach Maassgabe der (Ordre vom 6. Okt. 1883) §§ 55 ff. der Grundbuchordnung angehalten werden muss, ist die (Hypotheken-) Grundbuchbehörde ermächtigt, einen Anwalt zu bestellen, welcher auf Kosten des Verpflichteten das Aufgebot in Antrag bringt und die (Berichtigung des Besitztitels) Eintragung des Eigenthums betreibt. Urkundlich etc.

[1]) Die in Bezug genommene Stelle der Kab.Ordre vom 9. Mai 1839 (G.S. S. 163) lautet:

I. Zur Berichtigung des Besitztitels für den zur Zeit der Anlegung eines Hypotheken-Foliums vorhandnen Besitzer soll es genügen .....

1. . . .

2. wenn er ein Präklusions-Erkenntniss erwirbt, wobei Ich zugleich bestimme, dass jeder Besitzer, welcher durch ein Attest der Ortsbehörde nachweist, dass er das Grundstück eigenthümlich besitze oder die Erwerbung des Eigenthums durch eine öffentliche Urkunde bescheinigt, auf Erlass des Aufgebots nach Vorschrift der §§ 100 u. ff. Tit. 51 der Proz.-O. anzutragen befugt sein soll. Bei diesem Aufgebote sind die in den Verordnungen vom 4. März 1834 (G S. S. 39) und v 2 Dez 1837 (G S. S. 219) enthaltenen Bestimmungen wegen des Termins zur Anmeldung der Ansprüche und wegen der Bekanntmachung an die Realprätendenten zu befolgen Eines Nachweises des Besitztitels und der vorgängigen Eintragung desselben im Hypothekenbuche, wie das Rescript des Justizmin vom 26. Juni 1820 angeordnet hat, bedarf es nicht.

§ 50.

Wo Gütergemeinschaft unter Eheleuten gilt, ist dieses Rechtsverhältniß auch auf den Antrag eines Ehegatten im Grundbuch zu vermerken.

Bei fortgesetzter Gütergemeinschaft ist das Miteigenthum der Kinder auf den Antrag des überlebenden Ehegatten, der Kinder oder deren gesetzlicher Vertreter einzutragen.

1. Der Vermerk im Grundbuche, daß der eingetragene Eigenthümer verheirathet ist und mit seiner Ehefrau in Gütergemein-

schaft lebt, legitimirt die Ehefrau weder zu Lebzeiten des Mannes, noch gar nach Beendigung des gütergemeinschaftlichen Verhältnisses durch den Tod des Mannes zu Verfügungen über das Grundstück oder einen Antheil an demselben. 2. Jan. 1882, K. 3 S. 159.

2. Wenn ein Grundstück noch auf den Namen beider Eheleute eingetragen steht, nachdem die bestehende eheliche Gütergemeinschaft bereits durch den Tod der Ehefrau gelöst ist, kann eine Exekutionshypothek gegen den Ehemann nicht eingetragen werden. R.G. v. 13. Dez. 1879, Bd. 1 S. 127.

3. Das Grundbuch hat nicht die Aufgabe, darüber Nachricht zu geben, ob die darin eingetragenen Personen noch am Leben sind. Ebenda.

4. Der Grundbuchrichter kann die Eintragungsbewilligung des eingetragenen Eigenthümers beanstanden, wenn dieser in Folge gütergemeinschaftlicher Ehe nicht Alleineigenthümer des Grundstückes gewesen ist. (Eintragung von Muttererbe, welches der Wittwer den Kindern schuldet, kann also nicht ohne Auflassung geschehen.) 21. Sept. 1885, K. 6 S. 91.

§ 51.

Die Eintragung des Eigenthums gesetzlicher Erben an den zur Erbschaft gehörigen Grundstücken erfolgt auf Grund einer Erbbescheinigung des zuständigen Richters.[1]

Beruht das Erbrecht auf einem Erbvertrag oder einem Testament, so muß die letztwillige Verordnung[2] oder ein nach § 39 bescheinigter Auszug aus derselben mit der Niederlegungs- und Verkündigungsverhandlung, oder den sonst zum Nachweise des Erbrechts erforderlichen Urkunden in Ausfertigung[3] beigebracht werden, sofern diese Urkunden dem Grundbuchrichter nicht in Urschrift vorliegen.[4]

1. Vgl. Gesetz v. 12. März 1869, betreffend die Ausstellung gerichtlicher Erbbescheinigungen. (G.S. S. 473.)

2. Letztwillige Urkunden, die nur privatschriftlich vollzogen sind (Codicille), können als Grundlagen von Grundbuch-Operationen nicht dienen. 30. Aug. 1880, K. 1 S. 95.

3. Ob für Eintragungen in Abtheilung I beglaubigte Abschrift des Testaments genügt, ist dahingestellt gelassen, zu Eintragungen in Abtheilung (II und) III genügt dieselbe. 19. April 1880, K. 1 S. 134.

4. Dies kann nur in der Weise der Fall sein, daß diese Urkunden bei dem betreffenden Amtsgericht vorliegen, wenn auch bei einer andern Abtheilung; dies muß also dem Grundbuchrichter genügen, bezw. muß derselbe diese Akten beilegen lassen.

5. Der Fiduciarerbe kann seine Eintragung verlangen, ohne zugleich die Eintragung des Rechts der fideikommissarischen Erben zu beantragen; es müßte denn das Testament den Willen des Erblassers ergeben, daß die Eintragung des Fiduciarerben nicht ohne gleichzeitige Eintragung der Rechte der Fideikommissarien erfolgen soll. 27. April 1881, K. 2 S. 108.

6. Es kann, wenn die Ehefrau und Kinder zu Erben ernannt sind mit der Maßgabe, daß die erstere so lange sie lebt und sich nicht wieder verheirathet, den alleinigen Besitz und Genuß am Nachlaß, dessen unbeschränkte Verwaltung und die uneingeschränkte Verfügung auch über die Substanz haben soll, die Kinder aber sich mit demjenigen begnügen müssen, was beim Tode oder der Wiederverheirathung ihrer Mutter noch übrig sein wird, die Eintragung der Kinder als Eigenthümer und die Vermerkung in Abtheilung II geschehen, daß der Wittwe der Nießbrauch, die Verwaltung und die Verfügung unter Lebenden über das Grundstück zusteht. 2. Aug. 1880, Bd. 2 S. 111.

7. Bei der fideikommissarischen Substitution, auch wenn kein fideicommissum in id quod supererit vorliegt, ist der Fiduciar zur Veräußerung der Nachlaßgrundstücke legitimirt. 12. April 1886, K. 6 S. 150.

8. Der Fiduciarerbe wird als Eigenthümer der mit dem Fideikommiß belasteten Grundstücke eingetragen, ist dadurch zu deren Veräußerung und Verpfändung legitimirt und seine Gläubiger können Zwangshypotheken darauf erwerben. Diese an sich gültigen Verfügungen werden erst bei dem Eintritte des Substitutionsfalles für den Fideikommissar anfechtbar; falls er sich die Anfechtung durch Eintragung seines Rechts gesichert oder die dritten

Erwerber das letztere gekannt haben. R.G. v. 25. Nov. 1885, Bd. 14 S 288.

9. Die Rechte der Notherben, denen im Testamente der Pflichttheil zugewendet ist, bestimmen sich nach dem Inhalte der letztwilligen Verfügung. Sind sie in derselben auf den Pflichttheil als Erben eingesetzt, so sind sie wahre Erben und daher auf ihren Antrag als Miteigenthümer der Nachlaßgrundstücke einzutragen. Sind dagegen andere Personen als alleinige Erben berufen und ist diesen die Auszahlung des Pflichttheils an die Notherben auferlegt, so sind letztere nicht Miterben und somit auch nicht Miteigenthümer der Nachlaßgrundstücke, sondern nur forderungsberechtigte Legatare. 26. Nov. 1883, K. 4 S. 134

Betreff der Verfügung über Nachlaßforderungen siehe § 94, Note 9 ff.

§ 52.

Lehns- oder Familienfideikommißfolger haben ihr Nachfolgerecht durch eine Bescheinigung der Lehns- oder Fideikommißbehörde nachzuweisen.

§ 53.

Vermächtnißnehmer müssen die Einwilligung der Erben in die Eintragung ihres Eigenthums in beglaubigter Form oder das die Erben zur Ertheilung der Einwilligung verurtheilende rechtskräftige Erkenntniß beibringen.

Der Erbe, dem ein Nachlaßgrundstück als Prälegat testamentarisch zugewendet ist, sei es auch bedingt, erwirbt das Eigenthum an demselben ohne Auflassung. Seine Eintragung als Eigenthümer hat auf Grund der Einwilligung der Miterben zu erfolgen. 14. Nov. 1881, K. 2 S. 91.

§ 54.

Nebenbestimmungen aus Verträgen oder letztwilligen Verordnungen, welche das Eigenthum oder die Befugniß des Eigenthümers, über das Grundstück zu verfügen, beschränken, werden nur auf Antrag eingetragen.

§ 55.

In den Fällen, in welchen der Erwerb des Eigenthums an Grundstücken eine Auflassungserklärung des bisher eingetragenen Eigenthümers nicht voraussetzt, kann der Eigenthümer zur Eintragung seines Eigenthums angehalten werden, wenn

1) eine zuständige Behörde dieselbe erfordert,
2) wenn ein dinglich[1] oder zu einer Eintragung Berechtigter dieselbe beantragt.

1. Der Miteigenthümer gehört nicht zu diesen Berechtigten. 15. Juni 1885, K. 6 S. 93.

§ 56.

Wird von einem nach § 55 hierzu Berechtigten die Eintragung des Eigenthümers beantragt, so hat der Grundbuchrichter den Eigenthümer unter Mittheilung des Antrages aufzufordern, binnen einer bestimmten Frist bei Vermeidung einer die Summe von 50 Thalern nicht übersteigenden Geldstrafe sich eintragen zu lassen.

Läßt derselbe die Frist fruchtlos verstreichen und bescheinigt auch nicht Hindernisse, welche einen ferneren Aufschub rechtfertigen, so setzt der Grundbuchrichter die Strafe fest und erneuert die frühere Aufforderung an ihn unter der Verwarnung, daß nach Ablauf der neuen Frist auf ferneres Andringen des hiervon zu benachrichtigenden Antragstellers im Wege der Zwangsvollstreckung die Eintragung seines Eigenthums werde herbeigeführt werden.

Bestreitet der Eigenthümer im Fall des § 55 Nr. 2 das Recht des Antragstellers, so ist Letzterer zum Prozeßwege zu verweisen.

§ 6 Ges. betr. die Zwangsvollstreckung in das unbewegliche Vermögen v. 13. Juli 1883, G.S. S. 131 Abs. 4:

Ist der Schuldner Eigenthumer, als solcher aber nicht eingetragen, so ist der Glaubiger berechtigt, an Stelle desselben dessen Eintragung als Eigenthumer zu beantragen, und die zum Zwecke derselben erforderlichen Urkunden von Gerichten und Notaren zu fordern.

Der Gläubiger kann nach § 6 nur die Rechte des Schuldners geltend machen; ist dieser durch testamentarische Beschränkung gehindert, seine Eintragung als Eigenthümer zu betreiben, so ist es auch der Gläubiger. Das Recht des Gläubigers ist auch davon abhängig, daß er gleichzeitig mit der Eintragung des Eigenthums seines Schuldners seine Forderung eintragen lassen kann, sonst kann er auch das Eigenthum nicht eintragen lassen. Ist der Schuldner ein Miterbe, so kann der Gläubiger nicht das Eigenthum aller Erben eintragen lassen. 22. Dez. 1884, 25. März 1885, K. 5 S. 130.

Wenn der Schuldner die Entgegennahme der Auflassung und seine Eintragung böswillig verzögert, muß der Gläubiger, um zur Eintragung seiner Forderung zu gelangen, sich nach § 17 des Ausf.-Ges. zur C.P.O. vom 24. März 1879 — den Anspruch auf Uebertragung des Eigenthums durch das Vollstreckungsgericht pfänden, und den zu bestellenden Vertreter zur Abgabe der erforderlichen Erklärung ermächtigen und anweisen lassen. Jäckel S. 80.

Weigert sich der Dritte, an den Sequester aufzulassen, so muß der Gläubiger auf Auflassung klagen.

§ 57.

Die Eintragung des Eigenthümers ist dem bisher eingetragenen Eigenthümer und den aus dem Grundbuch ersichtlichen dinglich Berechtigten, sowie der Grundsteuerbehörde und im Fall von Abzweigungen dem Landrath oder dem Magistrat bekannt zu machen.

§ 58.

Wenn ein Grundstück, welches von einem eingetragenen Grundstück abgezweigt werden soll, auf ein anderes Blatt oder einen anderen Artikel zu übertragen ist, so muß das einzutragende Grundstück in der Auflassungserklärung nach dem Steuerbuch unter Beifügung eines beglaubigten Auszuges aus demselben und einer von dem Fortschreibungsbeamten beglaubigten Karte, aus welcher die Größe des abgezweigten Grundstücks hervorgeht, bezeichnet werden.

Auch bei der Enteignung ist die Beifügung nöthig. Ostpr. Trib., K. 1 S. 73. Dagegen: Die Beifügung ist nicht nöthig, mindestens muß die erfolgte Enteignung auch ohne diese in Abth. II entweder definitiv oder in Form einer Vormerkung eingetragen werden. 31. Dez. 1883, K. 4 S. 161.

Die Erledigung des Ersuchens von Auseinandersetzungsbehörden darf nicht von Beibringung des Auszuges und der Karte abhängig gemacht werden. 24. Sept. 1883, K. 4 S. 165 und 25. Okt. 1886, K. 6 S. 152.

§ 59.

Wenn ein Theil eines Grundstücks unbelastet auf einen Eigenthümer übergehen soll, dessen Grundbesitz im Grundbuch nicht verzeichnet zu werden braucht (§ 2), so kann auf Verlangen des Erwerbers die im Anschluß an die Auflassung zu bewirkende Eintragung des Eigenthumsüberganges dadurch ersetzt werden, daß auf dem bisherigen Grundbuchblatt oder Artikel die Abschreibung des Theils mit Angabe des Sachverhältnisses vermerkt wird. Dieser Vermerk hat die Wirkung der Eintragung des Eigenthumsüberganges.

§ 59 findet auch bei Enteignung von Parzellen Anwendung. 17. Sept. 1883, K. 4 S. 159.

§ 60.

Wird von dem Grundstück, für welches ein Grundbuchblatt nach dem Formular I. angelegt ist, ein Theil oder ein Zubehörstück getrennt, so wird dasselbe auf dem Titel abgeschrieben, und daselbst zugleich vermerkt, auf welches Grundbuchblatt es übertragen wird.

§ 61.

Soll das abgeschriebene Stück einem anderen Grundstück als Zubehör zugeschrieben oder auf das Blatt eines anderen Grundstücks selbstständig übertragen werden, so wird die Zuschreibung oder Uebertragung auf dem Titel und in der ersten Abtheilung eingetragen.

Ueber den Unterschied zwischen Zuschreibung und Uebertragung siehe oben S. 78 Note 2 zu § 5.

§ 62.

Gehen alle auf einem Blatt nach Formular II. unter einem Artikel eingetragene Grundstücke auf einen neuen Eigenthümer über, so wird für diesen ein neuer Artikel angelegt und der alte geschlossen, nachdem sämmtliche noch gültige Eintragungen des letzteren auf den neuen übertragen worden sind.

Nach Turnau Bd. 1 S. 244 zu § 62 beachtet die Praxis diesen Paragraphen nicht und soll die Verf. des Justiz-Min. v. 24. Jan. 1874 sich damit einverstanden erklärt haben.

§ 63.

Die Abschreibung eines einzelnen Grundstücks, welches nach Formular II. eingetragen ist, wird in der betreffenden Spalte der ersten Abtheilung mit der Angabe, wohin es übertragen worden ist, vermerkt.[1] Ein auf dem Artikel verbleibender Rest wird in der ersten Abtheilung am Schluß mit der früheren laufenden Nummer und dem Zusatz eines Buchstabens eingeschrieben.[2]

1. Beispiel Formular II Abtheilung I Nr. 1 und 2.
2. Beispiel ebenda Nr. 3, siehe die Note zu dem Formular.

§ 64.

Der Erwerber eines Trennstücks kann noch vor der Auflassungserklärung des Veräußerers mit dessen Zustimmung die Eintragung eines vorläufigen Vermerks der erfolgten Veräußerung beantragen. Ohne Zustimmung des Veräußerers ist die Eintragung des Vermerks nur auf Ersuchen des Prozeßrichters statthaft. Der Vermerk wird in der zweiten Abtheilung eingetragen und bei der Abschreibung des Trennstücks von Amtswegen gelöscht.

1. Die Vormerkung berechtigt den Grundbuchrichter nicht, bei späterer Abschreibung der Parzelle von der Uebertragung inzwischen eingetragener Belastungen, insbesondere beim Widerspruch der Betheiligten, abzusehen, da ihm eine Entscheidung über das Verhältniß der kollidirenden Rechte nicht zusteht 8. Dez. 1884, K. 5 S. 144.

2. Hat der Grundbuchrichter bei Abschreibung Schulden übertragen, welche erst nach Eintragung der Vormerkung eingeschrieben sind, so kann zwar deren Löschung nicht ohne Einwilligung der Gläubiger geschehen, wohl aber muß durch einen bei dem übertragenen Posten einzutragenden Vermerk kundgegeben werden, daß bereits vor der Eintragung die Vormerkung zur Erhaltung des Rechts auf Auflassung eingetragen war. 24. Mai 1880, K. 1 S. 116. (Ob die Eintragung nur künftigen Eigenthumserwerb sichere oder zugleich jede weitere Belastung ausschließe, ist dahingestellt geblieben.)

3. Die für § 8 Eig.G. geltenden Sätze finden ohne Weiteres Anwendung auf die Vermerke des § 64. R G. v. 10. April 1886, Bd. 15 S. 269

4. Der Vermerk des § 64 ist nichts anderes als die Vormerkung des § 8 Eig G. in ihrer Anwendung auf Trennstücke; durch die Eintragung wird dem zur Sache Berechtigten das Eigenthum in dem Zustande erhalten, in dem es sich zur Zeit der Vormerkung befindet; es haftet also nicht für spätere Lasten. R.G. v. 10. April 1886, Bd. 15 S. 269.

5. Servituten belasten das dienende Grundstück lokal nicht weiter als das Recht des herrschenden Grundstücks reicht, und sind daher auf Trennstücke, welche durch dieselben nicht berührt werden, nicht zu übertragen. 9 Juli und 11. Dez 1883, K. 4 S. 167.

6. Löschung übertragener dinglicher Last von Amtswegen bei Löschung auf dem Stammgrundstück siehe oben S. 39 Note 3 zu § 42 Eig.G. und oben S. 92 Note 2 zu § 30.

§ 65.

Haften auf dem Hauptgut oder auf dem ganzen Grundstück Lasten und Schulden, so wird das Trennstück frei von solchen abgeschrieben, wenn entweder nach gesetzlicher Vorschrift das Trennstück frei von Lasten und Schulden aus dem Verbande des Hauptgutes ausscheidet,

oder die Berechtigten das Trennstück aus der Mithaft entlassen.

Vgl. § 71.

§ 66.

Scheidet das Trennstück nicht aus der Mithaft mit dem Hauptgut aus, so werden die Lasten und Schulden auf das Blatt oder den Artikel des Trennstücks von Amtswegen übertragen. In Betreff der Lasten wird hierbei nach § 93[1] des Gesetzes vom 2. März 1850 in dessen Geltungsbereich verfahren. Die hiernach erforderliche Vertheilung der Reallasten ist bei der Auseinandersetzungsbehörde zu beantragen.

1. Gesetz, betreffend Ablösung der Reallasten und die Regulirung der gutsherrlichen und bäuerlichen Verhältnisse. Vom 2. März 1850, G S. S. 74.

§ 93 Wenn bei Zerstückelung von Grundstücken die darauf haftenden, den Bestimmungen des § 64 unterliegenden Reallasten weder durch Kapital, noch nach den Vorschriften des Gesetzes vom heutigen Tage uber Errichtung von Rentenbanken abgelöst werden, so bleiben für solche Reallasten das Hauptgrundstuck und die Trennstücke in solidum verhaftet.

Dagegen ist der Berechtigte hinsichtlich solcher Renten, welche den Bestimmungen des § 64 nicht unterliegen (§§ 53 bis 55, 65, 66 und 91) verpflichtet, sich eine Vertheilung dieser Renten auf die Trennstücke nach Verhältniss derselben gefallen zu lassen.

Er ist jedoch zu fordern berechtigt, dass diejenigen Rentenbeträge, welche nach der Vertheilung unter vier Thaler betragen, durch Kapitalzahlung Seitens des Pflichtigen abgelost werden.

Absatz 4 enthält Aufhebung entgegenstehender Gesetze.

§ 67.

Gehen die Lasten und Schulden ungetheilt auf das Trennstück über, so wird dies bei den betreffenden Posten in der Spalte „Veränderungen" auf dem bisherigen Grundbuchblatt oder Artikel bemerkt, und die dinglichen Verbindlichkeiten werden auf das neue Blatt oder den neuen Artikel in die entsprechende Abtheilung übertragen.

§ 68.

Gehen die Lasten und Schulden antheilsweise über, so wird der auf das Trennstück fallende Antheil auf das Blatt oder den Artikel des letzteren übertragen und auf dem des Stammgrundstücks gelöscht.

§ 69.

Uebernimmt der Erwerber des Trennstücks die Lasten und Schulden unter Zustimmung der Berechtigten allein, so werden dieselben auf dem Blatt oder Artikel des Stammgrundstücks gelöscht und auf das Blatt oder den Artikel des Trennstücks vollständig übertragen.

§ 70.

Die Entlassung des Trennstücks aus der Mithaft, sowie die alleinige oder antheilsweise Haftung des Trennstücks wird auf den Hypothekenurkunden und Grundschuldbriefen [1] vermerkt.

1. Werden diese nicht beigebracht, so muß die Uebertragung der Post erfolgen, wenn auch die Enthaftungserklärung erfolgt ist.

§ 71.

Der Grundbuchrichter hat einzelne Theile oder Zubehörstücke des Grundstücks ohne Einwilligung der Lehns- oder Familienfideikommiß-Berechtigten, [1] [2] der Hypotheken- und Grundschuldgläubiger oder anderer dinglich Berechtigter unbelastet [3] abzuschreiben oder den Umtausch gegen andere Grundstücke zu vermerken, wenn die Unschädlichkeit der Veräußerung oder des Austausches für diese Berechtigten von der zuständigen Auseinandersetzungsbehörde oder bei landschaftlich beliehenen Grundstücken von der Kreditdirektion bezeugt wird.

1. Und der Fideikommißbehörde. Ostpr. Trib. 29. März 1877, Joh. 6 S. 188.

2. Eine Bescheinigung der Auseinandersetzungsbehörde, daß die pfandfreie Abschreibung einer veräußerten Parzelle erfolgen könne, wenn die Löschung bestimmter Hypothekenposten auf dem Stammgrundstück bewirkt werde, entspricht den gesetzlichen Erfordernissen Die Prüfung, ob die erforderlichen Löschungen veranlaßt oder auf Grund vorhandener Anträge zu veranlassen sind, liegt dem Grundbuchrichter ob. 31. Mai 1880, K. 1 S. 118.

3. Von der Uebertragung der an die Rentenbank zu entrichtenden Renten darf nicht auf Grund von Unschädlichkeitsattesten abgesehen werden. 4 März 1884, K. 4 S. 203.

§ 72.

Grundbuchblätter oder Artikel werden geschlossen, wenn sämmtliche darauf eingetragene Grundstücke abgeschrieben sind.

3. Verfahren bei Eintragungen in der zweiten und dritten Abtheilung.

§ 73.

Beschränkungen des Verfügungsrechts des Eigenthümers, sowie auf einem privatrechtlichen Titel beruhende dingliche Rechte, welche an dem Tage, wo dieses Gesetz in Kraft tritt, ohne Eintragung rechtsgültig bestehen, müssen bis zum 1. Oktober 1873 eingetragen werden, widrigenfalls sie dritten Personen gegenüber nicht geltend gemacht werden können.

Vgl. oben S 13 Note 1 zu § 11 des Eig.G., wonach die Worte des § 73: „Beschränkungen des Verfügungsrechts des Eigenthümers", hier nicht zu beachten sind. RG. v. 20. Mai 1882, Bd. 7 S. 249.

§ 74.

Die Eintragung der Familienfideikommiß-Eigenschaft kann nur auf Ersuchen der Fideikommißbehörde erfolgen.

§ 75.

Geldrenten bedürfen behufs ihrer Eintragung nicht der Kapitalisirung, andere zu gewissen Zeiten wiederkehrende Abgaben und Leistungen nicht der Veranschlagung in Geld.

§ 76.

Altentheile werden in der zweiten Abtheilung eingetragen. In dem Eintragungsvermerk ist auf die zu den Grundakten in beglaubigter Form einzureichende Festsetzung des Altentheils zu verweisen; einer Eintragung der einzelnen Leistungen bedarf es nicht.[1]

1. Angabe des höchsten Werthsbetrages bedarf es nicht. Joh. 6 S. 152.

§ 77.

Die an die Rentenbanken abgetretenen Renten und die an den Domainenfiskus zu entrichtenden Ablösungsrenten werden in dem Geltungsbereich des Gesetzes vom 2. März 1850 nach Maßgabe desselben eingetragen. Im Uebrigen ist aus den von den Auseinandersetzungsbehörden bestätigten Rezessen nur in folgenden Fällen der bezügliche Inhalt in das Grundbuch einzutragen:

1) wenn ein im Grundbuch ausdrücklich bemerktes Sach- oder Rechtsverhältniß aufgehoben oder verändert wird;
2) wenn ein berechtigtes Grundstück durch Kapital entschädigt wird, sei es, daß dasselbe baar oder in Rentenbriefen gezahlt wird;
3) wenn ein verpflichtetes Grundstück eine Rente oder andere Last neu übernimmt.

§ 78.

Soll eine dauernde Last, eine Hypothek oder eine Grundschuld auf mehrere Grundstücke zur Gesammthaft eingetragen werden, so ist auf dem Blatt jedes Grundstücks die Mithaft der anderen zu vermerken.

Liegen die Grundstücke in den Bezirken mehrerer Amtsgerichte, so trägt das zuerst angegangene Amtsgericht ohne Vermerk der Mithaft ein; wird das zweite Gericht angegangen, so trägt dieses die Mithaft mit ein und benachrichtigt hiervon unter Uebersendung des Grundschuldbriefes bezw. Hypothekenbriefes (falls ein solcher gebildet ist) das erste Gericht, welches hierauf die Mithaft einträgt.

§ 79.

Zur Eintragung der Abtretung einer Hypothek ist die Vorlegung der Hypothekenurkunde,[1] zur Eintragung der Abtretung[2] einer Grundschuld die Vorlegung des Grundschuldbriefes erforderlich.

1. Wenn diese nicht schon existirt, so muß eine solche gebildet werden. § 129

2. Oder anderen Erwerbes und der Verpfändung. § 84.

3. Vgl. betreff der Urkundentheile Note 12 zu § 94; betreff der Berechtigung zur Verfügung Note 3 ff. zu § 94.

§ 80.

Die Abtretungserklärung[1] muß den Namen des einzutragenden Erwerbers enthalten. Der Annahme-Erklärung des letzteren bedarf es nicht.

Vgl. §§ 52 ff. Eig.G. von dem Uebergang der Hypotheken und Grundschulden oben S. 45.

1. Eine besondre Abtretungserklärung ist nicht nöthig (es genügt Umschreibungsantrag des eingetragenen Gläubigers). 20. Febr. 1883, K. 3 S. 169.

2. § 80 gestattet die Eintragung der Cession auf den bloßen Antrag des Cedenten ohne Nachweis der Annahme des Cessionars; daraus erfolgt nicht, daß die noch nicht angenommene und nicht eingetragene Cession einer Verfügung des Cedenten über die abgetretene Post entgegensteht. 21. Nov. 1881, K. 2 S. 144 (146).

3. Die vom Vollstreckungsrichter ertheilte Bescheinigung über eine im Versteigerungswege erfolgte Uebereignung der Hypothek legitimirt den Erwerber zum Umschreibungsantrage (ohne Nachweis der notariellen Grundlagen der Bescheinigung). 26. Mai 1884, K. 5 S. 177.

§ 81.

Bei der Eintragung einer Abtretung bedarf es nicht der Erwähnung der Zwischeninhaber der Hypothek oder der Grundschuld, dem Grundbuchamt (Amtsgericht) müssen aber die Zwischenabtretungen in ununterbrochener Reihenfolge vorgelegt werden.

Ist die Forderung vom ersten Gläubiger vor der Eintragung abgetreten, so wird der Cessionar eingetragen. Joh 7 S. 219.

§ 82.

Die Eintragung der Abtretung wird auf der Hypothekenurkunde oder dem Grundschuldbrief vermerkt und dieser Vermerk mit der Unterschrift und dem Siegel des Grundbuchamts (Amtsgerichts) versehen. Die vorgelegten Abtretungserklärungen werden bei den Grundakten entweder in Urschrift oder in beglaubigter[1] Abschrift zurückbehalten.

1. Die Anfertigung dieser Abschriften und die Beglaubigung von dem Antragsteller eingereichter einfacher Abschriften geschieht stempelfrei; werden dagegen beglaubigte Abschriften eingereicht, so müssen diese verstempelt sein.

§ 83.

Erfolgt eine Theilabtretung, so ist von der Hypothekenurkunde oder dem Grundschuldbrief eine gerichtlich oder notariell beglaubigte Abschrift[1 2] anzufertigen und zugleich auf die Haupturkunde der Vermerk,[3 4] welcher Theil der Hypothek oder Grundschuld abgetreten, und auf die beglaubigte Abschrift der Vermerk, für wen und über welchen Theil derselben die Abschrift gefertigt ist, zu setzen.[5—7]

Soll die Theilabtretung eingetragen werden,[8] so sind die Haupturkunde und die beglaubigte Abschrift dem Grundbuchamt (Amtsgericht) vorzulegen, und ist die Eintragung der Abtretung gemäß § 82 auf beiden Urkunden und neben dem Eintragungsvermerk auf der Haupturkunde zu vermerken:

noch gültig auf (mit Angabe der Summe).

1. Diese beglaubigte Abschrift muß mit 1,50 Mk. Stempel versehen werden, auch bei Abschriften von Grundschuldbriefen. J.M.R. v. 17. Febr. 1876, bei Hoyer-Gaupp S. 445.

2. Beispiel: Anlage E und Anlage F.

3. Wird von einer Hypothekenurkunde über eine Gesammthypothek ein Zweigdokument gebildet, so ist der Abzweigungsvermerk auf jeden der Hypothekenbriefe des Hauptinstrumentes zu setzen. 17. Juli 1883, K. 4 S. 212 (in dem Beschlusse vom 14. Nov. 1881, K. 2 S. 168 war dies für nicht nothwendig erklärt).

4. Beispiel: Anlage D, Vermerk vom 1. April 1873 und vom 31. Mai 1873.

5. Der wesentliche Zweck und die rechtliche Folge der Bildung eines Zweigdokumentes ist die Herstellung zweier selbstständiger Dokumente, welche qualitativ genau bestimmte Theile einer Hypothek anstatt des über den Gesammtbetrag ausgefertigten Hypothekenbriefes fernerhin im Verkehre repräsentiren sollen und zur Cirkulation geeignet sind, so daß jedes von dem andern vollständig losgelöst und unabhängig sein muß. 6. Juli 1885, K. 6 S. 116. (Deshalb ist Eintragung der Verpfändung eines Antheils eines Miterben an einer Nachlaßhypothek für unzulässig erklärt.)

6. Wenn bei Parzellirung eines Grundstückes eine darauf haftende Hypothek zu einem Theile ausschließlich auf dem Stammgrundstücke eingetragen bleibt, zum andern Theile ausschließlich auf das Trennstück übertragen wird, so kann nach § 83 bezw. 130 G.B.O. verfahren und kann der ursprünglich gebildete Hypothekenbrief in zwei selbstständige Dokumente zerlegt oder es können neue Hypothekenbriefe an die ursprüngliche Schuldurkunde unter Kassation des älteren Hypothekenbriefes angeheftet werden. 27. Okt. 1884, K. 5 S. 200.

7. Den Abzweigungsvermerk muß der instrumentirende Richter oder Notar auf das Hauptdokument setzen, diese haben auch das Zweigdokument zu bilden; bewirken diese Grundakten nur die Beglaubigung von Unterschriften bei Theilcessionen, so sind sie zu jenen Akten berechtigt aber nicht verpflichtet.

8. Die Cession einer Theilforderung, deren Höhe noch unbestimmt und von künftigen ungewissen Ereignissen abhängig ist, kann nicht eingetragen werden. 23. Febr. 1880, K. 1 S. 137.

9. Die Eintragung einer Theilcession darf nur unter gleichzeitiger Bildung eines Zweigdokumentes erfolgen. 4. Juli 1883, K. 2 S. 165.

10. Vorrecht:

Soll der eine Theil der Post das Vorrecht vor dem andern haben, so muß dies ausdrücklich bei der Abtretung erklärt und in dem Vermerke auf der Urkunde über die nachberechtigte Post ausgedrückt werden.

11. Zinsen:

Wird bei Gelegenheit einer Abtretung der Zinssatz herabgesetzt, so erklärt der Gläubiger die Herabsetzung und tritt hierauf die Post mit den herabgesetzten Zinsen ab; bei der Umschreibung der Post wird die Zinsherabsetzung alsdann erwähnt. Sollen die Zinsen erhöht werden, so muß der Eigenthümer die Erhöhung erklären und behufs Eintragung diese bewilligen (und beantragen).

Soll die Post ohne Zinsen abgetreten werden, so kann für den Gläubiger wegen der Zinsen ein Zweigdokument gefertigt werden, und ist dies zweckmäßig z. B., um ihm die Anstellung des Urkundenprozesses zu ermöglichen; ebenso wenn ein geringerer Zinssatz abgetreten wird und der übrig bleibende Zinszusatz dem Gläubiger vorbehalten bleibt.

Werden die Zinsen von einem bestimmten Zeitpunkt ab abgetreten und soll dem Abtretenden ein Zinsenrückstand verbleiben, so muß über diesen ein Zweigdokument gebildet werden, um den Gläubiger dagegen zu schützen, daß nicht bei Löschung des Kapitals alle Zinsen mitgelöscht werden.

§ 84.

Die Vorschriften der §§ 79—82[1] finden auch Anwendung, wenn eine Hypothek oder Grundschuld auf andere Weise erworben oder verpfändet wird.

Der Vermerk der Verpfändung muß den Gläubiger und die Forderung, zu deren Sicherheit die Verpfändung erfolgt, bezeichnen.

1. Auch § 83 findet Anwendung.

§ 85.

Soll die Hypothek oder Grundschuld auf einen Vermächtnißnehmer[1] umgeschrieben werden, so muß die Einwilligung des Erben oder dessen rechtskräftige Verurtheilung zu derselben beigebracht werden.

1. Einer von mehreren Testaments-Erben kann auch dann, wenn ihm „die ausstehenden Forderungen zur freien Verfügung" vermacht sind, nicht allein, sondern nur in Gemeinschaft mit den übrigen Erben die Löschung einer zu jenen Forderungen gehörigen Hypothekenforderung wirksam bewilligen. 10. Aug. 1885, K. 6 S. 126.

§ 86.

Zur Einräumung des Vorrechts genügt eine darauf gerichtete Erklärung des Einräumenden.

Die Eintragung[1] der Vorrechtseinräumung ist auf der Urkunde über die zurücktretende und auf Verlangen auch auf der Urkunde über die vortretende Post von dem Grundbuchamt (Amtsgericht) zu vermerken.[2]

Vgl. § 35 Eig.Ges. oben S. 31.

1. Die Eintragung kann erst erfolgen, nachdem der zurücktretende Gläubiger eingetragen ist. Joh. 2 S. 116; 7 S. 265.

2. Ist bei Eintragung einer Post einer künftig einzutragenden Post das Vorrecht vorbehalten und dies im Grundbuch und auf dem Dokumente vermerkt worden, so bedarf es behufs demnächstiger Eintragung der in Ausführung dieses Vorbehaltes vortretenden Forderung der Vorlegung des Hypothekendokumentes über die zurücktretende Post nicht, wenn nicht besondere Umstände — z. B. die Existenz von Zwischenposten — ein solches Verfahren bedenklich erscheinen lassen. 24. Sept. 1883, K. 4 S. 186.

§ 87.

Ueberweisungen eingetragener Posten an Zahlungsstatt im Wege der Zwangsvollstreckung sind auf Ersuchen des Prozeßrichters (Antrag des Gläubigers)[1] oder der zuständigen Verwaltungsbehörde[2] einzutragen.

Die ersuchende Behörde hat die über die betreffende Post ausgefertigte Urkunde vorzulegen, und ist auf derselben von dem Grundbuchamt die Eintragung der Ueberweisung zu vermerken.

Im Fall der Ueberweisung eines Theils der Post ist eine Zweigurkunde nach § 83 anzufertigen.

1. § 16 Abs. 3 Ausf.Ges. zur C.P.O. vom 24. März 1879.

2. § 45 der Verordnung v. 7. Sept. 1879, betr. das Verwaltungszwangsverfahren wegen Beitreibung von Geldbeträgen. G.S. S. 591.

§ 88.

Vormerkungen werden in der ersten Hauptspalte[1] der zweiten Abtheilung eingetragen, wenn durch dieselben das Recht eines Erwerbers auf Auflassung oder auf Eintragung eines Eigenthumsüberganges oder auf ein in diese Abtheilung einzutragendes Recht, — in der ersten Hauptspalte der dritten Abtheilung, wenn durch sie das Recht auf eine Hypothek oder Grundschuld gesichert werden soll.

In gleicher Weise[2] ist bei Vormerkungen zur Sicherung der Löschung eingetragener Rechte zu verfahren.

1. Und zwar in der ersten Hälfte derselben; siehe Formular I (Anlage A) dritte Abtheilung Nr. 7. Ist dies übersehen, so wird die Umschreibung unter Spalte „Veränderungen" vermerkt.

2. Dies ist nicht richtig, diese Vormerkung wird in Spalte 2 eingetragen.

§ 89.

Die endgültige Eintragung an der Stelle einer Vormerkung erfolgt auf Ersuchen des Prozeßrichters (Gläubigers) oder mit Bewilligung dessen, gegen welchen die Vormerkung gerichtet war.[1]

1. Bei inzwischen eingetretenem Eigenthumswechsel, nicht auf Grund einer Bewilligung nur des gegenwärtigen Eigenthümers; die Schuldurkunde muß vorgelegt werden. 20. Okt. 1884, K. 5 S. 166.

§ 90.

Die Umwandlung einer Hypothek in eine Grundschuld [1] wird neben der Post in der zweiten Hauptspalte vermerkt. Die Hypothekenurkunde wird, von der Schuldurkunde gelöst und durch Zerschneiden vernichtet, bei den Grundakten zurückbehalten; die Schuldurkunde ist dem Gläubiger zurückgegeben, nachdem der vorhandene Eintragungsvermerk durchstrichen worden.

Vgl. § 29 Eig.Ges. oben S. 27.

1. Umwandlung der Kautionshypotheken siehe § 24 Eig.Ges. oben S. 24.

2. Bei Umwandlung einer Grundschuld in eine Hypothek wird § 90 entsprechend angewendet; der Grundschuldbrief wird vernichtet, mit der Schuldurkunde wird ein Hypothekenbrief gebildet, in welchen alle bezüglichen Vermerke aufzunehmen sind. 13. Juli 1880, K. 1 S. 139.

§ 91.

Beschränkungen des Verfügungsrechts über das Grundstück gehören in die erste Hauptspalte der zweiten Abtheilung; Beschränkungen des Verfügungsrechts über ein in der zweiten oder dritten Abtheilung eingetragenes Recht werden neben demselben in der zweiten Hauptspalte vermerkt.

Auf der über das eingetragene Recht gebildeten und beizubringenden Urkunde ist von dem Grundbuchamt die Eintragung der Beschränkung zu vermerken.

Vgl. § 49 Eig.G. oben S. 44.

4. Löschungen.

§ 92.

Die Löschung der Eintragungen in der zweiten und dritten Abtheilung darf, sofern nicht die Löschung von Amtswegen [1] vorgeschrieben ist, nur auf Antrag des im

Grundbuch eingetragenen Eigenthümers[2] des Grundstücks oder auf Ersuchen einer zuständigen Behörde erfolgen.

1. Siehe oben S. 91 § 30 G.B.O. und über Löschung dinglicher Lasten auf Parzellen bei Löschung derselben auf dem Stammgrundstück oben S. 39 Note 3 zu § 42 Eig.G.

2. Bei obwaltender Gütergemeinschaft genügt der Antrag des Ehemannes zur Löschung der auf dem gemeinschaftlichen Grundstücke haftenden Hypotheken. 5. März 1883, K. 3 S. 177.

§ 93.

Zur Begründung des Löschungsantrages einer in der zweiten Abtheilung eingetragenen Last genügt die von dem Eigenthümer vorzulegende Löschungsbewilligung des eingetragenen Berechtigten oder dessen Rechtsnachfolgers.

Zur Löschung einer auf dem Grundbuchblatt des verpflichteten Grundstückes zu Gunsten der Besitzer und Besitznachfolger eines anderen Grundstückes eingetragenen Wegegerechtigkeit bedarf es nach der Parzellirung des herrschenden Grundstückes der Einwilligung sämmtlicher Parzelleneigenthümer, nicht dagegen des Konsenses der Hypothekengläubiger dieser Grundstücke. 20. Juni 1881, K. 2 S. 158.

§ 94.

Zur Begründung des Antrages des Eigenthümers,[1 2] eine Hypothek oder Grundschuld zu löschen, gehört entweder

1) die von dem Gläubiger[3—11] ertheilte Quittung oder Löschungsbewilligung, oder
2) der Nachweis der rechtskräftigen Verurtheilung des Gläubigers, die Löschung zu bewilligen,[12] oder
3) der Nachweis der eingetretenen Vereinigung (Konfusion oder Konsolidation), oder
4) die Vorlegung des rechtskräftigen Ausschlußerkenntnisses nach erfolgtem Aufgebot der Post, oder
5) die Bescheinigung des Prozeßrichters, daß von dem Eigenthümer den in dem § 106 dieses Gesetzes gestellten Anforderungen Genüge geleistet ist.

Mit dem Antrage muß in den Fällen 1—3 die über die Eintragung ausgefertigte Urkunde[13] [14] oder das rechtskräftige Erkenntniß, durch welches die Urkunde nach erfolgtem Aufgebot für kraftlos erklärt worden ist, vorgelegt werden.

1. Unter Umständen auch des Gläubigers desselben. § 5 Zwangsv Ges.

2. Zur Begründung des Antrages des Eigenthümers auf Löschung einer für seine Ehefrau auf seinem Grundstücke eingetragenen Hypothek bedarf es der Vorlegung einer gerichtlichen Löschungsbewilligung der Ehefrau (§ 198 A.L.R. II, 1). 28. Febr. 1878, K. 1 S. 90 (App.Ger. Naumburg).

3. Es genügt nicht wie bei § 93 die Quittung oder Löschungsbewilligung des eingetragenen Berechtigten. Der in dem Eintragungsvermerke als Gläubiger Bezeichnete kann die Löschung nicht wirksam bewilligen, wenn erhellt, daß er aus der Eintragung keine Gläubigerrechte erworben hat. 24. Aug. 1885, K. 6 S. 134. (In der Löschungsbewilligung der „dem W. überwiesenen Gelder" war von W. erklärt worden, daß er die Ueberweisung nie angenommen habe, daß er von der Ueberweisung nichts gewußt habe u. s. w.).

4. Ist auf Antrag des Eigenthümers in Folge eines von demselben abgeschlossenen Vertrages zu Gunsten eines Dritten für diesen eine Hypothek eingetragen worden, so bedarf es zu deren Löschung der Bewilligung dieses Dritten, auch wenn derselbe dem Vertrage nicht beigetreten ist. 5. April 1886, K. 6 S. 135.

5. Das Anerkenntniß der Betheiligten, daß eine auf sie übergegangene Post ihnen zu gleichen Theilen zusteht, genügt zur Feststellung des Theilnahmeverhältnisses, wenn das Grundbuch der solcher Erklärung zu Grunde liegenden Annahme, daß dieses Theilnahmeverhältniß schon zur Zeit des Erwerbers feststehend und durch den Erwerbsakt begründet ist, nicht entgegensteht. 22. Jan. 1883, K. 3 S. 165.

6. Zu dem Antrage auf Löschung der das ganze Grundstück belastenden Hypothek ist ein einzelner Miteigenthümer nicht befugt, wenn die Unterlagen des Antrages nicht klarstellen, daß durch die

Löschung nicht Rechte anderer Miteigenthümer beeinträchtigt werden. 28. Mai 1883, K. 4 S. 187.

7. Ob bei einer für mehrere Gläubiger ohne Antheilsbestimmung eingetragene Post ein gemeinschaftliches Recht Aller anzunehmen oder ob dem Einzelnen bestimmte Antheile beizumessen, ist durch Auslegung des der Eintragung zu Grunde liegenden Rechtsgeschäfts zu beantworten. Ersterenfalls kann kein Theil der Post auf Grund der Quittung nur eines der Mitberechtigten gelöscht werden, bevor die Höhe seines Antheils durch Auseinandersetzung mit den übrigen Berechtigten festgestellt ist. 21. Mai 1883, K. 4 S. 197.

8. Die Universalerbin ist zur Verfügung über Nachlaßforderungen, also auch zur Quittung legitimirt, wenngleich im Testament ferner bestimmt ist, daß sie den reinen, d. h. nach Deckung der Schulden und Legate verbleibenden Nachlaß mit andern Personen theilen soll; diesen wird durch solche Verfügung nur ein legatum partionis, nicht eine Quote der Erbschaft zugewendet. 23. Juni 1883, K. 4 S. 192.

9. Der Fiduciarerbe ist, sofern nicht das Testament ihn in der Verfügung über den Nachlaß beschränkt oder die Nacherben die Einschränkung seiner Verfügung erwirkt haben, zur Einziehung von Nachlaßhypotheken befugt und genügt daher unter diesen Voraussetzungen seine Quittung und Löschungsbewilligung zur Begründung seines Löschungsantrages. 5. April 1882, K. 3 S. 185.

10. Zur Einziehung und Löschung einer legirten mit der fideikommissarischen Substitution beschwerten Hypothek (nicht einer Nachlaßhypothek) bedarf es der Genehmigung des Substituten. R.G. v. 22. Jan. 1887, Bd. 17 S. 228.

11. Die testamentarische Ermächtigung eines Miterben zur Verfügung über Nachlaßgrundstücke und zum Empfange dafür gelöster Kaufgelder legitimirt ihn zur Ertheilung löschungsfähiger Quittung auch über solche Kaufgelder, welche auf Grund eines über ein Nachlaßgrundstück geschlossenen Kaufvertrages auf demselben für die Erben hypothekarisch eingetragen sind. 22. Nov. 1881, K. 2 S. 138.

12. Oder zu quittiren. K 1 S. 91 (App.Ger. Marienwerder).

13. Die nach der Hypothekenordnung v. 20. Dezember 1787

in vim recognitionis ausgestellten Hypothekenscheine brauchen nicht beigebracht zu werden. 3. Mai 1885, K. 4 S. 201.

14. Nur der Hypothekenbrief ist wesentlich, nicht auch die Schuldurkunde; die Vorlegung des ersteren genügt zur Eintragung einer Veränderung oder Löschung. 25. Juni 1883, K. 4 S. 199.

15. In dem Kaufgeldervertheilungsverfahren ausgefallene Hypotheken und Grundschulden werden auch ohne Beibringung des Briefes gelöscht (§ 124 Zwangsv.Ges.). Die Existenz eines Hypotheken- und Grundschuldbriefes beweist also nicht die Existenz der Forderung, es ist daher stets Einsicht des Grundbuchs anzurathen zur Feststellung, ob die Post gelöscht ist (nach Beibringung eines an Stelle eines aufgebotenen ausgefertigten neuen Dokumentes oder in Folge einer Zwangsvollstreckung).

§ 95.

Mit dem zur Löschung vorgelegten Grundschuldbrief sind die noch nicht verjährten Zinsquittungsscheine zu übergeben.

Der zur Berichtigung der fehlenden Zinsquittungsscheine erforderliche Betrag muß vor der Löschung gerichtlich niedergelegt werden. Die Hinterlegung des fälligen Betrages geschieht durch den Schuldner. Den nicht fälligen Betrag kann der Gläubiger für seine Rechnung hinterlegen. Verweigert er dies, so ist der Schuldner den Betrag für eigene Rechnung zu hinterlegen verpflichtet, und berechtigt, denselben von dem zurückzuzahlenden Kapital abzuziehen.

§ 96.

Der Inhaber eines noch nicht verjährten Zinsquittungsscheines kann gegen Aushändigung desselben den Betrag aus dem Depositorium (auf Anweisung des Gerichts vor der Hinterlegungsstelle) in Empfang nehmen

Sechs Monate nach Ablauf der Verjährungsfrist für jede einzelne Zinsrate ist der Hinterleger berechtigt, die Rückgabe des entsprechenden Betrages zu verlangen.

Wegen der Verjährung der Zinsraten gelten die Vorschriften des bürgerlichen Rechts für Verjährung eingetragener Zinsen.

Ein Aufgebot der Zinsquittungsscheine findet nicht statt.

§ 97.

Die Löschung der noch eingetragenen Benifizial-Erbeigenschaft (§ 3 des Gesetzes vom 28. März 1840), der Verpflichtung zur Einholung der Genehmigung zur weiteren Veräußerung der zum vollen Eigenthum verliehenen fiskalischen Grundstücke (Kabinetsordre vom 22. Oktober 1843, Just.-Min.-Bl. S. 258) und der Beschränkung der Verschuldung bäuerlicher Grundstücke (Verordnung vom 29. Dezember 1843) erfolgt nach den bisherigen Vorschriften von Amtswegen.

Bei eingetragenen gewerblichen Beschränkungen muß der Berechtigte in die Löschung einwilligen; der Grundbuchrichter hat eine selbstständige Kognition über den Fortbestand nicht zu üben. 1. Juni 1885, K. 5 S. 188.

§ 98.

Zur Löschung der nach § 2 des Ablösungsgesetzes vom 2. März 1850[1] ohne Entschädigung aufgehobenen Rechte genügt der Antrag des Eigenthümers.

1. Dieser § 2 lautet:

§ 2. Ohne Entschädigung werden folgende Berechtigungen, soweit sie noch bestehen, hiermit aufgehoben:

1) das Ober-Eigenthum des Lehnsherrn und die lediglich aus demselben entspringenden, in dem § 5 nicht als fortbestehend bezeichneten Rechte bei allen innerhalb des Staates belegenen Lehnen, mit alleiniger Ausnahme der Thronlehne;
2) das Ober-Eigenthum des Guts- oder Grundherrn und des Erbzinsherrn, desgleichen das Eigenthum des Erbverpächters; der Erbzinsmann und der Erbpächter erlangen mit dem Tage der Rechtskraft des gegenwärtigen Gesetzes, und lediglich auf Grund desselben, das volle Eigenthum;

3) der Anspruch auf Regulirung eines Allodifikationszinses für die aufgehobene Lehnsherrlichkeit in denjenigen Landestheilen, welche vormals zum Königreich Westfalen, zum Grossherzogthum Berg, zu den französichhanseatischen Departements oder dem Lippe-Departement gehört haben;
4) das grundherrliche oder gutsherrliche Heimfallsrecht an Grundstücken und Gerechtsamen jeder Art innerhalb des Staates, ohne Unterschied, ob der Staat, moralische Personen oder Privatpersonen die Berechtigten sind;
5) die Berechtigung des Erbpächters oder des Zinsberechtigen, den ihm zustehenden Kanon oder Zins willkürlich zu erhöhen;
6) die Vorkaufs-, Näher- und Retraktrechte an Immobilien, mit Ausnahme der im § 4 aufgeführten;
7) die auf Grundstücken haftende Verpflichtung, gegen das in der Gegend übliche Tagelohn zu arbeiten;
8) die Befugniss, zu verlangen, das ein Privatgrundbesitzer sein Grundstück mit Maulbeerbäumen bepflanze oder solche unterhalte;
9) die auf Grundstücken haftende Verpflichtung des sogenannten flämingschen Kirchganges.

§ 99.

Die Löschung der Lehns- oder Familienfideikommiß-Eigenschaft kann nur auf Grund einer Bescheinigung der Lehns- oder Fideikommißbehörde, daß die Lehns- oder Fideikommißeigenschaft erloschen sei, oder auf Grund eines von diesen Behörden bestätigten Familienausschusses über die Aufhebung der Lehns- oder Fideikommißeigenschaft erfolgen.

§ 100.

Die Löschung der in der zweiten Abtheilung auf Antrag einer zuständigen Behörde eingetragenen Beschränkungen erfolgt auf Ersuchen dieser Behörde oder mit Bewilligung dessen, zu dessen Gunsten sie eingetragen worden, auf Antrag des Eigenthümers.

§ 101.

Sind auf Ersuchen der Auseinandersetzungsbehörde Eintragungen über die in § 77 vorgeschriebenen Grenzen erfolgt, so ist der Eigenthümer befugt, unter Vermittelung der Auseinandersetzungsbehörde deren kostenfreie Löschung zu beantragen.

§ 102.

Persönliche unvererbliche Einschränkungen des Eigenthums oder des Verfügungsrechts werden auf Antrag des Eigenthümers des Grundstücks gelöscht, wenn der Tod des Berechtigten nachgewiesen ist.

Besteht jedoch die Möglichkeit von Rückständen, so kann die Löschung nach Ablauf eines Jahres erfolgen, sofern bis dahin eine Vormerkung zur Erhaltung des dinglichen Rechts nicht eingetragen ist.

1. Unter den in § 102 gedachten Einschränkungen sind auch diejenigen Einschränkungen begriffen, welche auf der Eintragung der in den §§ 33 und 34 der Hypothekennovelle vom 24. Mai 1853*) erwähnten Berechtigungen beruhen. Das Recht auf Gewährung von Erziehung und Unterhalt ist daher zu löschen, wenn die Voraussetzungen des § 102 nachgewiesen sind. 1. März 1880, K. 1 S. 144.

2. Wenn bei Gutsüberlassungen die Veräußerer einen Theil

---

*) §§ 33 und 34 lauteten:

§ 34. Die Löschung

1) von Altentheilen oder Auszügen, Herbergs- oder Pflegeberechtigungen, Niessbrauchsrechten und anderen persönlichen Servituten;

2) von Leibrenten und anderen auf Lebenszeit bedungenen Leistungen kann ohne Quittung der Erben und ohne Beibringung des Instruments erfolgen, wenn der Tod des Berechtigten nachgewiesen wird und seit dem Todestage fünf Jahre abgelaufen sind;

§ 35. Wenn über eine in der zweiten oder dritten Rubrik des Hypothekenbuches eingetragene Post ein förmliches Hypotheken-Instrument nicht gebildet worden (§§ 17, 20), so bedarf es zum Zweck ihrer Löschung im Hypothekenbuche der Vorlegung einer sonst etwa über die Forderung ausgefertigten Urkunde nicht.

Zur Löschung einer Post, über die nach der Natur des zum Grunde liegenden Geschäfts zu Gunsten eines Dritten nicht hat verfügt werden können, bedarf es weder der Beibringung des Instruments, noch der Mortifikation desselben.

Die Beibringung des einem Hypotheken-Instrumente beigefügt gewesenen Hypothekenbuchauszugs oder Hypothekenscheins ist zur Löschung in keinem Falle erforderlich.

des Kaufgeldes als Nothgroschen mit der Bestimmung auf dem Gute haben stehen lassen, daß er je nach Bedürfniß zur Zahlung gelangen, der bei ihrem Tode nicht verbrauchte Betrag aber dem Uebernehmer erlassen sein solle, so findet die Löschung desselben nach der Bestimmung des § 102 statt, wenn auch die Eintragung in Abtheilung 3 erfolgt ist. 2. Mai 1883, K. 4 S. 206.

3. Ist der einem Dritten zustehende Nießbrauch an einer Hypothek nach § 102 löschungsreif, so bedarf es zur Begründung des Antrages auf Löschung der ganzen Hypothek nur noch der Bewilligung des Kapitalgläubigers. 26. Juni 1882, K. 3 S. 184. Für die Löschung des durch den Tod des Berechtigten aufgehobenen Nießbrauches an einer Hypothekenforderung ist nicht § 117 G B.O. maßgebend; vielmehr hat diese Löschung auf Grund des Todtenscheines des Nießbrauchers nach § 102 zu erfolgen. 4. April 1881, K. 2 S 160.

§ 103.

Die Löschung einer im Grundbuch eingetragenen Post, deren Tilgung der Eigenthümer des Grundstücks behauptet, aber durch eine beglaubigte Quittung des eingetragenen Gläubigers oder dessen Rechtsnachfolgers nicht nachweisen kann, weil ihm dieselben ihrer Person oder ihrem Aufenthalt nach unbekannt sind, findet nur in Folge eines gerichtlichen Aufgebots nach Vorschrift der Prozeßordnung statt.

1. Oder dessen Gläubiger auf Grund des § 5 des Zwangsv.G.

2. Unter den Voraussetzungen des § 102 hat die Löschung eines Altentheils nach dem Tode des Berechtigten auch dann zu erfolgen, wenn bei Lebzeiten desselben ein Arrest bei demselben eingetragen worden ist. 18. Juni 1883, K. 4 S. 208.

3. Eigenthumsbeschränkungen, welche nicht auf Lebenszeit, sondern auf eine bestimmte Zeit eingeräumt sind, können nach Ablauf derselben nicht ohne Bewilligung des Berechtigten gelöscht werden. 31. Juli 1883, K. 4 S. 209.

§ 104.

Das Aufgebot einer Post, von welcher der Eigenthümer[1] des Grundstücks behauptet, daß sie getilgt sei, kann, wenn er darüber eine Bescheinigung beibringt, auf seinen Antrag auch dann erfolgen, wenn der Inhaber der Post zwar bekannt ist, aber als solcher sein Verfügungsrecht nicht nachgewiesen hat.

1. Oder dessen Gläubiger auf Grund des § 5 des Zwangsv.G.

§ 105.

Es wird in diesem Falle nach Vorschrift der Prozeßordnung unter Berücksichtigung der folgenden näheren Bestimmungen verfahren:

1) Der Eigenthümer des Grundstücks hat ein Verzeichniß der ihm bekannten angeblichen Rechtsnachfolger des letzten verfügungsberechtigten Inhabers der Post zu übergeben und zugleich zu versichern, daß außer diesen keine anderen, ihm bekannten, Rechtsnachfolger vorhanden sind.
2) Zu dem Termin werden die angezeigten angeblichen Rechtsnachfolger besonders und die der Person oder dem Aufenthalte nach unbekannten Berechtigten öffentlich geladen.
3) Die öffentliche Ladung der unbekannten Berechtigten muß den Namen des eingetragenen Gläubigers, die Beschaffenheit und den Betrag der Post und das Datum der Urkunde angeben; sie ist mit einer Fristbestimmung von drei Monaten (nach den Vorschriften des § 27 des Ausf.Ges. zur C.P.O. vom 24. März 1879 G.S. S. 281) zu erlassen und durch Aushang an der Gerichtsstelle, einmalige Aufnahme in das Regierungs-Amtsblatt, sowie nach dem Ermessen des Gerichts auch noch auf andere Art bekannt zu machen.
4) Die Ladungen erfolgen unter der Verwarnung, daß die Ausbleibenden mit ihren Ansprüchen auf die Post würden ausgeschlossen und die Post im Grundbuch würde gelöscht werden.
5) Die Löschung erfolgt auf Grund des rechtskräftigen Ausschlußerkenntnisses und nach rechtskräftiger Zu-

rückweisung eines etwaigen Widerspruchs derjenigen, die sich bis zum Termin (zur Erlassung des Ausschlußurtheils) mit Ansprüchen gemeldet haben, auf Antrag des Eigenthümers.

§ 106.

Auf die Versicherung des Eigenthümers des Grundstücks, daß der Inhaber einer noch nicht getilgten, aber bereits fälligen oder der Kündigung unterworfenen Post, welche er zur Löschung bringen will, der Person oder dem Aufenthalt nach ihm unbekannt oder nicht verfügungsberechtigt sei, kann die Löschung unter folgenden Bedingungen erfolgen:

1) Der unbekannte Inhaber der Post ist von dem Gericht der belegenen Sache öffentlich aufzufordern, dem Eigenthümer Quittung oder Löschungsbewilligung zu ertheilen. Diese Aufforderung wird einmal im Regierungs-Amtsblatt und durch Aushang an der Gerichtsstelle bekannt gemacht.

   Der bekannte, aber nicht als verfügungsberechtigt nachgewiesene Inhaber ist durch besondere Verfügung aufzufordern.

2) Die in der öffentlichen Aufforderung von dem Gericht zu bestimmende Frist wird, wenn mit der Aufforderung die Kündigung verbunden ist, um die Kündigungsfrist verlängert.

3) Wenn der Inhaber innerhalb der gestellten Frist sich nicht gemeldet und sein Verfügungsrecht nicht nachgewiesen hat, so gestattet das Gericht dem Antragsteller, das Kapital nebst den bedungenen Zinsen für fünf Jahre, oder, sofern das Grundstück für Verzugszinsen verpfändet ist, mit zehnjährigen Verzugszinsen zum gerichtlichen Depositorium einzuzahlen (zu hinterlegen).

Wenn der Antragsteller durch beglaubigte Quittung die Zahlung der Zinsen nachweist, oder seit

Ausstellung der Urkunde noch nicht fünf oder zehn Jahre verflossen sind, so ist derselbe nur verpflichtet, für den hiernach zu berechnenden kürzeren Zeitraum die Zinsen bei Gericht einzuzahlen (zu hinterlegen).

§ 107.

Nach erfolgter Zahlung (Hinterlegung) ertheilt das Gericht dem Eigenthümer eine Bescheinigung, daß die Post auf seinen Antrag aufgeboten, daß sich der verfügungsberechtigte Inhaber derselben nicht gemeldet und der Eigenthümer der Vorschrift des § 106 Nr. 3 genügt hat. Die Löschung erfolgt auf Grund dieser Bescheinigung, die der Eigenthümer dem Grundbuchamt (Amtsgericht) einzureichen hat.

§ 108.

Wenn sich innerhalb Jahresfrist ein Berechtigter zur Empfangnahme der eingezahlten Summe nicht meldet, so ordnet das Gericht ohne weiteres Verfahren die Ablieferung derselben an die Justizbeamten-Wittwenkasse an.

Meldet sich der Berechtigte später, so wird ihm der eingezahlte Betrag ohne die inzwischen erhobenen Zinsen aus dieser Kasse zurückgezahlt.

§ 108 der Hinterlegungs-Ordnung vom 14. März 1879. (G.S. S. 249.)

Die Ablieferung von Depositalmassen an die Justizoffizianten-Wittwenkasse findet nicht mehr statt. Die Vorschriften des § 108 G.B.O. treten ausser Kraft.

§ 109.

Ob und welcher Betrag an Zinsen dem Eigenthümer des Grundstücks zurückzuzahlen ist, weil der Gläubiger darauf keinen Anspruch hat, oder dem Gläubiger nachgezahlt werden muß, weil sein Anspruch den eingezahlten Betrag übersteigt, hat beim Mangel einer Vereinigung der Prozeßrichter zu entscheiden.

§ 110.

Wenn der Inhaber der Post zwar bekannt, auch Quittung zu leisten erbötig ist, oder wirklich geleistet hat, die Urkunde darüber aber verloren gegangen ist, so kann die Löschung nur erfolgen, nachdem die Urkunde in Gemäßheit der Vorschriften der Prozeßordnung aufgeboten und durch Erkenntniß für kraftlos erklärt worden ist.

Von dem Inhaber der Post ist ein Eid,[1] wenn die Art des Verlustes bekannt ist, dahin:

daß die Urkunde auf die angegebene Art verloren gegangen sei,

und wenn die Art des Verlustes unbekannt ist, dahin zu leisten:

daß man die Urkunde nicht gefährlicher Weise abhanden gebracht habe, auch aller angewandten Mühe ungeachtet nicht wisse, wo sie sich befinde.

1. Siehe jetzt, gemäß § 25 d. Ausf.Ges. z. C.P.O., § 829 C.P.O.

§ 111.

Ebenso ist zu verfahren, wenn der Gläubiger an Stelle der abhanden gekommenen die Ausfertigung einer neuen Hypothekenurkunde oder eines neuen Grundschuldbriefes verlangt.

§ 112.

Die neue Urkunde wird aus einer beglaubigten Abschrift der verloren gegangenen und der mit der Bescheinigung der Rechtskraft versehenen Urtheilsformel des Erkenntnisses gebildet.

Die Ausstellung der neuen Urkunde wird in der zweiten Hauptspalte „Veränderungen" bei der Post vermerkt.

§ 113.

Wenn über Domänengefälle oder Inventarienkapitalien ausgefertigte und verloren gegangene Urkunden außer Kraft erklärt werden sollen, bedarf es nur des in der Kabinetsordre vom 3. Juli 1843 vorgeschriebenen Verfahrens.

§ 114.

Die Löschung einer Post wird von dem Grundbuchamt auf der Urkunde vermerkt und der Eintragungsvermerk auf derselben durchstrichen.

§ 115.

Bei Löschung der ganzen Post werden die Urkunde und die zurückgereichten Zinsquittungsscheine durch Zerschneiden vernichtet und auf der angefügten Urkunde über die persönliche Verpflichtung der vorhandene Eintragungsvermerk durchstrichen. Die Urkunde über die Löschungsbewilligung wird bei dem Grundbuchamt (Amtsgericht) zurückbehalten.

§ 116.

Bei der Löschung eines Theils der Post wird der zu löschende Theil von dem ausgeworfenen Geldbetrag abgeschrieben, und diese Theillöschung auf der Urkunde vermerkt.

Ueber Löschung ohne Vernichtung der Urkunde siehe § 94 Note 14.

§ 117.

Die Löschung einer Veränderung erfolgt in der Nebenspalte der zweiten Hauptspalte auf Antrag oder mit Einwilligung desjenigen, für welchen die Einschreibung geschehen ist, oder auf Ersuchen derjenigen Behörde, welche die Einschreibung beantragt hat.

Ueber Löschung von Nießbrauch an Hypotheken siehe oben S. 137 Note 3 zu § 102.

§ 118.

Eine aus Versehen des Grundbuchamts (Amtsgerichts) gelöschte oder bei Ab- und Umschreibungen nicht übertragene Post ist auf Verlangen des Gläubigers oder von Amtswegen mit ihrem früheren Vorrecht wieder einzutragen. Diese Wiedereintragung wirkt jedoch nicht zum Nachtheil Derjenigen, die nach der Löschung Rechte an dem Grundstück oder auf eine der gelöschten gleich- oder nachstehende Post in redlichem Glauben erworben haben.

1. In § 118 ist das Prinzip ausgedrückt, daß durch unrichtige Vermerke im Grundbuche, so lange noch res integra vorhanden ist, ein Recht nicht unbedingt verloren bezw. erworben ist. R.G. v. 21. März 1883, Bd. 4 S. 324.

2. Zur Ungebühr gelöschte Lasten (und bei Parzellirung versehentlich nicht übertragene Posten; 30. Juni 1884, K. 5 S. 189) können nach einem inzwischen erfolgten Uebergang des Grundstücks auf einen Singular-Successor nicht ohne dessen Einwilligung wieder eingetragen werden. 26. Januar 1885, K. 5 S. 192.

3. Die Maßnahme der nachträglichen Uebertragung ist nicht an die Feststellung gebunden, daß kein im rechtlichen Glauben erfolgter Erwerb von Rechten an dem Grundstück oder auf eine gleich- oder nachstehende Post inzwischen stattgehabt, vielmehr bleibt solchen Erwerbern die Anfechtung der Wiedereintragung im Wege der Klage oder Einrede überlassen. 11. Okt. 1880, K. 2 S. 163 (165).

4. Der Gläubiger erlangt nicht schon durch Präsentation des gegen den eingetragenen Eigenthümer gerichteten Pfandtitels ein unbedingtes Recht auf Eintragung. Der Grundbuchrichter ist berechtigt, auch nach Einreichung eines solchen Eintragungsantrages, unter Ablehnung des Antrages die versehentlich erfolgte Eintragung des Eigenthümers zu beseitigen. 13. Febr. 1882, K. 3 S. 146.

Vierter Abschnitt.

Von der Bildung der Urkunden über Eintragungen im Grundbuch.

§ 119.

Ueber die Eintragungen in der ersten und zweiten Abtheilung, über Veränderungen in der zweiten und dritten Abtheilung und über die Eintragungen von Vormerkungen in der ersten Hauptspalte der dritten Abtheilung werden besondere Urkunden nicht angefertigt.

§ 120.

Der Eigenthümer kann jederzeit eine beglaubigte Abschrift des vollständigen Grundbuchblattes oder Artikels seines Grundstücks oder des Titels und der ersten Abtheilung verlangen.

Siehe auch oben S. 85 § 19 G.B.O.

1. Die beglaubigte Abschrift ist (auch in Hannover) vom Grundbuchrichter und Gerichtsschreiber zu vollziehen. 9. Febr. 1885, K. 5 S. 90. Auch für den Subhastationsrichter. 21. Nov. 1881, K. 2 S. 65 (§ 19 Zwangsv.Ges.).

2. Die Ertheilung einer beglaubigten Abschrift einer einzelnen Abtheilung des Grundbuchblattes ist zulässig. Für dieselbe sind, außer den Schreibgebühren, besondere Kosten nicht zu erheben. 28. Sept. 1885, K. 6 S. 155

3. Die versagte Ertheilung unbeglaubigter Abschriften von Grundbuchblättern ist durch die weitere Beschwerde mit Erfolg nicht anzufechten, vielmehr sind die dabei maßgebenden Gesichtspunkte nur im Aufsichtswege zu erörtern und zu erledigen. 14. März 1881, K. 2 S. 66.

Ich finde es unbillig, die Ertheilung von einfachen Abschriften zu versagen. Der Eigenthümer ist häufig nicht in der Lage, auf dem Grundbuchamte in Ruhe das Grundbuch einzusehen, geschweige denn sich Notizen anzufertigen; in größeren Städten, zumal in Berlin, steigert sich die Unbequemlichkeit noch mehr. Die Ablehnung der Abschriftsertheilung hat auch einen fiskalischen Beigeschmack, da die nach § 6 des Tarifs 0,50 bis 9 Mark kostende beglaubigte Abschrift ertheilt werden muß.

§ 121.

Ueber die Eintragung einer Vormerkung über Eintragungen in der zweiten, Veränderungen und Löschungen in der zweiten und dritten Abtheilung erhalten die Betheiligten und die Behörde, welche die Eintragung nachgesucht hat, von dem Grundbuchamt eine Benachrichtigung, welche die Eintragungsformel wörtlich enthält. Zu den Betheiligten gehört immer der eingetragene Eigenthümer.

§ 122.

Ueber die Eintragungen der Hypotheken werden Hypothekenbriefe, über die Eintragungen der Grundschulden Grundschuldbriefe ausgefertigt und dem Eigenthümer des Grundstücks oder der Behörde, welche die Eintragung nachgesucht hat, eingehändigt.[1] Im letzteren Fall erhält der Eigenthümer eine Benachrichtigung. Mit dem Hypothekenbrief wird die Schuldurkunde durch Schnur und Siegel verbunden. Ein Verzicht auf die Ausfertigung des Hypothekenbriefs ist zulässig;[2] auf die Ausfertigung des Grundschuldbriefs darf nicht verzichtet werden.

1. Im Falle des § 9 Zwangsv.Ges. an den Gläubiger.

2. Dem Antrage auf Aushändigung an den Eigenthümer zu Händen des Notars dürfte auf Grund einfachen Antrages des Notars stattzugeben sein, die Legitimation zur Stellung des Antrages liegt im Besitze der der Eintragung zu Grunde liegenden Urkunde. Die Aufnahme dieses Antrages in die Urkunde erscheint bedenklich, da der Notar alsdann etwas ihn selbst Betreffendes zu beglaubigen hätte.

3. Bei Eintragung von Veränderungen ist Bildung eines Dokumentes nöthig (§ 129) es empfiehlt sich, den Eigenthümer, wenn ein Verzicht auf die Ausfertigung ausgesprochen wird, erklären zu lassen, daß der Gläubiger jeder Zeit die Ausfertigung solle beantragen dürfen. Auf die Ausfertigung eines Grundschuldbriefes darf nicht verzichtet werden. Vgl. oben S. 20 § 20 Eig Ges.

4. Betreff der Stempelpflicht der Abschriften der Schuldurkunden siehe oben S. 125 Note 1 zu § 83 und die Note zu § 7 des Tarifs unten.

5. Retentionsrecht der Gerichtskasse an den Urkunden siehe § 6 des Kostentarifs Note 1.

§ 123.

Wird auf Ausfertigung eines Hypothekenbriefs verzichtet, so erhalten der Eigenthümer und der Gläubiger eine Benachrichtigung nach Vorschrift des § 121.

§ 124.

Der Hypotheken- und der Grundschuldbrief besteht aus der Ueberschrift, dem vollständigen Eintragungsvermerk[1] derjenigen Post, für welche er ausgefertigt wird, den für die Prüfung der Sicherheit der Post erheblichen Nachrichten aus dem Grundbuchblatt oder Artikel und der Unterschrift des Grundbuchamts mit Datum und Siegel (Anlagen D. E. F. G.).

D.E.F.G.

1. Die Namen des Richters und des Gerichtsschreibers unter den Eintragungsvermerken brauchen nicht mit aufgenommen zu werden. 29. Dez. 1880, K. 2 S. 166. (Vgl. die Formulare Anlage D. und H.)

§ 125.

Bei Gesammthypotheken und Gesammtgrundschulden werden von allen verhafteten Grundstücken, welche ein besonderes Blatt im Grundbuch haben, die Hypotheken- und Grundschuldbriefe ausgefertigt, und mit einander durch Schnur und Siegel verbunden.

Bei der Gesammthaft solcher Grundstücke, welche einen gemeinschaftlichen Artikel im Grundbuch haben, wird nur ein Hypotheken- und Grundschuldbrief ausgefertigt. In demselben sind die einzelnen mithaftenden Grundstücke anzugeben (Anlage H.).

H.

§ 126.

Die Ueberschrift lautet:

Preußischer Hypothekenbrief, Preußischer Grundschuldbrief,

und enthält eine Angabe des Grundbuchs nach Ort und Band der Nummer des Grundbuchblattes oder Artikels, die Bezeichnung des Grundstücks und der Post, für welche die Urkunde ausgefertigt wird.

§ 127.

Die Nachrichten enthalten:

1) aus dem Titel des Blattes oder der ersten Abthei-

lung des Artikels: die Bestandtheile und Zubehörungen des Grundstücks mit ihrer Größenangabe nach dem Grundsteuerbuch, den Grundsteuer-Reinertrag oder den Nutzungswerth und die Abschreibungen mit gleicher Angabe ihrer Größe, ihres Reinertrages oder Nutzungswerthes;

2) aus der ersten Abtheilung des Blattes oder dem Titel des Artikels: den vollständigen Namen des Eigenthümers, seinen Stand, Wohn- oder Aufenthaltsort; die letzten nicht zehn Jahre zurückliegenden Erwerbspreise, falls solche im Grundbuchblatt vermerkt sind, sowie die etwa eingetragene Taxe und Versicherungssumme mit Angabe der Jahreszahl;

3) aus der zweiten Abtheilung in möglichster Kürze die Beschränkungen und Lasten;

4) aus der dritten Abtheilung die einzelnen Summen und die Fünf vom Hundert übersteigenden[1] Zinssätze der vor- oder gleichstehenden Posten,

mit kurzer Angabe, welche Nummern der zweiten und dritten Abtheilung gelöscht sind.

1. Der Gläubiger muß gewärtig sein, daß 5 Prozent schon eingetragen sind oder noch eingetragen werden. Vgl. oben S. 26 § 25 Eig.Ges.

§ 128.

Auf Antrag des Eigenthümers ist dem Grundschuldbrief ein Zinsquittungsbogen beizulegen, auf welchem die einzelnen Zinsquittungen für einen fünfjährigen Zeitraum, mit dem Stempel des Grundbuchamts versehen, enthalten sind.

Auf dem Grundschuldbrief ist zu vermerken, ob und für welche Zeit Zinsquittungsscheine ertheilt sind.

Nach Verbrauch der einzelnen Quittungsscheine ist der Inhaber des Grundschuldbriefs berechtigt, die Ertheilung eines neuen Zinsquittungsbogens nachzusuchen.

Ueber das seltene Vorkommen von Zinsquittungsscheinen siehe oben S. 35 Note 3 zu § 39 Eig.Ges.

§ 129.

Die bei einer Hypothek oder Grundschuld eingetragenen Veränderungen und Löschungen werden von dem Grundbuchamt (Amtsgericht) auf dem Hypotheken- oder Grundschuldbrief unter Beifügung des Siegels vermerkt.

Wird bei einer Post, über welche bisher ein Hypothekenbrief[1] nicht ausgefertigt war, eine Veränderung[2] eingetragen, so muß[3] die nachträgliche Bildung des Hypothekenbriefs[4] erfolgen.

1. Ein Grundschuldbrief muß vorhanden sein. § 122.
2. Ebenso bei der Pfändung. 15. Febr. 1883, K. 4 S. 210.
3. Verzicht ist unzulässig. 25. Mai 1879, K. 1 S. 86.
4. Wenn schon eine Hypothekenurkunde nach Vorschrift der älteren Gesetze gebildet ist, bedarf es nicht der Bildung eines Hypothekenbriefes nach der G.B.O. 10. Aug. 1885, K. 6 S. 114.

§ 130.

Bedarf der Hypotheken- oder Grundschuldbrief[1] einer Erneuerung, so ist das ursprüngliche Exemplar von dem Grundbuchamt durch Zerschneiden zu vernichten und bei den Grundakten zurückzubehalten. Bei der Ausfertigung des neuen Exemplars werden Vermerke, die für die gegenwärtige Gültigkeit des Hypotheken- oder Grundschuldbriefs ohne Erheblichkeit sind, sowie gelöschte Eintragungen in der zweiten und dritten Abtheilung, und ältere Abtretungen weggelassen.

1. Vgl. § 94 (wesentlich ist nur der Hypothekenbrief, nicht die Urkunde).

§ 131.

Der Grundbuchrichter und der Buchführer haften für die Uebereinstimmung der Angaben des Hypotheken- oder Grundschuldbriefs mit dem Inhalt des Grundbuchs und haben diese Urkunden, sowie alle späteren Vermerke des Grundbuchamts, auf denselben zu unterschreiben.

Fünfter Abschnitt.

Von der Wiederherstellung zerstörter, sowie von Anlegung neuer Grundbücher.

§ 132.

Sind die Grundbücher eines Orts oder Bezirks zerstört oder verloren gegangen, so erfolgt deren Wiederherstellung auf Grund eines Gesetzes.

Gesetz, betr. eine Abänderung der Grundbuchordnung Vom 14. März 1882 (G.S. S. 121)

Ist ein Grundbuch zerstort oder verloren gegangen, so erfolgt dessen Wiederherstellung auf Grund einer Königlichen Verordnung. In der Verordnung konnen zugleich in Betreff der Grundstücke, welche in dem zerstorten oder verloren gegangenen Grundbuch verzeichnet gewesen sind, Bestimmungen erlassen werden:

1) fur die Zeit bis zur Wiederherstellung des Grundbuchs, uber die freiwillige Veräusserung, uber die Belastung und über die Eintragung von Vormerkungen, sowie uber die Feststellung eines Verzeichnisses der Personen, welche bei einer Zwangsversteigerung an Stelle der aus dem Grundbuch ersichtlichen Betheiligten zu berücksichtigen sind;
2) über die Amortisation der gleichzeitig mit dem Grundbuch zerstörten oder verloren gegangenen Hypothekenurkunden und Grundschuldbriefe.

Urkundlich etc.

§ 133.

Sind für einen bestimmten Ort überhaupt oder für einzelne Grundstücke noch keine Bücher angelegt, so kommen zunächst die in den einzelnen Provinzen ergangenen besonderen gesetzlichen Vorschriften zur Anwendung.

§ 134.[1]

Im Uebrigen gelten unbeschadet der besonderen für das Bergrecht erlassenen Bestimmungen folgende Vorschriften:

Die Anlegung des Grundbuchblatts erfolgt nur auf Antrag des Eigenthümers oder Derjenigen welche die Eintragung des Eigenthümers zu verlangen befugt sind.

Dem Antrag ist ein beglaubigter Auszug aus dem Steuerbuch beizufügen.

1. Für das Verfahren des Grundbuchrichters bei Anträgen auf Eröffnung eines Grundbuchblattes für ein noch nicht zum Grundbuch übernommenes Grundstück sind ausschließlich §§ 134 ff. maßgebend, ohne daß es darauf ankommt, ob der Erwerbstitel des Besitzers aus der Zeit nach dem 1. Oktober 1872 herrührt und ob ein Grundbuchblatt für den Vorbesitzer angelegt werden kann oder nicht. Die materiell-rechtliche Vorschrift im letzten Satze des § 49 G.B.O. ist nur für die Frage des Eigenthumserwerbes, nicht für die Eintragung des die Voraussetzungen des § 135 nachweisenden Besitzers maßgebend. 28. April 1884, K. 5 S. 107.

§ 135.

Die Eintragung des zur Zeit der Anlegung des neuen Grundbuchblatts vorhandenen Eigenthümers erfolgt, wenn derselbe:

1) das Grundstück in einer gerichtlichen Zwangsversteigerung erstanden hat;

2) wenn er ein Ausschlußerkenntniß[1] erwirbt. Jeder Besitzer, welcher durch eine Bescheinigung der Ortsbehörde nachweist, daß er das Grundstück eigenthümlich besitze, oder welcher den Erwerb des Grundstücks durch eine öffentliche Urkunde bescheinigt, ist berechtigt, auf Erlaß des Aufgebots nach Maßgabe der Subhastationsordnung (§§ 20 ff. des Ausführungsgesetzes zur C.P.O. vom 24. März 1879 und §§ 823 ff. der C.P.O.) anzutragen;

3) wenn der Besitzer außer dem Fall des Aufgebots durch Urkunden, Verfügungen und Bescheinigungen öffentlicher Behörden oder durch Zeugen glaubhaft macht, daß er das Grundstück entweder seit vierundvierzig Jahren oder aus dem Titel, der an

sich zur Erlangung des Eigenthums geschickt ist (§ 579 I. 9 des Allgemeinen Landrechts), seit zehn Jahren besitze. Auf die formelle und materielle Gültigkeit des Titels kommt es nicht an.

Bei einem kürzeren Besitzstand muß der Uebergang auf den Besitzer durch einen zur Erwerbung des Eigenthums nach Vorschrift des Allgemeinen Landrechts an sich geeigneten, dem Inhalt und der Form nach gültigen Titel nachgewiesen und,

entweder dargethan werden, daß der unmittelbare Vorbesitzer selbst schon einen Titel für sich hatte, der nach den damals geltenden Gesetzen an sich zur Erwerbung des Eigenthums geschickt war,

oder durch Urkunden, Zeugen oder Bescheinigungen öffentlicher Behörden glaubhaft gemacht werden, daß der jetzige und der Vorbesitzer das Grundstück überhaupt zehn Jahre lang besessen haben.

1. Das nach § 135 ergehende Urtheil erfolgt unter der Voraussetzung, daß das aufgebotene Grundstück noch nicht eingetragen ist, beseitigt aber nicht im Grundbuch eingetragene Rechte. Stellt sich daher nachträglich heraus, daß das aufgebotene Grundstück bereits eingetragen ist, so ist dem Urtheil die Wirkung des § 135 nicht beizumessen. 28. Febr. 1881, K. 2 S. 171.

Ein von einer öffentlichen Behörde (der Ortsvorsteher ist eine solche, Kreisordnung v. 13. Dez. 1872 § 29. K. 1 S. 92 App.Ger. Naumburg) ausgestelltes Besitzzeugniß erfordert keine Nachprüfung des thatsächlichen Inhalts seitens des Grundbuchrichters. 8. Juni 1885, K. 6 S. 83.

§ 136.

Mit Ausnahme des § 135 Nr. 2 bedarf es des Aufgebots der dinglich Berechtigten nicht. Diejenigen Berechtigten, welche sich mit ihren Anträgen bei dem Grundbuchamt gemeldet haben, werden in die nach drei Abtheilungen anzulegenden Anmeldebogen eingetragen.

§ 137.

Gründet sich der zur Eintragung angemeldete Anspruch nicht auf öffentliche vom Eigenthümer ausgestellte Urkunden, so ist dieser darüber zu vernehmen.

Erkennt er den Anspruch an, so wird derselbe in den Anmeldebogen aufgenommen. Bestreitet er den Anspruch, so muß der Anmeldende zum Rechtsweg verwiesen werden. Eine Eintragung im Anmeldebogen findet in diesem Fall nur auf Ersuchen des Prozeßrichters statt.

§ 138.

Die angemeldeten und anerkannten und die auf Ersuchen des Prozeßrichters aufzunehmenden Ansprüche der zweiten und dritten Abtheilung werden nach den zur Zeit ihrer Entstehung geltenden Gesetzen, oder, wenn sich hiernach ihre Reihenfolge nicht bestimmen läßt, nach der Zeitfolge ihrer Anmeldungen eingetragen.

§ 139.

Die Eintragung in das Grundbuch erfolgt, sobald der Eigenthümer den zur Eintragung seines Eigenthums nach § 135 erforderlichen Nachweis geführt hat.

§ 140.

Wegen der Erwerbung von dinglichen Rechten auf Grundstücke, die in dem Grundbuch des Orts noch nicht eingetragen sind, bleibt es bei den Bestimmungen der Verordnung vom 16. Juni 1820 und der Deklaration vom 28. Juli 1838.

Verordnung vom 16. Juni 1820, die Erwerbung und Ausübung der Realrechte auf Grundstücke, insbesondere der Hypothekenrechte, bei nicht vollständig eingerichtetem Hypothekenwesen betreffend. (G S. S. 106)

§ 1. Wer auf ein in einem solchen Gerichtsbezirk gelegenes Grundstück künftig irgend einen Titel zu einer Hypothek erwirbt, hat denselben sofort zum Behuf der künftigen Eintragung bei der Hypothekenbehörde anzumelden, und derselben seine Urkunden und Beweismittel zu übergeben.

§ 2. Die Hypothekenbehörde wird hierdurch angewiesen, den angemeldeten Titel nicht bloss für die künftige Eintragung genau aufzuzeichnen, sondern auch sofort zu prüfen, ob die Hypothek zur Eintragung schon geeignet ist, und in diesem Falle demjenigen, welcher die Eintragung sucht, eine Rekognition darüber unter dem Originalinstrumente, worin die Hypothek bestellt worden ist, auszufertigen, sodann aber sämmtliche Urkunden und Beweismittel dem Gläubiger zurückzugeben.

§ 3. Ist in der vergangenen Zeit eine solche Anmeldung und Bescheinigung bereits vorgekommen, so soll dieselbe gleichfalls die in dieser Verordnung enthaltenen Rechte und Vorzüge geniessen.

§ 4. Ist in einem solchen Fall zwar die Anmeldung bereits geschehen, jedoch die Prüfung und Bescheinigung von Seiten der Hypothekenbehörde noch nicht hinzugekommen (welches vorzüglich in den neuen oder wiedererworbenen Provinzen der Fall ist), so soll diese Prüfung und Bescheinigung noch jetzt auf Verlangen des Gläubigers unverzüglich nachgeholt werden.

§ 5. In allen diesen Fällen erwirbt der Gläubiger durch diese Anmeldung und Bescheinigung das Recht:

a) seine Ansprüche gegen dritte Besitzer zu verfolgen;
b) auf Eintragung ins Hypotheken(Grund)buch, bei dessen künftiger Vollendung, nach dem Zeitpunkt der geschehenen Anmeldung;
c) bei einem, wenngleich vor der Vollendung des Hypotheken(Grund)buchs ausbrechenden Konkurse auf (abgesonderte Befriedigung nach § 39 der Konkursordnung) Ansetzung in die dritte Klasse, gleichfalls nach dem Zeitpunkt der geschehenen Anmeldung.

§ 6. Der nach b und c des vorigen Paragraphen an die Zeit der Anmeldung geknüpfte Rang soll jedoch in Unsern neuen oder wiedererworbenen Provinzen für diejenigen Fälle eine Ausnahme leiden, in welchen eine solche neuerrichtete Hypothek mit einer alten (d. h. vor Einführung Unserer Hypothekenordnung entstandenen) Hypothek konkurrirt. Ist nämlich in einem solchen Falle die alte Hypothek nur überhaupt innerhalb des durch das Hypothekenpatent vorgeschriebenen Präklusivtermins angemeldet worden; so soll sie der neuerrichteten schlechthin vorgehen, selbst wenn diese früher als jene angemeldet sein sollte.

§ 7. Jeder Gläubiger, welcher die in der gegenwärtigen Verordnung enthaltenen Rechte geltend machen will, muss erforderlichen Falls das Eigenthum desjenigen, von welchem er seine Hypothek herleitet, nachweisen, und wird von diesem Beweise durch die ihm in Gemässheit des § 2 ertheilte Rekognition nicht befreit.

§ 8. Verlangt ein Gläubiger, welchem auf Grund der gegenwärtigen Verordnung ein Hypothekenrecht zusteht, die Subhastation eines Grundstücks, so soll dabei nach den Vorschriften der A.G.O. Thl. I Tit. 51 § 99 (§§ 188) und folgenden (des Gesetzes, betreffend die Zwangsvollstreckung in das unbewegliche Vermögen vom 13. Juli 1883, G.S. S. 131) verfahren werden.

§ 9. Alle Bestimmungen Unserer Gesetze, welche mit dem Inhalt der gegenwärtigen Verordnung im Widerspruch stehen würden, und namentlich die §§ 411 und 412 des A.L.R. Thl. I Tit. 20, sowie der § 394 der A.G.O. Thl. I Tit. 50, sollen in den oben bezeichneten Gerichtsbezirken noch zur Zeit nicht in Anwendung kommen, indem Wir alle diese Gesetzesstellen hierdurch dahin erklären, dass darin andere Verhältnisse, als für welche die gegenwärtige Verordnung erlassen wird, vorausgesetzt sind.

§ 10. Sobald in einem solchen Gerichte das Hypotheken-(Grund)buch vollendet ist, hat das Gericht diese Vollendung in dem Amtsblatt der Regierung bekannt zu machen. Mit dieser Bekanntmachung hört für die betreffenden Grundstücke in einem solchen Gerichtsbezirk die im § 9 ausgesprochene Suspension auf.

§ 11. Sämmtliche Gerichte werden hierdurch ernstlich erinnert, die Vollendung der noch fehlenden Hypothekenbücher möglichst zu beschleunigen.

Urkundlich haben wir diese Verordnung eigenhändig vollzogen und mit Unserem Königlichen Insiegel bedrucken lassen

So geschehen Berlin, den 16. Juni 1820.

(L. S.) Friedrich Wilhelm.

Deklaration der Verordnung vom 16. Juni 1820, die Erwerbung und Ausübung der Realrechte auf Grundstücke, insbesondere der Hypothekenrechte, bei nicht vollständig eingerichtetem Hypothekenwesen betreffend. Vom 28. Juli 1838. (G.S. S. 428)

Wir, Friedrich Wilhelm etc. etc, haben uns vortragen lassen, dass über den Sinn der Verordnung vom 16. Juni 1820, betreffend der Erwerbung und Ausübung der Realrechte auf Grundstücke, insbesondere der Hypothekenrechte bei nicht vollständig eingerichtetem Hypothekenwesen (Gesetzsammlung

Seite 106) verschiedene Meinungen in den Gerichten entstanden sind. Zur Beseitigung dieser Zweifel und zur Feststellung des wahren Sinnes des angeführten Gesetzes verordnen Wir auf den von Unseren Justizministern im Einverständnisse mit dem Staatsministerium gemachten Antrag und nach erfordertem Gutachten Unseres Staatsraths wie folgt:

§ 1. Die Verordnung vom 16. Juni 1820 ist auf jedes einzelne Grundstück bis zu seiner Eintragung in das Hypotheken-(Grund)buch anwendbar, ohne Unterschied, ob andere, in demselben Gerichtsbezirke befindliche Grundstücke in das Hypotheken(Grund)buch dieses Gerichtsbezirks bereits eingetragen sind, oder nicht.

§ 2. Die in dem § 2 derselben Verordnung enthaltenen Worte: unter dem Original-Instrumente, gehören zwar zu den Vorschriften über das Verfahren, welches der Hypothekenrichter zu beobachten angewiesen ist, aber nicht zu den nothwendigen Formen, ohne deren Beobachtung der eingetragene Gläubiger die im § 5 bestimmten Rechte nicht erlangen kann. Es stehen demselben vielmehr diese Rechte auch dann zu, wenn die Rekognition nicht auf dem Original-Instrumente vermerkt, sondern besonders ertheilt worden ist.

Urkundlich unter Unserer Höchsteigenhändigen Unterschrift und beigedrucktem Königlichen Insiegel.

Gegeben Berlin, den 28. Juli 1838.

(L. S.) Friedrich Wilhelm.

Beglaubigt: Düesberg.

Sechster Abschnitt.

Von den Kosten.

§ 141.

Die Kosten für die Bearbeitung der Grundbuchsachen werden nach dem beigefügten Tarif[1] erhoben. Die Bestimmungen des letzteren treten in den Fällen, wo nach der gegenwärtigen Grundbuchordnung verfahren wird, an die Stelle der §§ 25 bis 32 des Gerichtskostentarifs vom 10. Mai 1851 und des Artikels 17 des Gesetzes vom 9. Mai 1854.

1. Siehe unten hinter den Formularen.

§ 142.

Die Stempelabgaben für die bei dem Grundbuchamt vorgenommenen Geschäfte und gestellten Anträge werden nach dem besonderen hierüber erlassenen Gesetze erhoben.

Vgl. unten Stempel.Ges.

Siebenter Abschnitt.

Schlußbestimmung.

§ 143.

Die Grundbuchordnung tritt mit dem 1. Oktober 1872 in Kraft.

Mit diesem Tage werden die Hypothekenordnung vom 20. Dezember 1783 und alle dieselbe ergänzenden und abändernden Gesetze aufgehoben.

Urkundlich unter Unserer Höchsteigenhändigen Unterschrift und beigedrucktem Königlichen Insiegel.

Gegeben Berlin, den 5. Mai 1872.

(L. S.) Wilhelm.

Fürst v. Bismarck. Gr. v. Roon. Gr. v. Itzenplitz. v. Selchow. Gr. zu Eulenburg. Leonhardt. Camphausen. Falk.

Formulare zur Grundbuchordnung.

For

(§ 7 der G

Grundbuch von G

Blatt Nr. 1.

Grundsteue

Bezeichnung des Grundstücks.

№	Bestandtheile.	Grundsteuer-mutter-rolle.	Größe. Hektar.	Ar.	□ Met.	Reinert… Nutzun… werth Thlr. Mark.
1.	Das Gut Schlebach	1	600	30	5	
2.	Das Vorwerk Neu-Schlebach	5	40	14	.	
3.	Der im Bezirk des Grundbuchamts zu N. belegene Forst »die großen Kiefern« (Bd. IV Bl. 2 des Grundbuchs zu N.)	4	35	.	40	
4.	Der Steinacker	6	.	25	.	
5.	(Hier folgen weitere Zuschreibungen.)					

[1]) Es muß heißen: Art. Nr. . . .

Anlage A.

r I.

)ordnung.)

h, Kreis Liebstadt.

gut Schlebach.

t.... Nr....[1])

Abschreibungen.

Bezeichnung des Theilstücks.	Grundsteuermutterrolle.	Größe. Hektar.	Ar.	□ Met.	Reinertrag. Nutzungswerth. Thlr. Mark.	Cent.
. Die Zinsen und Dienste der Bauern zu Schlebach sind gegen ein Kapital von 700 Thlrn. abgelöst. Vermerkt am .... F. N.						
. Die Otterwiese .... übertragen auf Bl. 14 Bd. III des Grundbuchs von Schlebach am .... F. N.	27	.	8	37	1	29

Erste Abtheilung.

№	Eigenthümer.	Zeit und Grund des Erwerbes.	Werth.	Thlr. Mark.	Sgr.	Pf.
*) 1.	Philipp Moritz von Gutendorf zu Schlebach, Major a. D.	Auf Grund der Erbbescheinigung v. 3. April 1858 eingetragen am . . . . F. N.	Taxe vom 3. Oktober 1865 . . .	137,500	.	.
2.	Johann Heinrich von Beuthen zu Schlebach, Königl. Landrath.	Aufgelassen und eingetragen am 1. Juli 1867. F. N.	Preis vom 1. Juli 1867	140,000	.	.
			Wohnhaus, Hof- und Wirthschaftsgebäude sind am 1. Januar 1870 gegen Feuersgefahr versichert mit	10,580	.	.
		Der »Steinacker« (Nr. 4 des Titelblatts) ist von Blatt 7 Bd. II des Grundbuchs von Schlebach hierher als Zubehör übertragen am . . . . F. N.				

*) Die punktirten Linien bedeuten rothe Linien. (Anmerkung im Gesetze.)

Zweite Abtheilung.

№	Betrag. Thlr. Mark.	Sgr.	Pf.	Dauernde Lasten und Einschränkungen des Eigenthums.	Veränderungen. Ein-tragung.	Löschung.	Löschungen. №	
1.	5	.	.	Fünf Thaler unablöslicher Zins für die Kirche zu Schlebach. Eingetragen am .... F. N.				
2.	.	.	.	Ein Vorkaufsrecht für den Oekonom Heinrich Carl von Gutendorf auf 10 Jahre, bis 1. Juli 1877. Eingetragen auf Grund des Kaufvertrags vom 1. Juli 1867 am .... F. N.				
3.	.	.	.	Die nothwendige Subhastation ist eingeleitet. Eingetragen am .... F. N.			3.	Gelöscht am .... F. N.

Dri

№	Betrag. Thlr. Mark.	Sgr.	Pf.	1. Hypotheken und Grundschulden.	№	Thlr. Mark.	Sgr.
1.	20 000	.	.	Zwanzig Tausend Thaler Pfandbriefe der Fürstenthumslandschaft N., ausgefertigt unter den Nr. Nr. .... über je Eintausend Thaler. Eingetragen am .... F. N.			
2.	7 000 2 000 5 000	20 . 20	. . .	Sieben Tausend Thaler zwanzig Silbergroschen Darlehn, mit $4^1/_2$ Prozent jährlich vom 1. Juli 1858 verzinslich, gegen sechsmonatliche Kündigung am 1. Juli oder 1. Januar zahlbar, eingetragen für den ꝛc. zu ꝛc. auf Grund der Schuldurkunde vom .... am .... F. N.	2.	5 000	20
3.	5 000	.	.	Fünf Tausend Thaler Darlehn, mit $4^1/_2$ Prozent jährlich vom 1. Oktober 1858 verzinslich, gegen sechsmonatliche Kündigung am 1. April oder 1. Oktober zahlbar, eingetragen für den ꝛc. zu ꝛc. auf Grund der Schuldurkunde vom .... am .... F. N.			
4.	10 000	.	.	Zehn Tausend Thaler Darlehn, mit 5 Prozent jährlich vom 1. Januar 1859 verzinslich, gegen sechsmonatliche Kündigung zahlbar, eingetragen für den ꝛc. zu ꝛc. auf Grund der Schuldurkunde vom .... am .... F. N.	4.	10 000	.
5.	10 000	.	.	ꝛc.			
6.	10 000	.	.	ꝛc.			
7.	8 000	.	.	Vorgemerkt zur Erhaltung des Vorrechts einer Hypothek zum Betrage von acht Tausend Thalern für den ꝛc. zu ꝛc. am ...... F. N. Acht Tausend Thaler in eine Hypothek für eine Kaufgeldforderung umgeschrieben, verzinslich mit 5 Prozent vom 1. Oktober 1859 und zahlbar gegen sechsmonatliche Kündigung für den N. N. zu N. Eingetragen auf Grund rechtskräftigen Erkenntnisses des Kreisgerichts zu .... vom ...... am .... F. N.			
8.	6 000 1 000 5 000	. . .	. . .	Sechs Tausend Thaler[1]), mit $5^1/_2$ Prozent vom 1. Januar 1860 verzinslich und gegen sechsmonatliche Kündigung zahlbar, eingetragen für den ꝛc. zu ꝛc. auf Grund der Schuldurkunde vom .... am .... F. N.			
9.	5 000 1 000 4 000	. . .	. . .	Fünf Tausend Mark Grundschuld, mit $5^1/_2$ Prozent vom 1. Juli 1872 in halbjährigen Raten verzinslich, gegen sechsmonatliche, nicht vor dem 1. Juli 1875 zulässige Kündigung zahlbar, eingetragen für den Banquier Friedrich Klein zu Berlin am 2. Juli 1872. F. N.	9.	5 000 2 500	. .

[1]) Die Angabe des Schuldgrundes fehlt, wohl lediglich aus Versehen.

theilung.

2. Veränderungen. Eintragungen.	№	Löschungen.	№	3. Löschungen. Thlr. Mark.	Sgr.	Pf.	
den eingetragenen 7 000 Thlr. Sgr. mit den Zinsen vom 1. Januar 1859 abgetreten an den 2c. 2c. Eingetragen am .... F. N.			2.	2 000	.	.	Gelöscht am ...... F. N.
			2.	5 000	20	.	Gelöscht am ...... F. N.
			3.	5 000	.	.	Gelöscht am ...... F. N.
etreten an den Eigenthümer, önigl. Landrath Johann Heinrich n Beuthen zu Schlebach. Eingetragen am .... F. N.							
			8.	1 000	.	.	Gelöscht am ...... F. N.
etreten mit den Zinsen vom Januar 1883 an den Holzhändr Carl Gross zu Liebstadt. Eingetragen am .... F. N.							
den unter Nr. 9. eingetragenen							

Dri

№	Betrag. Thlr. Mark.	Sgr.	Pf.	1. Hypotheken und Grundschulden.	№	Thlr. Mark.	Sgr.
10.	1 000	.	.	Ein Tausend Mark Grundschuld, mit 5½ Prozent vom 1. Juli 1873 verzinslich und gegen sechsmonatliche Kündigung zahlbar, eingetragen für den ꝛc. zu ꝛc. mit dem Bemerken, daß diesen Eintausend Mark das Vorrecht vor denjenigen 1000 Mark eingeräumt ist, welche von der unter Nr. 9. eingetragenen Grundschuld dem Friedrich Gottlieb Gross zustehen, am 15. September 1873. F. N.	10.	1 000	.
					9.	500	.
					9.	2 000	.
11.	1 000	.	.	ꝛc.		1 000	.
						1 000	.

theilung.

2. Veränderungen.			3. Löschungen.				
Eintragungen.	№	Löschungen.	№	Thlr. Mark.	Sgr.	Pf.	
·00 Mark mit dem Vorzugsrecht r dem Ueberrest und mit den nsen vom 1. April 1873 abgetre- ı an den Hausbesitzer Julius Roll N. Eingetragen am .... F. N.							
ortsetzung siehe hinter Nr. 10.							
etreten an den 2c. zu 2c. mit den nsen von .... Ein- tragen am .... F. N.							
Fortsetzung von Nr. 9. gemerkt auf nigen 2500 k, welche dem händler Carl s zustehen, den Kauf- n Ferdinand ler zu Lieb- am 7. Mai . F. N. Die vorgemerkten 500 Mark sind mit den Zinsen vom 1. Juni 1873 und mit dem Vorzugsrecht vor den verbleibenden 2000 Mark abgetreten an den Kaufmann Ferdinand Müller zu Liebstadt. Eingetragen am 31. Mai 1873. F. N.							
der Theilung des Nachlasses des olzhändlers Carl Gross dem Fried- ·h Gottlieb Gross übereignet. ingetragen am .... F. N.			9.	1 000	.	.	Gelöscht am 15. September 1873. F. N.
unter Nr. 10 eingetragenen rundschuld von 1 000 Mark ist s Vorzugsrecht vor den unter r. 9. dem Friedrich Gottlieb Gross ch zustehenden 1 000 Mark ein- räumt worden. Eingetragen am . September 1873. F. N.							

Anlage B.

Formular II.

(§ 14 der Grundbuchordnung)

Grundbuch von Buchhain.

Band I. Artikel 1.

Eigenthümer: Landwirth Heinrich **Schmidt** zu Buchhain und dessen Ehefrau Anna Christiane, geb. **Kraut**.

Abtheilung I. Verzeich

Laufende №	Flur oder Gemarkung.	Flurbuch Fol. oder Kartenblatt №	Flurbuch № oder Parzelle №	Bezeichnung des Grundstücks. Lage.	Kulturart	Flächeninhalt Hektar	Ar.	□M.	Rei ertr ode Nutzu wer Thlr. Mark
1.	2.	3.		4.	5.	6.			7.
1.	Löber	295	157	Martinsbusch	Acker	1	8	10	1
2.	Sulze	.	131a	Schleifweg	Acker	1	.	60	5
3.	Schmidtstedt	300	71	Rothe Berg	Garten	.	10	41	4
4.	Schlettern	.	96	Im Dorfe	Haus	.	.	.	50
5.	Brühl	.	36	Hohes Feld	Acker	2	.	.	7
3.[1])	Schmidtstedt	300	71 [2])	Rothe Berg	Garten	.	2	10	.
6.	Brühl	11	99	Weinberg	Acker	1	.	5	4
7.	Eckstedt	91	40	Aue	Wiese	.	8	37	1
8.	Burbach	6	2	Fichten	Holzung	.	29	74	.
9.	Desgl.	3	7	Auf dem Sand	Acker	.	10	63	2
8a.	»	6	421/2	Fichten	Holzung	.	9	4	.
8b.	»	6	422/2	»	»	.	13	20	.
8c.	»	6	423/2	»	»	.	7	50	.

[1]) Es muß heißen: 3a (§ 63 G.B.O.) — [2]) Es müßte wohl heißen: x/71.

: Grundstücke.

Zeit und Grund des Erwerbes.	Erwerbspreis, Werth und Versicherung.	Abschreibungen.
8.	9.	10.
f Grund der Auflassung n 10. Juli 1869 einge= gen am 11. Juli 1869. N. N.	120 Thlr. E.[1])	Uebertragen Band . . . Blatt . . . Artikel . . .
fgelassen und eingetragen am 26. Juli 1869. N. N.	800 Thlr. W.[1])	Die Parzellennummer . . . übertragen Band . . . Blatt . . . Artikel . . .
fgelassen und eingetragen m 11. September 1870. N. N.	100 Thlr. E.[1])	Die Parzellennummer . . . übertragen Band . . . Blatt . . . Artikel . . . Rest unten, hinter Nr. 5.
f Grund der Erbbeschei= ung vom 8. Sept. 1870 ein= ragen am 19. Sept. 1870. N. N.	1500 Thlr. V. v. 3. Okt. 1870.	
u. s. w.		
		Nr. 8 ist getheilt. S. unten hinter Nr. 9.

[1]) Entgegen dem § 10 G.B.O. fehlt das Datum.

Abtheilung II. Dauernde Lasten

Laufende №	Betrag.			Bezeichnung des belasteten Grundstücks nach der laufenden № der I. Abtheil.	Dauernde Lasten und Einschränkungen des Eigenthums.	Betra[…]	
	Thlr. Mark.	Sgr. Fl.	Pf. Kr.			Thlr. Mark.	Sg[…] Fl.
1.	2.			3.	4.	5.	
1.	.	10sg.	.	1.	Auf № 1. zehn Silbergroschen jährlich zu Michaelis und fünf Silbergroschen Lehngeld in Kauffällen für die Kirche St. Mauritii S. Eingetragen am ..... A. B.		
2.	.	.	.	1.	Auf № 1. Altentheil für Anton Siegert zu Buchhain (Bl. 71. der Grundakten). Eingetragen am ..... A. B.	.	.
3.	.	5	.	2.	Auf № 2. fünf Silbergroschen jährlich zu Neujahr für Max Blaubart in Buchhain. Eingetragen am ..... A. B.		
4.	1	.	.	3.	Auf № 3. einen Thaler jährlich zu Johannis für die Stadtkasse zu ... Eingetragen am ..... A. B.	.	.
5.	.	.	.	3. 4. 5. 6. 7. 8a. b. c. 9.	Die nothwendige Subhastation № 3 4. 5. 6. 7. 8a. b. c. 9. ist eingeleitet. Eingetragen am ..... A. B.		

...aschränkungen des Eigenthums.

Veränderungen.		Löschungen.				
Eintragungen.	Löschungen	Betrag. Thlr. Mark.	Sgr. Fl.	Pf. Xr.	zu №	
7.	8.	9.			10.	11.
		.	10sg.	.	1.	Uebertragen (s. Abtheil. I. № 1.). Eingetragen am .... A. B.
Das Vorzugsrecht für die Post Abth. III № 1. Eingetragen am ..... A. B.	Gelöscht am .... A. B.	.	.	.	2.	Uebertragen (s. Abtheil. I. № 1.). Eingetragen am .... A. B.
		.	5	.	3.	Gelöscht am ..... A. B.
					4.	Uebertragen (s. Abtheil. I. № 3.). Eingetragen am .... A. B.
					3 4. 5. 6. 7. 8 a. b. c. 9.[1])	Gelöscht am ..... A. B.

[1]) Es müßte heißen: 5. Die laufende Nummer 5 ist gelöscht, statt dieser Nummer versehentlich die Nummern der belasteten Grundstücke angegeben.

Abtheilung III. Hypothek

Laufende №	Betrag. Thlr. Mark.	Sgr. Fl.	Pf. Xr.	Bezeichnung des belasteten Grundstücks nach der laufenden № der I. Abtheil.	Hypotheken und Grundschulden.	Betra Thlr. Mark.	Sgr. Fl.
1.	2.			3.	4.	5.	
1.	1000	.	.	1. bis mit 5.	Auf № 1. bis mit 5. Eintausend Thaler Kaufgeld, mit 5 Prozent Zinsen vom 1. Januar 1871, gegen dreimonatliche Kündigung, eingetragen für den Rentier Karl Schein zu Berlin auf Grund des Kaufvertrages vom 1. Oktober 1870 am 2. Oktober 1870. A. B.	500 .	. .
2.	400 200 200	. . .	. . .	1. 3. 4.	Auf № 1. 3. 4. Vierhundert Thaler Grundschuld, zu 6 Proz. vom 1. April 1871 verzinslich und sechsmonatliche Kündigung für den Rentmeister Friedrich Wald in Beeren. Eingetragen am ...... A. B.	.	.
3.	400	.	.	6. 7. 8.	Auf № 6. 7. 8. Vierhundert Mark Grundschuld, zu 6 Proz. vom 1. September 1873 verzinslich, gegen dreimonatliche Kündigung für den Bäcker Christian Müller zu Buchhain. Eingetragen am ...... A. B.	400	.
4.	600	.	.	4.	Auf № 4. Sechshundert Mark Kaution des Heinrich Schmidt für das von ihm verwaltete Vermögen seiner Kinder erster Ehe, Georg und Ludwig Schmidt, auf Grund der Urkunde vom 11. September 1873 eingetragen am .... A. B.		

n Grundschulden.

Veränderungen.		Löschungen.				
Eintragungen.	Löschungen	Betrag.			zu №	
		Thlr. Mark.	Sgr. Fl.	Pf. Xr.		
7.	8.	9.			10.	11.
Fünfhundert Thaler mit dem Vorzugsrechte vor dem Reste und mit Zinsen vom 1. Februar 1871 ab, cedirt an den Rentier Karl Hirsch in Berlin. Eingetragen am 2. Februar 1871. A. B.	Das Vorzugsrecht gelöscht am 2. Sept. 1872. A. B.					
Mit Grundstück 1. und den Parzellen vom Grundstück 2. und 3. übertragen Band . . . Blatt . . . A. B.						
Grundstück № 1. ist freigegeben. Eingetragen am . . . . . . A. B.		200	.	.	2.	Gelöscht am . . . A. B.
Mit den Parzellen von № 3. übertragen Band . . . Blatt . . . Eingetragen am . . . . . . A. B.						
für Georg Spiess, zu Buchhain, mit Arrest belegt. Eingetragen am . . . . . . A. B.	Gelöscht am . . . . A. B.					

For

(§ 17 der G

Gr

der im Kreise N. N. in der Gemeind

I. Beschreibung

Zufolge der von dem Königlichen Handelsministerium zu Berl einer Fundgrube von 42 Lachtern Länge und zwei Maßen, jede zu 28 Lac ins Liegende, auf einen in Stunde 7 streichenden nach Süden mit 60

Eingetragen zufolge Verfügung vom 1. Februar 1871.

II. Zubehörs

Bezeichnung des Grundstücks.							
№	Bestandtheile.	Grund- steuer- mutter- rolle.	Größe.			Reinertra Nutzungswe	
			Hek- tar	Ar.	□ Met.	Thlr. Mark.	G
1.	Ackerland, jetzt Niederlage- platz	4					

Anlage C.

: III.

ordnung.)

h

gelegenen Eisensteingrube **Glückauf.**

rellen Eigenthums.

ten Beleihungsurkunde vom 1. Januar 1861 ist die Gewerkschaft mit
ge, mit der Vierung von 3½ Lachter ins Hangende und 3½ Lachter
llenden Silber- und Bleierz führenden Gang, beliehen worden.

Bergwerks.

Abschreibungen.						
Bezeichnung des Theilstücks.	Grundsteuermutterrolle.	Größe.			Reinertrag. Nutzungswerth.	
		Hektar.	Ar.	□ Met.	Thlr. Mark.	Cent.

III. Dauernde Lasten, Beschränkungen des Eigenth

№	Betrag			Dauernde Lasten und Einschränk des Eigenthums.
	Thlr. Mark.	Sgr.	Pf.	
1.	100	.	.	Einhundert Thaler jährliche Förd für die angrenzende Grube Gott
2.	1000	.	.	Ein Tausend Thaler unverzinsliche lehn für die Bergbau-Hilfs Bonn. Eingetragen auf Grund der urkunde vom .... am ... F. N.

dingliche Rechte, welche auf dem ganzen Bergwerk haften.

Veränderungen.		Löschungen.	
Eintragung.	Löschung.	№	

Erste Abtheilung.

Laufende №	Primordial-№	Eigenthümer.	Zeit und Grund des Erwerbes.	Anzahl der Kuxe.	Werth.	Thlr. Mark.	Sgr.	Pf.
1.	.	Kaufmann Wilhelm Kraft zu Siegen. № 3. 4.	Auf Grund der Beleihungs-Urkunde vom 1. Januar 1861 und des Konstituirungs-Protokolls vom 15. Januar 1861. Eingetragen am .... F. N.	64				
2.	.	Landwirth Peter Kamp zu Kirchen.	Aufgelassen und eingetragen am ...... F. N.	64				
3.	1.	Bergmann Heinrich Hebeler zu Herdorf.	Aufgelassen und eingetragen am ...... F. N.	30	Protokoll vom 15. Januar 1871	100	.	.
4.	1.	Kaufmann Wilhelm Kraft zu Siegen.	Uebertragen von № 1 als Rest am . .... F. N.	34				

Zweite Abtheilung.

Laufende Nr. des Antheils.	Primordial-№	Betrag. Thlr. Mark.	Sgr.	Pf.	Dauernde Lasten und Einschränkungen des Eigenthums.	Veränderungen. Eintragung.	Löschung.	Löschungen. №	
3.	1.	50	.	.	Fünfzig Thaler jährliche Alimentengelder auf die Lebenszeit für die Wittwe Peter Hebeler, Margarethe geb. Kraft zu Herdorf, aus dem Vertrage vom .... Eingetragen am .... F. N.				

Dr

Laufende Nr. des Antheils.	Primordial-№	Betrag.			1. Hypotheken und Grundschulden.			
		Thlr. Mark.	Sgr.	Pf.		№	Thlr. Mark.	Sgr.
4.	1.2.3.[1])	100	.	.	Einhundert Mark Gruudschuld, verzinslich zu 4 Prozent vom 20. Januar 1871, zu jeder Zeit freistehender Kündigung, zahlbar für die Wittwe Heinrich Müller zu N. N. Eingetragen am ...... F. N.	4.	50	.

[1]) Die Nummern 2 und 3 sind irrthümlich angegeben, nach Abtheilung 1 h die laufende Nummer 4 die Primordialnummer 1.

theilung.

2.			3.			
Veränderungen.			Löschungen.			
Eintragungen.	№	Löschungen.	№	Thlr. Mark.	Sgr.	Pf.
nfzig Mark von den einge- genen 100 Mark mit den sen vom 21. Januar 1871 etreten an den rc. Eingetragen am ..... F. N.						

Anlage D.

(Adler.)

Preußischer Grundschuldbrief

über

die in dem Grundbuche von Schlebach Band I. Blatt 1. auf dem im Kreise Liebstadt gelegenen Rittergute Schlebach, Abtheilung III. Nr. 9. eingetragenen 5000 Mark.

Abtheilung III.

Nr. 9. 5000 Mark (in Worten) Grundschuld, mit 5½ Prozent Zinsen vom 1. Juli 1872 in halbjährigen Raten verzinslich, gegen sechsmonatliche, nicht vor dem 1. Juli 1875 zulässige Kündigung zahlbar, eingetragen für den Banquier Friedrich Klein zu Berlin, am 2. Juli 1872.

Noch gültig auf 2500 Mark. L, den 1. April 1873. F. N.

Noch gültig auf 2000 Mark. L., den 31. Mai 1873. F. N.

Noch gültig auf 1000 Mark. L., den 15. September 1873. F. N.

Dem Grundschuldbrief sind Zinsquittungen für die Zeit vom .... bis .... beigefügt; oder. Dem Grundschuldbrief sind Zinsquittungen nicht beigefügt.

Bestandtheile des Ritterguts Schlebach:

1.	das Gut Schlebach......	600 Hektar	30 Ar.	5 □ Met.
2.	das Vorwerk Neu-Schlebach.	40 »	14 »	— »
3.	der unter dem Grundbuchamt zu N. belegene Forst »die großen Kiefern«	35 »	— »	40 »
4.	der Steinacker.........	— »	25 »	— »

Abschreibungen:

1. Die Zinsen und Dienste der Bauern zu Schlebach sind gegen ein Kapital von 700 Thlrn. in Rentenbriefen abgelöst.
2. Die Otterwiese, 8 Ar. 37 □ Meter groß, zu einem Reinertrag von 1 Thlr. 29 Dez.[1]) veranlagt, ist abgeschrieben.

Grundsteuer-Reinertrag: ... Thlr. ... Cent. Eingetragen im Grundsteuerbuche Art. ... Nr.[2]) ...

---

[1]) Irrthum für: Cent.
[2]) Es muß heißen: Art.Nr. ...

Nutzungswerth: . . . Thlr. . . . Cent. Eingetragen im Gebäudesteuerbuche Nr. . . .

Eigenthümer: Landrath Johann Heinrich von Beuthen zu Schlebach.

Erwerbspreise: 140,000 Thlr. im Jahre 1867, oder: sind nicht angegeben.

Eingetragene Taxe vom 3. Oktober 1865: 137,500 Thlr.

Feuerversicherungssumme vom 1. Januar 1870: 10,580 Thlr.

Eingetragen sind:

I. in der zweiten Abtheilung:

1. 5 Thlr. unablöslicher Zins für die Kirche zu Schlebach,
2. ein vertragsmäßiges Vorkaufsrecht, bis zum 1. Juli 1877 gültig.

II. in der dritten Abtheilung:

1. 20,000 Thlr. landschaftliche Pfandbriefe,
2. und 3. gelöscht,
4. 10,000 Thlr.,
5. 10,000 Thlr.,
6. 10,000 Thlr.,
7. 8000 Thlr.,
8. 6000 Thlr.,
9. 5000 Mark, verzinslich mit $5^1/_2$ Prozent.[1])

Urkundlich ausgefertigt, Liebstadt den 2. Juli 1872.

Königliches Grundbuchamt (Amtsgericht).

(Siegel.) (Unterschriften.)

Vorstehende Grundschuld von 5000 Mark, Abtheilung III. Nr. 9., ist mit den Zinsen vom 1. Januar 1873 auf den Holzhändler Carl Groß in Liebstadt umgeschrieben.

Liebstadt, den 12. Dezember 1872.

Königliches Grundbuchamt (Amtsgericht).

(Siegel.) (Unterschriften.)

---

[1]) Dies ist überflüssig, da nach § 127 Nr. 4. (G.B.O.) nur vor- und gleichstehende Posten, nicht die Post selbst, über welche der Brief lautet, anzugeben sind.

Von vorstehenden 5000 Mark, Abtheilung III. Nr. 9., sind 2500 Mark mit dem Vorzugsrecht vor dem Ueberrest und mit den Zinsen vom 1. April 1873 an den Hausbesitzer Julius Roll in N. N. abgetreten, und ist dem Roll eine beglaubigte Abschrift dieses Grundschuldbriefes ertheilt worden.*)

Die Abtretung ist im Grundbuch vermerkt.

Liebstadt, den 1. April 1873.

Königliches Grundbuchamt (Amtsgericht).

(Siegel.) (Unterschriften.)

Auf vorstehende, Abtheilung III. Nr. 9., für den Holzhändler Carl Groß noch haftende 2500 Mark ist auf Ersuchen des Königl. Gerichts zu N. eine Verfügungsbeschränkung in Höhe von 500 Mark für den Kaufmann Ferdinand Müller zu Liebstadt vorgemerkt worden.

Liebstadt, den 7. Mai 1873.

Königliches Grundbuchamt (Amtsgericht).

(Siegel.) (Unterschriften.)

Die auf der, Abtheilung III. Nr. 9, für den Holzhändler Carl Groß noch haftenden Grundschuld von 2500 Mark für den Kaufmann Ferdinand Müller in Liebstadt vorgemerkten 500 Mark sind dem Letzteren mit Zinsen vom 1. Juni 1873 und mit dem Vorzugsrecht vor dem Ueberrest abgetreten worden, und ist ihm eine beglaubigte Abschrift dieses Grundschuldbriefes ertheilt worden.*)

Die Abtretung ist im Grundbuch vermerkt.

Liebstadt, den 31. Mai 1873.

Königliches Grundbuchamt (Amtsgericht).

(Siegel) (Unterschriften.)

Von den vorstehenden 2000 Mark, Abtheilung III. Nr. 9., sind 1000 Mark gelöscht worden.

Liebstadt, den 15. September 1873.

Königliches Grundbuchamt (Amtsgericht).

(Siegel) (Unterschriften)

---

*) Wenn die Theilabtretung vor einem Notar oder vor einem anderen Richter als dem Grundbuchrichter erfolgt, ist der Vermerk (Alinea 1.) von diesen auf die Urkunde zu setzen. (Anmerkung im Gesetz.)

Der, Abtheilung III. Nr. 10. eingetragenen, mit 5½ Prozent verzinslichen Grundschuld von 1000 Mark ist das Vorrecht vor den, Abtheilung III. Nr. 9. noch für Friedrich Gottlieb Groß haftenden 1000 Mark eingeräumt und dies im Grundbuch vermerkt worden.

Liebstadt, den 15. September 1873.

Königliches Grundbuchamt (Amtsgericht).

(Siegel.) (Unterschriften.)

Formular des Zinsquittungsbogen.

(Stempel des Grundbuchamts) Die am . . . . fälligen Zinsen von der, Abtheiluug III. Nr. 9., in dem Grundbuch von Schlebach Band I. Blatt 1. auf dem Rittergut Schlebach, Kreis Liebstadt, eingetragenen Grundschuld von 5000 Mark sind bezahlt.

u. s w.

Anlage E.

(Adler.)

Nachstehende Abschrift:

(inser. der Grundschuldbrief und die darauf gesetzten Vermerke bis einschließlich den Vermerk über die Theilabtretung.)

wird hiermit als Grundschuldbrief über die von der Post, Abtheilung III. Nr. 9., von 5000 Mark abgezweigten und dem Hausbesitzer Julius Roll zu N. N. abgetretenen 2500 Mark (i. W.) zum öffentlichen Glauben ertheilt.

Die Abtretung ist im Grundbuch vermerkt.

Liebstadt, den 1. April 1873

Königliches Grundbuchamt (Amtsgericht).

(Siegel.) (Unterschriften.)

Anlage F.

(Adler.)

Nachstehende Abschrift:

(inser. der Grundschuldbrief und die darauf gesetzten Vermerke bis einschließlich den Vermerk über die Theilabtretung von 500 Mark.)

wird hiermit als Grundschuldbrief über die von der Post, Abtheilung III. Nr. 9., von 2500 Mark, haftend für den Holzhändler Carl Groß, dem Kaufmann Ferdinand Müller zu Liebstadt abgetretenen 500 Mark (i. W.) zum öffentlichen Glauben ertheilt.

Die Abtretung ist im Grundbuch vermerkt.

Liebstadt, den 31. Mai 1873.

Königliches Grundbuchamt (Amtsgericht).
(Siegel.) (Unterschriften.)

Anlage G.

(Adler.)

Preußischer Grundschuldbrief

über

die in dem Grundbuch von Berlin, Band IV. Blatt 7. auf dem zu Berlin in der . . . . . . Straße Nr. 70 belegenen Hause in der dritten Abtheilung unter Nr. 5. eingetragenen 1000 Mark.

Dritte Abtheilung.

Nr. 5. 1000 Mark (i. W.) Grundschuld, vom Tage der Abtretung mit 5 Prozent verzinslich und mit sechsmonatlicher Kündigung zahlbar, eingetragen für den Eigenthümer Kaufmann Moritz Hayn am . . .

Dem Grundschuldbrief sind Zinsquittungen für die Zeit vom . . . . bis . . . . . beigefügt; oder: Dem Grundschuldbrief sind Zinsquittungen nicht beigefügt.

Bestandtheile des Grundstücks:

1. Ein dreistöckiges massives Wohnhaus, 30 Fuß lang, 18 Fuß tief,
2. Ein zweistöckiger massiver Neubau, 24 Fuß lang, 10 Fuß tief,
3. Ein einstöckiges Stallgebäude, 20 Fuß lang, 12 Fuß tief,
4. Ein Hofraum, 12 Quadratmeter.

Nutzungswerth: . . . . . . Mark . . . . Cent.

Eingetragen im Grundsteuerbuche Nr. . . .

Eigenthümer: Kaufmann Moritz Hayn zu Berlin

Erwerbspreise: 15,000 Thlr. im Jahre 1856.
16,500 Thlr. im Jahre 1864.

Eingetragene Taxe: fehlt.

Feuerversicherungssumme vom 1. Januar 1871: 16,000 Thlr.

Eingetragen sind:

in der zweiten Abtheilung: Nichts;

in der dritten Abtheilung:

Nr. 1. 2. Gelöscht.

Nr. 3. 3000 Thlr.

Nr. 4. 2000 Mark.

Urkundlich ausgefertigt, Berlin, den ....

Königliches Grundbuchamt (Amtsgericht).

(Siegel.) (Unterschriften.)

Anlage H.

(Adler.)

Preußischer Hypothekenbrief

über

die in dem Artikel Nr. 1. des im Kreise .... belegenen Dorfs Buchhain unter Nr. 1. eingetragene Hypothek von 1000 Thlr.

---

[1])

Nr. 1. 1000 Thlr. (i. W.) Kaufgeld mit 5 Prozent Zinsen vom 1. Januar 1871, gegen dreimonatliche Kündigung, eingetragen für den Rentier Carl Schein zu Berlin auf Grund des Kaufvertrages vom 1. Oktober 1870 am 2. Oktober 1870.

Noch gültig auf 500 Thlr. L., den 2. Februar 1871. A. B.

Für die Hypothek haften folgende Grundstücke:

1. in der Flur Löber, Kartenblatt Nr. 295. Parzelle Nr. 157., Acker am Martinsbusch 1 Hektar 8 Ar. 10 □Meter groß, mit einem Reinertrage von .... 1 Thlr. 20 Cent.
2. in der Flur Sulze, Parzelle Nr. 131 a., Acker am Schleifwege, 1 Hektar 60 □Meter groß, mit einem Reinertrage von..... 5 » 10 »

---

[1]) Hier fehlt: Dritte Abtheilung.

3. in der Flur Schmidtstedt, Kartenblatt Nr. 300. Parzelle Nr. 71., Garten am rothen Berg, 10 Ar. 41 □Meter groß, mit einem Reinertrage von	4 Thlr.	— Cent.
4. in der Flur Schlettern, Parzelle Nr. 96., Haus im Dorfe mit einem Nutzungswerthe von	50 »	— »
5. in der Flur Brühl, Parzelle Nr. 36., Acker im hohen Felde, 2 Hektar groß, mit einem Reinertrage von	7 »	20 »

Eigenthümer: Heinrich Schmidt zu Buchhain und dessen Ehefrau Christiane geb. Kraut.

Eigenthumsbeschränkungen und Lasten:

Zu 3. Jährlich einen Thaler an die Stadtkasse zu . . . . .

Zu 1.
Zu 2.
Zu 4.
Zu 5. } Nichts.

Vor- und gleichstehende Hypotheken:[1]

Nichts.

Urkundlich ausgefertigt, Liebstadt, den 2. Januar 1871.

Königliches Grundbuchamt (Amtsgericht).

(Siegel.) (Unterschriften.)

Von vorstehenden 1000 Thlrn. sind 500 Thlr. (i. W.) mit dem Vorzugsrechte vor dem Reste und den Zinsen vom 1. Januar 1871 an den Rentier Karl Hirsch in Berlin abgetreten, und ist demselben eine beglaubigte Abschrift dieses Hypothekenbriefs ertheilt worden.

Die Abtretung ist im Grundbuch vermerkt.

Liebstadt, den 2. Februar 1871.

Königliches Grundbuchamt (Amtsgericht).

(Siegel.) (Unterschriften.)

---

[1]) Hier fehlt: und Grundschulden.

Das Vorzugsrecht der an den Rentier Hirsch zu Berlin abgetretenen 500 Thlr. vor dem Rest ist im Grundbuch gelöscht.

Liebstadt, den 2. September 1872.

Königliches Grundbuchamt (Amtsgericht).

(Siegel.) (Unterschriften.)

Das mithaftende Grundstück Nr. 1. und von den mithaftenden Grundstücken Nr. 2. 3. die Parzellen Nr. ...... sind von dem Artikel 1. ab- und dem Arbeiter Artikel ..... zugeschrieben, und ist auf letzterem im Grundbuch die Mithaft für vorstehende 1000 Thlr. vermerkt worden.

Liebstadt, den 3. Januar 1873.

Königliches Grundbuchamt (Amtsgericht).

(Siegel.) (Unterschriften)

Anmerkung: Mit dem Hypothekenbrief wird der Kaufvertrag vom 1. Oktober 1870 verbunden. (Anmerkung im Gesetz.)

Kosten-Tarif
für Grundbuchsachen.

Hierzu Instruktion des Justizministers vom 3. Juli 1872:

1. Der der Grundbuchordnung vom 5. Mai d. J. angehängte Kostentarif ersetzt die §§ 25 bis 32 des Gerichtskostentarifs vom 10. Mai 1851. Hieraus ergiebt sich, dass bei der Anwendung des ersteren nicht allein die in dem Gesetze vom 10. Mai 1851 enthaltenen Vorschriften massgebend sind, sondern dass auch die unter Nr. I und II der Vorbemerkungen zum Gerichtskosten-Tarif enthaltenen und die im 5. Abschnitte desselben über den Ansatz der Nebenkosten getroffenen Bestimmungen in Betracht kommen.
2. Den nach Massgabe des Tarifs aufzustellenden Kostenberechnungen sind die hier beigefügten Tabellen[1] zum Grunde zu legen.

1. Die Tabellen sind unten am Schlusse des Buches abgedruckt.

§ 1.

A. 1. Für die Entgegennahme der Auflassungserklärung und für die auf Grund derselben bewirkte Eintragung[1 2] des Eigenthümers, die gleichzeitig[3] beantragte Eintragung des Erwerbsgrundes und des Erwerbspreises, der Schätzung des Werthes nach einer öffentlichen Taxe, und bei Gebäuden der Feuerversicherungssumme, einschließlich der dabei vorkommenden Nebengeschäfte:

a) von dem Betrage bis 200 Thaler von je 25 Thalern . . . . $7^1/_2$ Sgr.[4]
b) von dem Mehrbetrage bis 1000 Thaler von je 100 Thalern . . . . $7^1/_2$ „
c) von dem Mehrbetrage von je 500 Thalern . . . . $7^1/_2$ „ [5]

2. Für die nachträgliche Eintragung des Miteigenthums eines Ehegatten an den von dem anderen Ehegatten in die eheliche Gütergemeinschaft eingebrachten Grundstücken und für die dabei bewirkte Uebertragung der Liegenschaften der Ehefrau auf den Artikel des Ehemannes; für die Eintragung des Miteigenthums der Kinder, im Falle mit ihnen nach dem Tode des einen Ehegatten von dem überlebenden die Gütergemeinschaft fortgesetzt wird, oder des Miteigenthums der gesetzlichen Erben solcher Kinder; ingleichen für die Umschreibung der Grundstücke, welche einem geschiedenen Ehegatten bei der Auseinandersetzung wegen des gütergemeinschaftlichen Vermögens überwiesen worden sind, auf den Namen desselben: die Hälfte der vorstehenden Sätze, jedoch nicht unter 5 Sgr. und nicht über 3 Thlr.[67]

3. Die Kosten Nr. 1 und 2 werden nach dem Werthe eines jeden Grundstücks, beziehungsweise nach der Summe der Werthe mehrerer Grundstücke berechnet, für welche ein besonderes Grundbuchblatt besteht (§§ 1, 5 und 13 der Grundbuchordnung).

Es kommen jedoch die Bestimmungen unter Nr. 4 zur Anwendung, wenn gemäß der Vorschriften in §§ 1 und 13 der Grundbuchordnung für mehrere auf verschiedenen Grundbuchblättern verzeichnete Grundstücke ein gemeinschaftliches Blatt, oder gemäß §§ 15 und 16 a. a. O. ein Artikel angelegt werden kann, vorausgesetzt, daß eine erfolglose Aufforderung, die Vereinigung zu beantragen, an den Eigenthümer noch nicht gerichtet ist.

4. Bei der Führung des Grundbuchs nach den Artikeln (§ 15 der Grundbuchordnung) werden die Kosten Nr. 1 und 2 nach der Summe der Werthe derjenigen Grundstücke berechnet, welche auf Grund einer Auflassung auf ein und denselben Artikel des Erwerbers eingetragen werden, gleichviel ob die mit dieser Eintragung in Verbindung stehende Abschreibung bei einem oder mehreren Artikeln stattfindet.

5. Im Fall des § 40[3] der Grundbuchordnung sind die Sätze sub A. 1 zu erheben.

1. § 1 findet auch Anwendung, wenn Eintragung des Eigenthums ohne Auflassung erfolgt. Restr. des Justizministers vom 13. Aug. 1878, K. 4 S. 227.

2. Für die Neueintragung verliehenen Bergwerkseigenthums sind Gebühren nicht nach § 1 Nr. 1, sondern nach § 11 anzusetzen, gleichviel ob für den betreffenden Ort ein Grundbuch für Bergwerkseigenthum überhaupt schon angelegt ist oder nicht 1. Juni 1883, K. 4 S. 225.

3. Bei nicht gleichzeitigem Antrage findet § 3 C. 2 des Tarifs Anwendung.

4. Hierzu die Tabelle 1 (Instr. Nr. 19) Kol. I.

5. Hierzu die Instruktion des Justizministers v. 3. Juli 1872:

3. Zu § 1 Nr. 1. Auf die Höhe der Kosten für die Auflassungserklärung und die davon unzertrennliche Eintragung des Eigenthümers ist es ohne Einfluss, ob eine oder mehrere Personen als Eigenthümer desselben Grundstücks eingetragen werden, vorausgesetzt, dass die Einschreibung der Miteigenthümer gleichzeitig erfolgt. Die durch eine Auflassung veranlasste Ab- und Zuschreibung der Grundstucke von einem Grundbuchblatt oder Grundbuchartikel zum andern und die dabei nothwendig werdende Uebertragung der Einschreibungen, mit welchen das ab- und zuzuschreibende Grundstück belastet ist, werden als kostenfreie Nebengeschäfte angesehen, sofern das Belastungsverhältniss dabei unverändert bleibt; endlich auch die durch eine solche Uebertragung später veranlasste Loschung derselben Post auf einem zweiteni oder ferneren Grundbuchblatte oder Artikel. Tritt be der Ab- und Zuschreibung eines Grundstücks zugleich eine Veränderung in dem Belastungsverhältnisse ein, so unterliegt der bei der kostenfreien Uebertragung der Lasten, Grundschulden und Hypotheken auf das abgeschriebene Grundstück gleichzeitig auf dem Blatte des Stammgrundstucks einzuschreibende Vermerk über die bei der Belastung eingetretene Veränderung gemäss § 3 einem besonderen Kostensatze.

6. Hierzu die Tabelle 1 (Instr. Nr. 19) Kol. II.

7. Hierzu die Instruktion:

4. Zu § 1 Nr. 2. Die mit Rücksicht auf das eheliche Verhältniss nach § 16 der Grundbuchordnung herbeizuführende anderweitige Bezeichnung des Grundbuchartikels einer Ehefrau, welche in getrennten Gütern lebt, erfolgt kostenfrei, weil die Abänderung nur im Interesse der Uebereinstimmung des Grundbuchs mit den Steuernbüchern veranlasst wird.

8. Es muß heißen § 56, siehe die Instruktion hierzu:

5. Zu § 1 Nr. 5. Die in § 1 unter Nr. 5 in Bezug genommene Vorschrift, welche in dem aus den Berathungen des Herrenhauses hervorgegangenen Entwurfe zur Grundbuchordnung unter § 41 und nach den Vorschlägen der Kommission des Hauses der Abgeordneten in den § 40 übernommen werden sollte, ist bei der Schlussberathung in den § 59 aufgenommen.

Danach hat die erwähnte Anordnung des Tarifs die Bedeutung, dass die Kosten fur die Eintragung des Eigenthümers auch für die blosse Abschreibung eines Grundstücks von dem bisherigen Grundbuchblatt oder Artikel erhoben werden sollen, wenn der Grundbesitz des Erwerbers in dem Grundbuche nicht verzeichnet zu werden braucht und deshalb eine Eintragung desselben als Eigenthümer nicht stattfindet.

§ 2.

B. Für jede endgültige Eintragung in der 2. oder 3. Abtheilung und alle dabei vorkommenden Nebengeschäfte:

a) von dem Betrage bis 200 Thaler von je 25 Thalern . . . . 4 Sgr.

b) von dem Mehrbetrage bis 1000 Thaler von je 100 Thalern . . . . 5 „

c) von dem Mehrbetrage von je 500 Thalern . . . . $7\frac{1}{2}$ „ [1]

1. Hierzu die Tabelle 1 (Instr. Nr. 19) Kol. III S. 222.

2. Hierunter fallen auch Eintragungen von Kautionen und Bürgschaften und Umschreibung der Vormerkungen aus §§ 16 und 22 Eig Ges.; Umschreibung von Kautionshypotheken in unbedingte Hypotheken fallen unter § 3 C. 1.

3. Für Eintragung der Fideikommißqualität eines in ein Fi-

deikommiß umgewandelten Lehngutes sind Gebühren nach § 2, nicht nach § 3 Nr. 1 des Tarifs und zwar vom Werthe des Gutes zu erheben. 15. Dez. 1884, K. 5 S. 214.

4. Wird eine Hypothek in gleichen oder verschiedenen Theilen für mehrere Berechtigte oder eine Grundschuld in mehreren Appoints mit gleichem oder verschiedenem Vorrecht eingetragen, so liegt nur eine Eintragung vor, wenn dieselbe durch einen Vermerk erfolgt, und es sind daher die Kosten nicht nach jedem einzelnen Theilbetrage besonders, sondern nach dem Gesammtbetrage der Hypothek oder Grundschuld zu berechnen; die Kosten für die einzelnen Briefe werden dagegen besonders berechnet. Turnau Bd. 2 S. 8 Note 6 zu § 2.

§ 3.

C. 1. Für die Eintragung von Veränderungen aller Art,[1] Vormerkungen und Verfügungsbeschränkungen die Hälfte der Sätze des § 2 B., jedoch nicht unter 5 Sgr.[2] [3]

Die gemäß § 5 Abs. 4 der Grundbuchordnung bewirkte Schließung eines für Zubehörstücke bestehenden besonderen Grundbuchblattes erfolgt kostenfrei.

2. Für die in Antrag gebrachte Eintragung von Vermerken, welche unter keine der vorstehend (§§ 1, 2, 3, Nr. 1) getroffenen Bestimmungen fallen, auch nicht die bloße Vervollständigung des Titels eines Grundbuchblattes, beziehungsweise der zur naheren Bezeichnung eines Grundstücks dienenden, in die Abtheilung I. Spalte 1 bis 7 des Grundbuchartikels gehörigen Angaben bezwecken, insonderheit für die Einschreibungen der Vermerke, welche durch die ohne Veränderung des Eigenthümers stattfindende Theilung von Grundstücken veranlaßt werden, für die Eintragung des Schätzungswerthes, der Feuerversicherungssumme und für die Einschreibung des Erwerbsgrundes oder des Erwerbspreises, soweit die in § 1 Nr. 1 bezeichnete Voraussetzung nicht zutrifft: die Hälfte der Sätze zu B., jedoch nicht unter 5 Sgr. und nicht über 3 Thlr.[5] [6] [7]

1. Hierzu die Tabelle 1 (Instr. Nr. 19) Kol. IV S. 222.

2. Unter Veränderungen sind nur wirklich essentielle, den Bestand und Inhalt der ursprünglichen Eintragung wesentlich anders gestaltende Veränderungen zu verstehen (Protestationen, Arreste, Cessionen, Prioritätsbewilligungen, Verpfändungen). Die Eintragung, daß der Eigenthümer sich allen Bestimmungen der Statuten und bezüglich der Zinsen und Beiträge der sofortigen Zwangsvollstreckung unterworfen hat, ist, selbst wenn sie als eine rechtswirksame angesehen wird, keine Veränderung in dem Sinne des § 3. 25. Jan. 1886, K. 6 S. 153.

3. Die Kosten für Eintragung der Vorrechtseinräumung werden nach dem Betrage der geringeren Post berechnet.

4. Schreibgebühren werden berechnet.

5. Hierzu die Tabelle 2 (Instr. Nr. 20) Kol. I S. 228.

6. Die auf Antrag des Eigenthümers erfolgende Eintragung neuer Gebäude, welche auf einem bereits im Grundbuche verzeichneten Grundstücke errichtet sind, ist kostenfrei. 19. Juni 1882, K. 3 S. 209.

7. Wegen der Zinssatzerhöhung siehe unten S. 200 § 8 H. 5.

§ 4.

D. 1. Wenn die Eintragung derselben Post in der 2. und 3. Abtheilung bei mehreren auf verschiedenen Grundbuchblättern oder Artikeln verzeichneten Grundstücken gleichzeitig oder nachträglich, oder bei mehreren, auf ein und demselben Grundbuchblatt oder Artikel verzeichneten Grundstücken nachträglich beantragt ist, so wird für jede folgende Eintragung die Hälfte der Sätze B.[1] oder C.[2] (§§ 2 und 3) erhoben, jedoch nicht unter 5 Sgr. und nicht über 3 Thlr. Dabei ist, wenn der Werth der Gruudstücke, auf welche die weitere Eintragung erfolgt, geringer ist, als der der einzutragenden Post, nur jener als Maßstab für den Kostenansatz anzunehmen.

Im Falle die Eintragung derselben Post bei mehreren auf verschiedenen Grundbuchblättern verzeichneten Grundstücken gleichzeitig beantragt worden ist, kommt die nachstehend unter Nr. 2 getroffene Bestimmung zur Anwendung, wenn die in § 1 Nr. 3 Abs. 2 bezeichneten Voraussetzungen vorhanden sind.

2. Wird bei mehreren auf einem Grundbuchblatt oder Artikel verzeichneten Grundstücken die Eintragung derselben Post gleichzeitig beantragt, so sind die Eintragungskosten dafür nur einmal zu fordern.

1. Hierzu Tabelle 2 (Instr. Nr. 20) Kol. I S. 228.

2. Hierzu Tabelle 2 (Instr. Nr. 20) Kol. III S. 228.

§ 5.

E. Für jede Löschung und alle dabei vorkommenden Nebengeschäfte: die Hälfte der für die Eintragung zu §§ 2 [1] und 3 [2] bestimmten Sätze.

Die Grundsätze des § 4 finden auch bei Löschungen und bei der Entlassung einzelner Grundstücke aus der Mithaft Anwendung. [3]

1. Hierzu die Tabelle 1 (Instr. Nr. 19) Kol. IV S. 222.

2. Hierzu die Tabelle 1 (Instr. Nr. 19) Kol. V S. 222.

3. Hierzu die Tabelle 2 (Instr. Nr. 19) Kol. II u. IV S. 228.

§ 6.

F. 1. Für die Ertheilung des Hypotheken- oder Grundschuldbriefs, für die Ausfertigung einer beglaubigten Abschrift des vollständigen Grundbuchblattes oder Artikels: Zweidrittheil der Sätze zu B., jedoch nicht unter 5 Sgr. und nicht über 3 Thlr. [1] [2]

2. Für die Erneuerung eines Grundschuldbriefs [3] und die dabei vorkommenden Nebengeschäfte, ingleichen für die Ausfertigung eines Grundschuldbriefs: die Hälfte der Sätze ad F. 1., jedoch nicht unter 3 Sgr. [4]

3. Für die Ausfertigung einer beglaubigten Abschrift des Titels und der ersten Abtheilung des Grundbuchblattes, bezw. Grundbuchartikels [5] [6] die Hälfte des Satzes zu B., jedoch nicht unter 3 Sgr. und nicht über 1 Thlr. 15 Sgr.

4. Für die Ertheilung eines Zinsquittungsbogens zu einer Grundschuld und für jede Erneuerung eines solchen: Ein Viertheil der Sätze zu B., jedoch nicht unter 3 Sgr.

1. Den Gerichtskassen steht ein Retentionsrecht an den Hypotheken-Urkunden und Grundschuldbriefen bis zur Zahlung der für ihre Eintragung und Bildung entstandenen Kosten wegen derselben zu. A.L.R. I 20 §§ 547, 536 ff., Joh. 7 S. 318.

2. Hierzu die Instruktion:

6. Zu § 6 Nr. 1. Der für die Ertheilung eines Grundschuld- oder Hypothekenbriefs zu entrichtende Kostensatz wird auch dann nur einmal erhoben, wenn bei Gesammthypotheken mehrere Briefe ausgefertigt und mit einander zu einem Ganzen verbunden werden (G.B.O. § 125[1]). Bei noch nicht regulirtem Grundbuch wird der erwähnte Kostensatz bereits für die Ertheilung des Attestes über die erfolgte Anmeldung und Eintragungsfähigkeit des Titels zur Hypothek erhoben, jedoch mit dem Vorbehalt der Anrechnung auf die Kosten für den Hypothekenbrief, welcher demnächst an die Stelle dieses Attestes tritt.

3. Oder eines Hypothekenbriefes.

4. Hierzu die Instruktion:

7. Zu § 6 Nr. 2. Zu den Nebengeschäften, für welche der für die Erneuerung eines Grundschuldbriefes bestimmte Kostensatz mitentrichtet wird, gehört u. A. die Eintragung des Vermerks in das Grundbuch über die Erlöschungserklärung in den Fällen, wo eine solche der Erneuerung des Grundschuldbriefes vorangehen muss. Für die Erneuerung von Pfandbriefen ist der in § 6 Nr. 2 bestimmte Kostensatz ebenfalls zu entrichten.

5. Für eine Bescheinigung, welche der Grundbuchrichter auf Antrag darüber ertheilt, daß eine Person als Eigenthümer eingetragen ist, ist die Gebühr nach § 6 Nr. 3 zu liquidiren. 13. Febr. 1882, K. 3 S. 211.

6. Für Ertheilung beglaubigter Abschrift einer einzelnen Abtheilung werden nur die Schreibgebühren erhoben. 28. Sept. 1885, K. 6 S. 155.

§ 7.

G. 1. Für jede einzelne Benachrichtigung eines dinglich Berechtigten von einer erfolgten Eigenthumsveränderung: 5 Sgr., wenn der Werth des dinglichen Rechts und auch der des Grundstücks den Werth von 50 Thlrn. übersteigt.

Die bei der Eintragung des Eigenthümers stattfindende Benachrichtigung des bisherigen Eigenthümers, der Grundsteuerbehörde, des Landraths oder Magistrats bei Abzweigungen, ingleichen die gemäß §§ 121, 122, 123 der Grundbuchordnung ergehenden Benachrichtigungen unterliegen keinem besonderen Kostensatze.

Wenn Urkunden, deren Vorlegung zur Erwirkung von Einschreibungen nothwendig war, von den Betheiligten ohne Uebergabe einer für die Grundakten bestimmten Abschrift zurückgefordert werden, so sind für jeden Bogen der auf Anordnung des Grundbuchrichters zu fertigenden Abschrift 5 Sgr. zu entrichten. Die Beglaubigung der von den Betheiligten überreichten Abschriften erfolgt kostenfrei.

§ 7 ist aufgehoben; vgl. Ausführungsges. zum Gerichtskostengesetz v. 10. März 1879 (G.S. S. 145).

§ 21. In allen gerichtlichen Angelegenheiten sind, soweit nicht reichsgesetzliche Bestimmungen entgegenstehen, baare Auslagen nach den Vorschriften der §§ 79, 80 des deutschen Gerichtskostengesetzes zu erheben.

(Abs. 3). Die Vorschrift des . . . § 7 der Kostentarife zur Grundbuchordnung v. 5. Mai 1872 . . . . werden aufgehoben.

Gerichtskostengesetz v. 18. Juni 1878 (R.G.Bl. S. 141).

§ 79. An baaren Auslagen werden erhoben:

1. die Schreibgebühren;
2. die Post- und Telegraphengebühren;
3. die durch Einrückung einer Bekanntmachung in öffentliche Blätter entstehenden Kosten;
4. die an Zeugen und Sachverständige zu zahlenden Gebühren;
5. die bei Geschäften ausserhalb der Gerichtsstelle den Gerichtsbeamten zustehenden Tagegelder und Reisekosten;
6. die an andere Behörden oder Beamte oder an Rechtsanwälte für deren Thätigkeit zu zahlenden Betrage;
7. die Kosten eines Transports von Personen;
8. die Haftkosten nach Maassgabe der für die Strafhaft geltenden landesgesetzlichen Vorschriften. . . . .

§ 80. Die Schreibgebühren werden für Ausfertigungen und Abschriften erhoben. Die Schreibgebühr beträgt für die

Seite, welche mindestens zwanzig Zeilen von durchschnittlich zwölf Silben enthält, zehn Pfennig, auch wenn die Herstellung auf mechanischem Wege stattgefunden hat.

Jede angefangene Seite wird voll berechnet.

Beglaubigte Abschriften, welche die Gerichte von stempelpflichtigen Dokumenten ex officio zu den Grundakten fertigen lassen, sind stempelfrei. Werden dagegen von Notaren Namens der Interessenten statt der stempelpflichtigen Originalien beglaubigte Abschriften derselben eingereicht, so hat darauf die betreffende Tarifposition volle Anwendung. F.M.Rescr. v. 31. Mai 1842, Hoyer-Gaupp S. 445.

§ 8.

H. 1. Beträgt bei den vorstehend §§ 1 bis 7 bezeichneten Geschäften der Werth des Objekts nicht mehr als 5 Thlr., so sind im Ganzen nicht über 5 Sgr. Kosten in Ansatz zu bringen.

2. Außer den vorstehend bestimmten Kostensätzen wird noch der Betrag der Stempelabgabe erhoben, welche nach dem Gesetze vom 5. Mai 1872 von gewissen, bei dem Grundbuchamt anzubringenden Anträgen zu entrichten ist.

3. Für Aufnahme von mündlichen Anträgen, welche den Eintragungen oder Löschungen im Grundbuch als Grundlage dienen (§ 32 der Grundbuchordnung), oder für die gerichtliche Beglaubigung solcher Anträge sind zu erheben:

bei einem Werthe des Gegenstandes bis 200 Thaler
von je 50 Thalern . . . . 2½ Sgr.
von dem Mehrbetrage bis 1000 Thaler
von je 200 Thalern . . . . 2½ „
von dem Mehrbetrage bis 20,000 Thaler
von je 1000 Thalern . . . . . . 2½ „
und bei Werthen über 20,000 Thaler zusätzlich noch
1 Thaler.[1 2]

Diese Gebühr haben auch die Notare im Geltungsbereiche des Gesetzes vom 11. Mai 1851 nach Maßgabe der Vorschrift in § 6 des letzteren für die besondere[4] Aufnahme oder Beglaubigung von Anträgen der oben bezeichneten Art zu beziehen.

4. Die Aufforderung des Eigenthümers, seinen Namen bei einem Grundstücke eintragen zu lassen, und die Festsetzung der dabei auf den Fall der Nichtbefolgung angedrohten Geldstrafe unterliegen keinem besonderen Kostensatze. Für die nach erfolgter Festsetzung der Geldstrafe eintretende Zwangsvollstreckung wird der im ersten Abschnitt des Gerichtskostentarifs § 14 Nr. 2 bestimmte Satz bis zur Höhe von 50 Thalern erhoben.

5. Der Werth der Grundstücke ist insoweit, als derselbe bei Berechnung der vorstehenden Kostensätze in Betracht kommt, nach den Anordnungen zu berechnen, welche in den Gesetzen über die Erhebung der Stempelabgabe in Beziehung auf die Werthbestimmung enthalten sind. In den Fällen, wo die von den Interessenten gemachte Werthangabe für unzulänglich erachtet wird, ist die Behufs Berechnung der Stempelabgabe getroffene Werthfestsetzung auch bei dem Ansatze der Gerichtskosten maßgebend. Bei Eintragung einer nachträglich bewilligten Erhöhung des Zinsfußes erfolgt die Berechnung der Kosten nach dem Fünffachen der dadurch eintretenden Erhöhung des vom Schuldner zu entrichtenden jährlichen Zinsbetrages.[5]

1. Hierzu die Tabelle 3 (Instr Nr. 21) S. 232.

2. Hierzu die Instruktion:

8. Die Bestimmung in § 8 Nr. 3, wonach für mündliche Eintragungs- und Löschungsanträge (nicht für die Auflassungserklärungen) mit Rücksicht auf die nothwendige Beglaubigung derselben unter Anschluss an § 18 des Gerichtskosten-Tarifs vom 10. Mai 1851 ein besonderer Kostensatz bestimmt worden ist, hat die Vorschrift in Art. 15 des Gesetzes vom 9. Mai 1854, wonach Anträge, welche keiner Beglaubigung bedürfen, kostenfrei bei dem Grundbuchamt aufgenommen werden, nicht beruhrt und ebensowenig den Grundsatz, dass für die Aufnahme von Akten der freiwilligen Gerichtsbarkeit, welche zu Ein-

tragungs- oder Löschungsanträgen Veranlassung geben, die Kosten nach Nr. II. Abschn. 2 des Gerichtskosten-Tarifs in Ansatz zu bringen sind. Daraus aber, dass die Nr. 3 des § 8, wie die Motive erkennen lassen, als ein Zusatz zu § 18 des Kostentarifs vom 10. Mai 1851 sich darstellt, muss gefolgert werden, dass bei derselben die Vorschriften in § 24*) des Gerichtskosten-Tarifs in Betracht kommen.

---

*) Tarif zum Gerichtskostengesetz vom 10. Mai 1851, G.S. S. 622:

§ 24. H. Uebrigens treten für die Fälle sub A. bis G. noch folgende allgemeine Bestimmungen ein:

1. ausser den bestimmten Sätzen wird noch der Betrag der nach den Bestimmungen des Stempelgesetzes zu berechnenden Werth-, bezw. Ausfertigungsstempel erhoben;
2. ist veraltet (betraf Kosten der Ausfertigungen);
3. auch wenn auf die Ausfertigung einer Verhandlung verzichtet wird, kommen dennoch die vollen Sätze zur Anwendung;
4. wenn ein Akt auf den Antrag der Parteien, oder wegen der Natur des Geschäfts ausserhalb der Gerichtsstelle, oder in einer nicht über eine Viertelmeile (zwei Kilometer[1]) betragenden Entfernung von demselben vorgenommen wird, so wird die Hälfte der gewohnlichen Sätze A oder D[2]) zugesetzt; in dem Falle zu F[3]) für jeden solchen auswärtigen Termin die Hälfte des Satzes zu A. Kann das Geschäft nicht in einem Tage beendigt werden, z. B. bei weitläufigen Inventarisationen oder Taxationen, so erfolgt der Zusatz fur jeden Tag, welcher zur Aufnahme der Verhandlungen ausserhalb der Gerichtsstelle erforderlich war, nach Maassgabe des auf die einzelnen Tage zu repartirenden Werths des Objekts.

Beträgt die Entfernung uber eine Viertelmeile (zwei Kilometer), so treten nur die im fünften Abschnitt in dem Gesetze vom 24. März 1873 und den Verordnungen vom 24. Dezember 1873 und 8. Mai 1876 bestimmten Sätze hinzu, insofern solche die hier festgesetzten übersteigen; andernfalls diese.

---

1) Nach § 23 Ausf.G zum Ger K Ges.

2) Die Sätze A und D sind in der Tabelle 4 S 233 enthalten.

3) Betrifft die letztwilligen Verordnungen, Erbverträge. Familienstiftungen und Familienschlüsse. Betreff der Kommissionsgebühren fur Aufnahme letztwilliger Verordnungen außerhalb der Gerichtsstelle gilt noch § 9 Ges. v. 9. Mai 1851, GS S. 319 (der Richter erhalt 4,50 M, der Protokollfuhrer 3 M).

3. Es sind also diejenigen Anträge, welche nicht selbst eine Grundlage zur Eintragung bilden, sondern sich lediglich auf die Urkunde stützen, kostenfrei; z. B. der Antrag des Eigenthümers, welcher unter Ueberreichung einer notariellen Verpfändungserklärung, in welcher er Eintragung bewilligt und beantragt hat, auf Eintragung der Verpfändung. Für die Aufnahme derjenigen Anträge aber, welche eine Grundlage zur Eintragung bilden, wird nach § 8 liquidirt, z. B. der Eigenthümer beantragt unter Ueberreichung einer Schuldforderung, die keine Verpfändung enthält, die Eintragung der Schuld, oder er beantragt die Eintragung einer Grundschuld. Hierher gehört auch der Antrag auf Eintragung der gemäß dem Veräußerungsvertrage vom Erwerber zu bestellenden Hypotheken, da der im Veräußerungsvertrage enthaltene diesbezügliche Antrag wirkungslos ist, weil der Erwerber damals noch nicht eingetragen war (vgl. § 19,1 Eig.Ges.).

Wenn außer diesen Anträgen noch ein Akt der freiwilligen Gerichtsbarkeit erklärt wird, z. B. der Eigenthümer erklärt eine Obligation und beantragt Eintragung, so wird für Aufnahme dieses Aktes nach § 16 A. (bezw. 19 C., 20 D.) des Gerichtskostengesetzes vom 10. Mai 1851 liquidirt. Siehe hierzu die Tabelle 4 S. 233.

Hervorzuheben ist hierbei, daß seitens des Gerichts für die Beglaubigung der Unterschriften bei anderen als den in § 33 G.B.O. erwähnten Anträgen nicht nach § 8 Nr. 3, sondern nach § 18 des Gesetzes vom 10. Mai 1851 die Hälfte des Satzes des § 16 A. (also ein weit höherer Satz, vgl. Tabelle 3 und Tabelle 4) liquidirt wird, so daß in diesem Falle die Beglaubigung durch das Gericht theurer ist, als durch den Notar. Betreff der Nothwendigkeit der Protokollsaufnahme durch das Gericht, nicht aber den Notar siehe oben S. 95 Note 11 zu § 33 G.B.O.

4. Da das Gesetz von einer besonderen Aufnahme oder Beglaubigung spricht, so ist dasselbe wohl dahin zu verstehen, daß der Notar für die Aufnahme oder Beglaubigung von Anträgen, welche sich auf eine bereits vorhandene Urkunde stützen, nach § 8 liquidiren soll (z. B. der Eigenthümer beantragt die Löschung einer quittirten Post). Für die Aufnahme von Anträgen dagegen, welche eine Grundlage zur Eintragung geben sollen, wird allgemein nach § 16

(bezw. 19 und 20) des Gesetzes vom 10. Mai 1851 gemäß § 6 des Gesetzes vom 11. Mai 1851 liquidirt, so besonders auch für die Anträge auf Eintragung von Grundschulden; werden diese Anträge nicht zu Protokoll aufgenommen, sondern entworfen und beglaubigt, so wird für den Entwurf ebenso, alsdann aber für die Beglaubigung nicht besonders liquidirt.

Für die Stellung von Anträgen neben solchen Aufnahmen würden, wenn nicht der Ausnahmefall des § 8 des Gesetzes vom 11. Mai 1851 vorliegt (entwickelnder Vortrag des Sach- und Rechtsverhältnisses), nur die Schreibgebühren anzusetzen sein.

Für die Berechnung der Schreibgebühren der Notare sind nach § 9 Ges. vom 11. März 1880 (enthaltend Bestimmungen über das Notariat) § 76 Rechtsanw.O. und § 80 des Gerichtskostenges. maßgebend.

5. Hierzu die Instruktion:

9. Zu § 8 Nr. 5. Bei dem Uebergange eines Fideikommisses oder Lehns auf den Fideikommis- oder Lehnsfolger bildet der 15fache Betrag des jährlichen Reinertrages des Lehns oder Fideikommisses das Objekt, nach welchem die Kosten zu berechnen sind (§ 2 des Gesetzes vom 7. Juli 1833, Gesetz-Sammlung S. 82). Erfolgt dagegen die Eintragung des Eigenthümers bei einem Lehnsgute auf Grund einer mit Vorbehalt der agnatischen Rechte stattfindenden Auflassung, so ist für die Beurtheilung des Objektes die Vorschrift in § 8 Nr. 5 des Tarifs allein massgebend.

Bei dem Ansatze der Kosten für die Eintragung von Forderungen ist der Nennwerth der letzteren massgebend, das an der Forderung haftende Zinsrecht kommt bei der Bestimmung des Kosten-Objekts nicht in Betracht.

Bei der Einschreibung des Vermerks über die Einräumung eines Vorzugsrechts richtet sich der Kostenansatz nach dem Betrage der Post, in Ansehung deren das Vorzugsrecht aufgegeben wird, oder nach dem Betrage der Post, welcher das Vorzugsrecht bewilligt wird, je nachdem der eine oder der andere Betrag geringer ist.

Und: Ausführungsgesetz zum deutschen Gerichtskostengesetze, vom 10. März 1879 (G.S. S. 145).

§ 5. Bei Akten der freiwilligen Gerichtsbarkeit ist die zum Zwecke der Stempelerhebung erfolgende Berechnung des

Werths des Gegenstandes auch für die Erhebung der Gerichtsgebühren massgebend.

Die Vorschriften des § 8 Nr. 5 des Tarifs zur Grundbuchordnung vom 5. Mai 1872, des § 8 Nr. 3 des Tarifs zu dem Gesetze, betreffend das Grundbuchwesen in der Provinz Hannover, vom 28. Mai 1873 und des Artikels 2 § 11 des Gesetzes vom 22. Juni 1875, betreffend das Sportel-, Stempel- und Taxwesen in den Hohenzollernschen Landen, bleiben in Kraft.

§ 9.

J. Die vorstehenden Bestimmungen finden auch Anwendung auf die bei der Führung des Berggegenbuches vorkommenden Geschäfte. Dabei wird jedoch der Kostenansatz A. Nr. 1 (§ 1) nur zur Hälfte erhoben, wenn die anderweite Eintragung eines Eigenthümers durch die Konsolidation mehrerer Zechen, welche bis dahin verschiedenen Eigenthümern (Gewerkschaften) angehörten, veranlaßt wird.

§ 10.

K. Die Zurückführung der bereits angelegten Grundbuchblätter auf die Grund- und Gebäudesteuerbücher erfolgt kostenfrei;[1] dasselbe gilt von denjenigen Geschäften, welche durch den Uebergang eines Grundbuchblattes in den Bezirk eines andern Grundbuchamts (Amtsgerichts) gemäß § 27 der Grundbuchordnung veranlaßt werden.

1. Für die von Amtswegen erfolgende Zurückführung eines bereits angelegten Grundbuchblattes auf die Steuerbücher sind baare Auslagen (z B. Schreibgebühren und Porto für Benachrichtigungsschreiben) auch gegenwärtig nicht zu berechnen. 27. Jan. 1883, K. 3 S 207.

§ 11.

L. Wenn für einen einzelnen Ort überhaupt oder für einzelne Grundstücke noch keine Bücher angelegt sind, so werden für die erste Anlegung eines jeden Grundbuchblattes oder Artikels und für das ganze Verfahren, welches bei dem Grundbuchamt (Amtsgericht) zu diesem

Zwecke stattfindet, nach der Summe der Werthe der auf dem Grundbuchblatte oder Artikel verzeichneten Grundstücke erhoben:

					Thlr.		Thlr.	Thlr.	Sgr.
1.	bei	Objekten	bis		25	. . . .		—	5
2.	„	„	über		25	bis	200 . .	—	10
3.	„	„	„		200	„	1,000 . .	—	15
4.	„	„	„		1,000	„	5,000 . .	1	—
5.	„	„	„		5,000	„	20,000 . .	2	—
6.	„	„	„		20,000	. . . .		4	—

Gesetz

über

die Form der Verträge, durch welche Grundstücke zertheilt werden.

Vom 5. Mai 1872.

(Nr. 8036 G. S. S. 508.)

Wir Wilhelm, von Gottes Gnaden König von Preußen ꝛc. verordnen für die Provinzen Preußen, Brandenburg, Pommern, mit Ausschluß des Bezirks des Appellationsgerichts zu Greifswald, Schlesien, Posen und Sachsen unter Zustimmung beider Häuser des Landtages der Monarchie, was folgt:

§ 1.

Verträge, durch welche Grundstücke zertheilt, von einem Grundstück Theile abgezweigt, oder Grundstücke, welche Zubehör eines anderen Grundstücks sind, von diesen abgetrennt werden sollen, bedürfen zu ihrer Gültigkeit keiner anderen Form, als die Verträge, durch welche Grundstücke im Ganzen veräußert werden.

§ 2.

Die §§ 2, 3, 4 des Gesetzes vom 24. Mai 1853 (Gesetz-Samml. S. 241) werden aufgehoben.

Die übrigen Paragraphen dieses Gesetzes sind inzwischen ebenfalls aufgehoben durch das Gesetz vom 25. Aug. 1876, betr. die Vertheilung der öffentlichen Lasten bei Grundstückstheilungen u. s. w. G.S. S. 405.

§ 3.

Dieses Gesetz tritt am 1. Oktober 1872 in Kraft.

Urkundlich unter Unserer Höchsteigenhändigen Unterschrift und beigedrucktem Königlichen Insiegel.

Gegeben Berlin, den 5. Mai 1872.

(L. S.) **Wilhelm.**

Fürst v. Bismarck. Gr. v. Roon. Gr. v. Itzenplitz. v. Selchow. Gr. zu Eulenburg. Leonhardt. Camphausen. Falk.

Gesetz

betreffend

die Stempelabgaben von gewissen, bei dem Grundbuchamte anzubringenden Anträgen.

Vom 5. Mai 1872.

(G S Nr. 8037 S 509.)

Wir Wilhelm, von Gottes Gnaden König von Preußen 2c. verordnen für die Landestheile, in welchen das Gesetz über den Eigenthumserwerb und die dingliche Belastung der Grundstücke, Bergwerke und selbstständigen Gerechtigten*) vom 5. Mai 1872 Geltung hat, unter Zustimmung beider Häuser des Landtages, was folgt:

§ 1.[1]

Die im Falle der freiwilligen Veräußerung von inländischen Grundstücken, verliehenen Bergwerken, unbeweglichen Bergwerksantheilen oder selbstständigen Gerechtigkeiten erfolgende Auflassungserklärung unterliegt einer Stempelabgabe von einem Prozent des Werthes des veräußerten Gegenstandes.[2–11]

§ 2.[1]

Die Auflassungserklärung ist jedoch dem Werthstempel (§ 1) nicht unterworfen, wenn mit derselben oder inner-

*) Druckfehler im Gesetz für Gerechtigkeiten.

halb der gleichzeitig nachzusuchenden, von dem Grundbuchamte (**Amtsgerichte**) zu bestimmenden Frist die das Veräußerungsgeschäft enthaltende, in an sich stempelpflichtiger Form ausgestellte Urkunde in Urschrift, Ausfertigung oder beglaubigter Abschrift dem Grundbuchamte (**Amtsgerichte**) vorgelegt wird.

1. Die Rechtslage ist folgende:

I. Wird bei der Auflassung die über das Veräußerungsgeschäft errichtete Urkunde in einer Form vorgelegt, welche die Verwendung eines Stempels überhaupt erfordert, soweit der in dieser Form niedergelegte Inhalt die Form stempelpflichtig macht, so wird kein Auflassungsstempel erhoben; dabei ist es gleichgültig, ob zu der Urkunde ein Stempel verwendet worden ist oder nicht, und ob ein Stempel gesetzlich erforderlich war oder nicht (vgl. 29. Dez. 1880, K. 2 S. 185). Wird z. B. der über das Veräußerungsgeschäft gepflogene Briefwechsel (also keine in an sich stempelpflichtiger Form abgefaßte Urkunde) vorgelegt, so wird der Auflassungsstempel erhoben; ebenso wenn nur mündlich ein Veräußerungsvertrag geschlossen ist. Der Auflassungsstempel wird immer in voller Höhe von 1 Prozent erhoben, wenngleich ein schriftlicher Vertrag gar keinen oder einen geringeren Stempel erfordert hätte und also die Vorlegung des geringer verstempelten Vertrages verhindert hätte, daß ein Auflassungsstempel zur Hebung gekommen wäre. Es ergiebt sich hieraus, daß in allen Fällen, in welchen der Vertragsstempel geringer ist als 1 Prozent, die Aufnahme eines schriftlichen Vertrages geboten ist. Die Allg. Verff. des Justiz-Min. v. 12. Mai 1873 (J.M.Bl. S. 155), v. 13. Mai 1873 (Hoyer-Gaupp S. 156 Nr. 63b) und v. 12. Mai 1878 (Joh. 8 S. 308) weisen die Amtsgerichte hierauf besonders hin und verlangen, daß der Richter zutreffenden Falls einen Vertrag aufnehme oder die Beibringung eines solchen veranlasse und hierzu eine Frist nach § 2 bestimme. Die Nichtbeachtung dieser Vorschrift schützt jedoch die Partei nicht und die Stempelstrafe wird alsdann verwirkt. Urtheil v. 21. Mai 1866, K. 6 S. 206.

II. Die Fälle, in welchen der Vertragsstempel niedriger ist als 1 Prozent, sind hauptsächlich in folgenden Gesetzen enthalten:

a) § 5e. Stempelgesetz: Tauschverträge über Grundstücke oder Grundgerechtigkeiten (1 Prozent von dem Werthe des einen Gegenstandes, welcher den höheren Werth hat);

b) Tarif zum Stempelgesetz: Erbrezesse oder Erbtheilungsrezesse (bis 6 ℳ);

c) Kab.Ordre vom 21. Juni 1844 und Deklaration vom 26. Sept. 1844*) (Kauf- und Tauschverhandlungen zwischen Theilnehmern an einer Erbschaft zum Zwecke der Theilung der zu letzterer gehörigen Gegenstände 1,50 ℳ);

d) Gesetz vom 22. Juli 1861, betr. die Entrichtung des Stempels von Uebertragsverträgen zwischen Aszendenten und Deszendenten, G.S. S. 754;**)

e) bei Schenkungen zwischen Aszendenten, Deszendenten, Ehegatten u. s. w., vgl. Befreiungen im Tarif zum Gesetz vom 30. Mai 1873 betr. die Erbschaftssteuer. G.S. S. 329.

III. Der Vertragsstempel ist höher als der Auflassungsstempel bei Schenkungen zwischen Eltern und adoptirten Kindern,

---

*) Wenn Miterben für die von ihnen in offener Handelsgesellschaft betriebene Handlung ein Nachlaßgrundstück im Theilungsverfahren erwerben, findet die Allerh. Kab.Ordre v. 21. Juni 1844 nicht Anwendung. 29. Dez. 1886, K. 2 S. 185.

**) Der Stempel zur Auflassung ist zu erheben, wenn die Auflassung an den gütergemeinschaftlichen Ehegatten derjenigen Person erfolgt, welcher in der bei der Auflassung vorgelegten Urkunde das Grundstück überlassen worden ist. 11. März 1884, K. 4 S. 239. (Lautet der Vertrag auf Ueberlassung an die Tochter, die Auflassung geschieht aber an den Schwiegersohn, so wird der Stempel erhoben; lautet der Vertrag auf Veräußerung an den Schwiegersohn, so ist der Vertrag mit 1 Prozent zu verstempeln).

zwischen Geschwistern u. s. w; vgl. B des Tarifs zum Erbschaftssteuergesetz.

Wollen in diesen Fällen die Kontrahenten auf die Sicherheit, die ein schriftlicher bezw. gerichtlicher Vertrag giebt, verzichten, und die Auflassung ohne Vorlegung eines Vertrages vornehmen, so wird nur der Auflassungsstempel erhoben.

IV. Wird ein nicht gehörig gestempelter Vertrag bei der Auflassung vorgelegt, so wird, wenn die Kassationsfrist bereits vorüber ist, der Steuerbehörde Mittheilung gemacht; läuft diese Frist noch, so kann das Gericht die Kontrahenten auf die Befolgung des Stempelgesetzes hinweisen; eine Verpflichtung hierzu hat das Gericht nicht und wird nach Ablauf der Kassationsfrist die Stempelstrafe verwirkt. Urtheil vom 17. Juni 1884, K. 5 S. 253.

V. Der Vorlegung bei der Auflassung steht die Vorlegung innerhalb der bei der Auflassung erbetenen und bewilligten Frist überall gleich

2. Der Stempel zu der Auflassung, welche an eine offene Handelsgesellschaft seitens eines Mitgliedes derselben erfolgt, ist von dem ganzen Werthe des aufgelassenen Grundstückes zu berechnen, wenn das Verhältniß des Auflassenden zu der Gesellschaft aus dem Auflassungsprotokolle sich nicht ergiebt. K. 5 S. 220.

3. Wenn einer von zwei zu gleichen Rechten zur Erbschaft berufenen Erben das Nachlaßgrundstück im Erbrezesse übernommen und der Uebernehmer seine Rechte aus dem Erbrezesse auf Auflassung einem Anderen abgetreten hat, so ist für die seitens der beiden Erben an den Cessionar unter Vorlegung des Erbrezesses und der Cession bewirkte Auflassung des Nachlaßgrundstücks der Werthstempel von der Hälfte des Grundstückswerthes zu erheben. 11. Juli 1881, K. 2 S. 192.

4. Wenn eine Auflassung lediglich zur Ausführung und unter Vorlegung eines rechtskräftigen Erkenntnisses erfolgt, durch welches der eingetragene Eigenthümer zur Rückauflassung an den früheren Eigenthümer deshalb verurtheilt ist, weil der Eigenthumserwerb

des ersteren von dem letzteren wegen Betruges mit Erfolg angefochten, ist der Auflassungsstempel nicht in Ansatz zu bringen. 15. Nov. 1880, K. 2 S. 187.

5. Die Stempelabgabe wird nicht entrichtet, wenn die Auflassungserklärung nicht im Falle einer freiwilligen Veräußerung erfolgt ist. (Die frühere Auflassung war für ungültig erklärt worden und der eingetragene Eigenthümer verurtheilt worden, das ihm überlassene Grundstück dem Kläger eigenthümlich wieder abzutreten.) K. 2 S. 237 (App.Ger. Paderborn).

6. Die Uebertragung von Bergwerkseigenthum, welches die Gewerke besitzen, an die bereits bestehenden von ihnen gebildeten Gewerkschaften, stellt sich als eine dem Auflassungsstempel unterliegende freiwillige Veräußerung vor. 22. Sept. 1884, K. 5 S. 216.

7. Wenn derjenige, welcher ein Grundstück in der Zwangsversteigerung erstanden hat, dasselbe einem Dritten aufläßt, so ist der Auflassungsstempel auch dann zu erheben, wenn bei der Auflassung eine Urkunde vorgelegt wird, in welcher der Auflassende nach Ertheilung des Zuschlages seine Rechte aus demselben dem neuen Erwerber abgetreten hat. 27. Okt. 1884, K. 5 S. 222.

8. Ein Vertrag, durch welchen der Ersteher eines Grundstückes vor Ertheilung des Zuschlages die ihm zustehenden Rechte aus dem Meistgebot abtritt und die Verpflichtung übernimmt, nach erfolgter Eintragung das Grundstück dem Cessionar aufzulassen, ist ein Veräußerungsvertrag im Sinne des § 2; die Auflassung unter Vorlegung des Vertrages ist daher nicht stempelpflichtig. 23. Mai, 17. Okt. 1881, K. 2 S. 191.

9. Der Auflassungsstempel ist nicht zu erheben, wenn die Auflassung zwischen einem Verkäufer und dem Cessionar des Käufers erfolgt und neben dem in stempelpflichtiger Form errichteten Kaufvertrage zugleich die Cession der Rechte vorgelegt wird; ob der Kaufvertrag das Bekenntniß der Uebergabe enthält, ist gleichgültig. 19. März 1883, K. 3 S. 223.

10. Wenn in Veranlassung eines über das ganze Grundstück geschlossenen Kaufvertrages der Verkäufer dasselbe solchen Personen, denen der Käufer seine Rechte auf Auflassung bezüglich je eines Theilstückes abgetreten hat, parzellenweise aufläßt, so sind die Auf-

lassungserklärungen ungeachtet gleichzeitiger Vorlegung der Kauf- und Cessionsurkunden stempelpflichtig. 9. Juni 1881, K. 2 S. 189.

11. Der Bevollmächtigte, welcher die an den Machtgeber erfolgende Auflassung entgegen nimmt, haftet nicht für den Auflassungsstempel. 17. Nov. 1884, K. 5 S. 223.

§ 3.

Den Werth, nach welchem die Stempelabgabe von der Auflassungserklärung zu bemessen ist, anzugeben, sind der Veräußerer und der einzutragende Erwerber verbunden.

Wer auf Aufforderung des Grundbuchamtes (Amtsgerichts) oder der Steuerbehörde der Verpflichtung zur Angabe des Werthes nicht genügt, hat die durch amtliche Ermittelung desselben entstehenden Kosten zu tragen.

§ 4.

In keinem Falle darf ein geringerer Werth angegeben werden, als der nach den Vorschriften des Stempelgesetzes über die Versteuerung der Kaufverträge berechnete Betrag der von dem Erwerber übernommenen Lasten und Leistungen, mit Einschluß des Preises und unter Zurechnung der vorbehaltenen Nutzungen.

Die Angabe eines geringeren Werthes wird als Stempelsteuer-Defraudation nach Maßgabe des hinterzogenen Steuerbetrages geahndet.[1]

1. Vorsätzliche, nicht auch fahrlässige Minusdeklaration ist strafbar; auch der Bevollmächtigte macht sich strafrechtlich verantwortlich, welcher einen zu niedrigen Werth angiebt. Urtheil 6. Okt. 1884, K. 5 S. 257.

§ 5.

Liegt gegründete Veranlassung vor, den angegebenen Werth für zu niedrig zu erachten, und findet eine Einigung mit dem Steuerpflichtigen hierüber nicht statt, so wird der zu entrichtende Stempelbetrag von der Steuerbehörde, nöthigenfalls nach dem Gutachten Sachverständiger, festgesetzt und eingezogen. In Betreff der Befugniß des Steuerpflichtigen, seinen Widerspruch gerichtlich geltend zu machen, bewendet es bei den gesetzlichen Bestimmungen über die Zulässigkeit des Rechtsweges in Beziehung auf die Stempelsteuer.

§ 6.

Die Beanstandung der Werthangabe des Veräußerers und Erwerbers ist nur binnen einer dreijährigen Frist nach der Eintragung zulässig.

§ 7.

Die Werthsermittelung ist in allen Fällen ohne Rücksicht auf die für besondere Zwecke vorgeschriebenen Abschätzungsgrundsätze auf den gemeinen Werth des Gegenstandes zur Zeit des Eigenthumswechsels zu richten.

§ 8.

1) Der Antrag des Eigenthümers auf Eintragung einer Hypothek oder Grundschuld im Grundbuche, ingleichen

2) der auf die Löschungsbewilligung des Gläubigers gegründete Antrag [1] des Eigenthümers auf Löschung einer Post

unterliegt einer Stempelabgabe von $^1/_{12}$ Prozent der einzutragenden, beziehungsweise zu löschenden Summe.

Renten und andere zu gewissen Zeiten wiederkehrende Leistungen werden Behufs Berechnung der Abgabe nach Vorschrift der Stempelgesetze kapitalisirt.

1. Diese Stempelabgabe ist aufgehoben. § 2 Nr. 7 des folgenden Gesetzes.

Gesetz vom 26. März 1873 (G.S. S. 131), betreffend die Aufhebung bezw. Ermäßigung von Stempelabgaben:

§ 1. Vom 1. Mai 1873 ab werden ermässigt die Stempelabgaben:

1. von Eheverträgen, von Erbfolgeverträgen und von Testamenten auf 15 Sgr.;
2. von Kautions-Instrumenten, wenn der Werth der sichergestellten Rechte beträgt:
   50 bis 200 Thlr. auf 5 Sgr.,
   über 200 bis 400 Thlr. auf 10 Sgr.

§ 2. Von demselben Zeitpunkte ab werden aufgehoben die Stempelabgaben von:

1. Gesuchen (Beschwerdeschriften, Bittschriften, Eingaben, Vorstellungen);
2. Bescheiden auf Gesuche, Anfragen und Anträge in Privatangelegenheiten, sie mögen in Form eines Antwortschreibens, einer Verfügung, Dekretsabschrift oder eines auf die zurückgehende Bittschrift selbst gesetzten Dekrets erlassen werden;
3. Protokollen mit Ausnahme der Auktions-, Notariats-, Rekognitions- und derjenigen Protokolle, welche die Stelle einer nach anderweiter Bestimmung der Stempeltarife steuerpflichtigen Verhandlung vertreten;
4. Requisitionen;
5. Dechargen;
6. Beglaubigungen nach § 33 der Grundbuchordnung vom 5. Mai 1872;
7. Quittungen, sowie den in § 8 Nr. 2 des Gesetzes vom 5. Mai 1872, Stempelabgaben betreffend, gedachten Löschungsanträgen.

2. Betreff der **Kautionshypotheken** ist zu beachten, daß der Antragsstempel nach § 9 unten $^1/_{12}$ Prozent, der Urkundenstempel nach dem Stempelgesetz und § 1 Nr. 2 des Gesetzes vom 26. März 1873 dagegen 0,50 Mk. bis 1,50 Mk. beträgt und daß der Antragsstempel nach § 11 unten bei Vorlegung einer Urkunde wegfällt. Bei dem Werthe bis 1800 Mk. sind beide Stempel gleich (von 150 bis 600 Mk. 0,50 Mk.; über 600 bis 1200 Mk. 1 Mk.; über 1200—1800 Mk. 1,50 Mk.); bei Werthen über 1800 Mk. steigt der Antragsstempel, während der Urkundenstempel nie mehr als 1,50 Mk. beträgt. Es ist also vortheilhaft, Anträge auf Eintragung von Kautionshypotheken über 1800 Mk. nicht ohne Vorlegung einer dem § 11 entsprechenden Urkunde zu stellen.

3. Betreff der gemäß einem Veräußerungsvertrage zu bestellenden Hypothek ist zu beachten, daß es bald vortheilhafter sein kann, den bei der Auflassung mündlich zu stellenden Antrag (§ 19 Eig.Ges) auf Eintragung der Hypothek ohne Vorlegung einer Urkunde zu stellen, bald vortheilhafter, einen Veräußerungsvertrag als die der Bewilligung zu Grunde liegende Urkunde vorzulegen. Es sind dabei folgende Faktoren in Betracht zu ziehen: Der Inhalt des Veräußerungsvertrages, nach welchem sich die Kosten der gericht-

lichen oder notariellen Aufnahme (Tabelle 4) oder Beglaubigung (Tabelle 3) des Vertrages richtet; die Höhe der zu bestellenden Hypothek, nach welcher sich der Prozentstempel des § 9 bestimmt; die Frage, ob wegen des Auflassungsstempels Aufnahme einer Urkunde geboten ist (oben S. 209 Note 1).

Die Kosten der Aufnahme des Vertrages betragen höchstens 50 Mk., bei notarieller Aufnahme (wegen der Zeugengebühren) 51 Mk.; dies kommt dem Stempel einer Hypothek von 61200 Mk. gleich, sobald also die Hypothek höher ist, empfiehlt sich jedenfalls die Aufnahme des Vertrages, da alsdann der Prozentstempel, der höher sein würde als die 51 Mk., nicht erhoben wird.*)

4. Beispiel A.*)

		ℳ		ℳ		ℳ
A verkauft dem B sein Grundstück für	Ia.	200000,00	b.	60000,00	c.	10000,00
es sollen eingetragen werden von dem Kaufgelde	IIa.	100000,00	b.	30000,00	c.	5000,00

1. Es wird kein schriftlicher Vertrag geschlossen.

Es kommen in Ansatz:		ℳ		ℳ		ℳ
Auflassungsstempel 1 ‰ von I..	a.	2000,00	b.	600,00	c.	100,00
Stempel zum Eintragungsantrag $^1/_{12}$ ‰ von II.		83,50		25,00		4,50
Stempel zur Ausfertigung der Schuldurkunde		1,50		1,50		1,50
Kosten für Aufnahme der Schuldurkunde Tabelle 4A. Objekt II.		25,00		16,00		8,50
		2110,00		642,50		114,50

2. Es wird ein schriftlicher Vertrag geschlossen.

Es kommen in Ansatz:		ℳ.		ℳ		ℳ
Stempel zum Vertrage 1 ‰ von I.	a.	2000,00	b.	600,00	c.	100,00
Kosten des Vertrages Tabelle 4 C. Objekt I		50,00		38,00		23,00
Kosten des Antrages auf Eintragung Tabelle 3 Objekt II		9,80		4,30		2,30
Stempel zur Ausfertigung des Antrages...........		1,50		1,50		1,50
		2061,30		643,80		126,80

*) Die Schreibgebühren sind der Einfachheit halber nicht berücksichtigt.

Beispiel B.

Miterbe A verkauft dem Miterben B den Antheil am Nachlaßgrundstücke für ...	ℳ Ia. 200000,00	ℳ b. 60000,00	ℳ c. 10000,00
es sollen eingetragen werden	IIa. 100000,00	b. 30000,00	c. 5000,00

1. Es wird kein schriftlicher Vertrag geschlossen.

Es kommen in Ansatz wie oben	ℳ	ℳ	ℳ
also	2110,00	642,50	114,50

2. Es wird ein schriftlicher Vertrag geschlossen.

Es kommen in Ansatz:	ℳ	ℳ	ℳ
Stempel z. Vertrage (Kab.O.S.210 IIc)	1,50	1,50	1,50
Kosten des Vertrages wie A. 2 ...	50,00	38,00	23,00
Kosten des Antrages wie A. 2 ...	9,80	4,30	2,30
Stempel zur Ausfertigung des Antrages wie A. 2	1,50	1,50	1,50
	62,80	45,30	28,30

5. Der Ansatz des Stempels erfolgt durch das Gericht bei schriftlichen Anträgen auf Grundschuld-Eintragung; bei schriftlichen Anträgen auf Eintragung von Hypotheken muß eine Urkunde in an sich stempelpflichtiger Form beiliegen, deren Vorlegung den Ansatz des Stempels nach § 11 ausschließt. Bei mündlich gestellten Anträgen auf Eintragung von Grundschulden oder Hypotheken wird der Stempel vom Gericht berechnet und zwar zur Grundschuld oder zu der Erklärung, welche die Schuldurkunde zur Hypothek darstellt.

§ 9.

Der Antrag auf Eintragung der Verpfändung einer Hypothek oder Grundschuld durch den eingetragenen Gläubiger ist einer Stempelabgabe von $^{1}/_{12}$ Prozent der Summe, für welche die Post verpfändet wird, wenn dieselbe geringer ist, als die Summe der verpfändeten Post, sonst von $^{1}/_{12}$ Prozent der letzteren Summe unterworfen.

Vgl. § 11 und Note 2 zu § 8, welche auch auf die Verpfändung anwendbar ist.

§ 10.

Betrifft einer der in den §§ 8 und 9 bezeichneten Anträge eine Hypothek oder Grundschuld, für welche mehrere Grundstücke haften, so ist die Abgabe nur einmal und nach Maßgabe der bei einem Grundstücke beantragten Eintragung zu entrichten.

§ 11.

Die in den §§ 8 und 9 angeordneten Werthstempelabgaben werden nicht erhoben, wenn bei Anbringung des Antrages oder innerhalb der gleichzeitig nachzusuchenden, von dem Grundbuchamte (Amtsgerichte) zu bestimmenden Frist die in an sich stempelpflichtiger Form abgefaßte Urkunde über das dem Antrage zu Grunde liegende Rechtsgeschäft, und zwar

in den im § 8 unter 1 und im § 9 bezeichneten Fällen die Urkunde über das Geschäft, auf Grund dessen die Bewilligung beziehungsweise die Verpfändung der Hypothek oder Grundschuld stattfindet,

in den im § 8 unter 2 bezeichneten Fällen die Urkunde über das Geschäft, auf Grund dessen die Löschungsbewilligung ertheilt ist,

in Urschrift, Ausfertigung oder beglaubigter Abschrift dem Grundbuchamte (Amtsgerichte) vorgelegt wird.

Vgl. zu § 8.

§ 12.

Wird nach Entrichtung der im § 1 vorgeschriebenen Abgabe die Urkunde über das der Auflassungserklärung zum Grunde liegende Veräußerungsgeschäft gerichtlich aufgenommen, oder der von dem Finanzminister bestimmten Steuerstelle Behufs Versteuerung binnen 14 Tagen nach der Errichtung der Urkunde vorgelegt, so ist auf den zu dieser Urkunde erforderlichen Werthstempel der für die Auflassungserklärung erlegte Stempelbetrag auf Verlangen anzurechnen. In gleicher Weise kann die Anrechnung des nach §§ 8 und 9 erhobenen Abgabenbetrages auf den Werthstempel zu der Urkunde über das dem Eintragungs- beziehungsweise Löschungs-Antrage zum Grunde liegende Geschäft (§ 11) verlangt werden.

Ausgeschlossen von der Anrechnung bleibt derjenige Stempelbetrag, welcher zu dem Eintragungsantrage beziehungsweise dem Löschungsantrage erforderlich gewesen sein würde, wenn dieselben nicht dem Werthstempel unterlegen hätten (Fixstempel).

§ 13.

Im Auslande ausgestellte, bei einem inländischen Grundbuchamte (Amtsgerichte) angebrachte Anträge sind den in den §§ 8 und 9 bestimmten Werthstempelabgaben ebenfalls nach Vorschrift dieses Gesetzes unterworfen.

§ 14.

Die Grundbuchämter (Amtsgerichte) sind verpflichtet, auf die Befolgung der Stempelgesetze in Betreff der bei ihnen vorkommenden Urkunden zu halten und alle bei ihrer Amtsverwaltung zu ihrer Kenntniß kommenden Zuwiderhandlungen gegen die Stempelgesetze von Amtswegen Behufs Einleitung des Strafverfahrens zur Anzeige zu bringen.

In Betreff der nach diesem Gesetze zu versteuernden Gegenstände haben die Grundbuchämter (Amtsgerichte) außerdem die Nachbringung, beziehungsweise Einziehung des etwa fehlenden Stempelbetrages zu veranlassen.

Hierunter fallen die Anträge nach §§ 8 und 9 und die Auflassungserklärung, nicht Immobiliarkaufverträge. 17. Juni 1884, K. 5 S. 253 (siehe oben Note 1 zu § 2 IV).

§ 15.

Wegen der verwirkten Stempelstrafe und in allen übrigen Beziehungen kommen die Bestimmungen der Gesetze über den Urkundenstempel auch bei den nach Vorschrift dieses Gesetzes zu versteuernden Gegenständen zur Anwendung.

§ 16.

Dieses Gesetz tritt gleichzeitig mit dem Gesetze über den Eigenthumserwerb und die dingliche Belastung der Grundstücke, Bergwerke und selbstständigen Gerechtigkeiten vom 5. Mai 1872 in Kraft.

Der Finanzminister ist mit der Ausführung dieses Gesetzes beauftragt.

Urkundlich unter Unserer Höchsteigenhändigen Unterschrift und beigedrucktem Königlichen Insiegel.

Gegeben Berlin, den 5. Mai 1872.

(L. S.) **Wilhelm.**

Fürst v. Bismarck. Gr. v. Roon. Gr. v. Itzenplitz. v. Selchow. Gr. zu Eulenburg. Leonhardt. Camphausen. Falk.

Kosten-Tabellen.

Siehe oben S. 190. (Kosten-Tarif für Grundbuchsachen.)

Tabelle 1. Instr. Nr. 19.*) Bei einem Werthe des Gegenstandes		I. für die Eintragung des Eigenthümers. (§ 1 Nr. 1 u. 5 des Tarifs.)		II. für die nachträgliche Eintragung des Miteigenthums in Fällen der ehelichen Gütergemeinschaft. (§ 1 Nr. 2 des Tarifs.)		III. für jede endgültige Eintragung in der 2. oder 3. Abtheilung. (§ 2 des Tarifs.)		IV. für jede Löschung einer in Kol. 3 bezeichneten Eintragung. (§§ 2 u. 5 des Tarifs.) [und für Eintragung von Veränderungen, Vormerkungen und Verf.Beschr.]		V. für jede Löschung einer Vormerkung oder eingetragenen Verfügungsbeschränkung. (§§ 3 u. 5 des Tarifs.)	
Kostensatz		A.		A/2.		B.		B/2.		B/4.	
von mehr als	bis einschließlich	Mk.	Pf.	Mk.	Pf.	Mk.	Pf.	Mk.	Pf.	Mk.	Pf.
—	15	—	50	—	50	—	40	—	20	—	30
15	75	—	80	—	50	—	40	—	20	—	30
75	150	1	50	—	80	—	80	—	40	—	30
150	225	2	30	1	20	1	20	—	60	—	30
225	300	3	—	1	50	1	60	—	80	—	40
300	375	3	80	1	90	2	—	1	—	—	50
375	450	4	50	2	30	2	40	1	20	—	60
450	525	5	30	2	70	2	80	1	40	—	70
525	600	6	—	3	—	3	20	1	60	—	80
600	900	6	80	3	40	3	70	1	90	1	—

900	1200	7	50	3	80	4	20	2	10	1	10
1200	1500	8	30	4	20	4	70	2	40	1	20
1500	1800	9	—	4	50	5	20	2	60	1	30
1800	2100	9	80	4	90	5	70	2	90	1	50
2100	2400	10	50	5	30	6	20	3	10	1	60
2400	2700	11	30	5	70	6	70	3	40	1	70
2700	3000	12	—	6	—	7	20	3	60	1	80
3000	4500	12	80	6	40	8	—	4	—	2	—
4500	6000	13	50	6	80	8	70	4	40	2	20
6000	7500	14	30	7	20	9	50	4	80	2	40
7500	9000	15	—	7	50	10	20	5	10	2	60
9000	10500	15	80	7	90	11	—	5	50	2	80
10500	12000	16	50	8	30	11	70	5	90	3	—
12000	13500	17	30	8	70	12	50	6	30	3	20
13500	15000	18	—	9	—	13	20	6	60	3	30
15000	16500	18	80	als den höchsten Satz.		14	—	7	—	3	50
16500	18000	19	50			14	70	7	40	3	70
18000	19500	20	30			15	50	7	80	3	90
19500	21000	21	—			16	20	8	10	4	10
21000	22500	21	80	—	—	17	—	8	50	4	30
22500	24000	22	50	—	—	17	70	8	90	4	50
24000	25500	23	30	—	—	18	50	9	30	4	70
25500	27000	24	—	—	—	19	20	9	60	4	80
27000	28500	24	80	—	—	20	—	10	—	5	—
28500	30000	25	50	—	—	20	70	10	40	5	20

*) In der Instruktion hat diese Tabelle die Nr. 19; die Tabellen sind in Mark und Pfennige umgerechnet und (nach § 7 Ger.K.Ges., § 4 Ausf.Ges.) die Pfennigbeträge, welche nicht durch zehn theilbar sind, auf den nächst höheren durch zehn theilbaren Betrag abgerundet.

Siehe oben S. 190. (Kosten=Tarif für Grundbuchsachen.)

Tabelle I. Instr. Nr. 19.*) Bei einem Werthe des Gegenstandes		I. für die Eintragung des Eigenthümers. (§ 1 Nr. 1 u. 5 des Tarifs.)		II. für die nachträgliche Eintragung des Miteigenthums in Fällen der ehelichen Gütergemeinschaft. (§ 1 Nr. 2 des Tarifs.)		III. für jede endgültige Eintragung in der 2. oder 3. Abtheilung. (§ 2 des Tarifs.)		IV. für jede Löschung einer in Kol. 3 bezeichneten Eintragung. (§§ 2 u. 5 des Tarifs.) [und für Eintragung von Veränderungen, Vormerkungen und Verf.Beschr.]		V. für jede Löschung einer Vormerkung oder eingetragenen Verfügungsbeschränkung. (§§ 3 u. 5 des Tarifs.)	
		Mk.	Pf.	Mk.	Pf.	Mk.	Pf.	Mk.	Pf.	Mk.	Pf.
Kostensatz		A.		A/2.		B.		B/2.		B/4.	
von mehr als	bis einschließlich										
30000	31500	26	30	—	—	21	50	10	80	5	40
31500	33000	27	—	—	—	22	20	11	10	5	60
33000	34500	27	80	—	—	23	—	11	50	5	80
34500	36000	28	50	—	—	23	70	11	90	6	—
36000	37500	29	30	—	—	24	50	12	30	6	20
37500	39000	30	—	—	—	25	20	12	60	6	30
39000	40500	30	80	—	—	26	—	13	—	6	50
40500	42000	31	50	—	—	26	70	13	40	6	70
42000	43500	32	30	—	—	27	50	13	80	6	90
43500	45000	33	—	—	—	28	20	14	10	7	10

45000	46500	33	80	—	—	29	—	14	50	7	30
46500	48000	34	50	—	—	29	70	14	90	7	50
48000	49500	35	30	—	—	30	50	15	30	7	70
49500	51000	36	—	—	—	31	20	15	60	7	80
51000	52500	36	80	—	—	32	—	16	—	8	—
52500	54000	37	50	—	—	32	70	16	40	8	20
54000	55500	38	30	—	—	33	50	16	80	8	40
55500	57000	39	—	—	—	34	20	17	10	8	60
57000	58500	39	80	—	—	35	—	17	50	8	80
58500	60000	40	50	—	—	35	70	17	90	9	—
60000	61500	41	30	—	—	36	50	18	30	9	20
61500	63000	42	—	—	—	37	20	18	60	9	30
63000	64500	42	80	—	—	38	—	19	—	9	50
64500	66000	43	50	—	—	38	70	19	40	9	70
66000	67500	44	30	—	—	39	50	19	80	9	90
67500	69000	45	—	—	—	40	20	20	10	10	10
69000	70500	45	80	—	—	41	—	20	50	10	30
70500	72000	46	50	—	—	41	70	20	90	10	50
72000	73500	47	30	—	—	42	50	21	30	10	70
73500	75000	48	—	—	—	43	20	21	60	10	80
75000	76500	48	80	—	—	44	—	22	—	11	—
76500	78000	49	50	—	—	44	70	22	40	11	20
78000	79500	50	30	—	—	45	50	22	80	11	40
79500	81000	51	—	—	—	46	20	23	10	11	60
81000	82500	51	80	—	—	47	—	23	50	11	80

*) Siehe die Note * zu Tabelle 1 auf Seite 222.

Siehe oben S. 190. (Kosten-Tarif für Grundbuchsachen.)

Tabelle I. Instr. Nr. 19.*) Bei einem Werthe des Gegenstandes		I. für die Eintragung des Eigenthümers. (§ 1 Nr. 1 u. 5 des Tarifs.)		II. für die nachträgliche Eintragung des Miteigenthums in Fällen der ehelichen Gütergemeinschaft. (§ 1 Nr. 2 des Tarifs.)		III. für jede endgültige Eintragung in der 2. oder 3. Abtheilung. (§ 2 des Tarifs.)		IV. für jede Löschung einer in Kol. 3 bezeichneten Eintragung. (§§ 2 u. 5 des Tarifs.) [und für Eintragung von Veränderungen, Vormerkungen und Verf.Beschr.]		V. für jede Löschung einer Vormerkung oder eingetragenen Verfügungsbeschränkung. (§§ 3 u. 5 des Tarifs.)	
		Mk.	Pf.	Mk.	Pf.	Mk.	Pf.	Mk.	Pf.	Mk.	Pf.
Kostensatz		A.		A/2.		B.		B/2.		B/4.	
von mehr als	bis einschließlich										
82500	84000	52	50	—	—	47	70	23	90	12	—
84000	85500	53	30	—	—	48	50	24	30	12	20
85500	87000	54	—	—	—	49	20	24	60	12	30
87000	88500	54	80	—	—	50	—	25	—	12	50
88500	90000	55	50	—	—	50	70	25	40	12	70
u. s. w. von je 1500 Mk.		—	75	—	—	—	75	—	$37_{,5}$	—	$18_{,75}$

Bemerkungen.

Zur Kol. IV. Dieselben Sätze, jedoch mindestens 50 Pf. werden entrichtet:

für die Eintragung von Veränderungen aller Art, Vormerkungen und Verfügungsbeschränkungen. (§ 3 Nr. 1 des Tarifs.)

Zur Kol. V. Dieselben Sätze, jedoch nicht unter 30 Pf., werden für die Ertheilung eines Zinsquittungsbogens entrichtet. (§ 6 Nr. 4 des Tarifs.)

---

*) Siehe die Note * zu Tabelle 1 auf Seite 222.

Siehe oben S. 190. (Kosten-Tarif für Grundbuchsachen.)

Tabelle 2.*) Instr. Nr. 20. Bei einem Werthe des Gegenstandes		I. für eine zweite und jede fernere Einschreibung einer endgültigen Eintragung in die zweite oder dritte Abtheilung. (§§ 2 u. 4 des Tarifs.)		II. für die Löschung einer Kol. I. bezeichneten Einschreibung. (§§ 2, 4 u. 5 des Tarifs.)		III. für eine zweite und jede fernere Einschreibung von Veränderungen, Vormerkungen und Verfügungsbeschränkungen. (§§ 3 u. 4 des Tarifs.)		IV. für die Löschung einer Kol. III. bezeichneten Einschreibung. (§§ 3, 4 u. 5 des Tarifs.)		V. für die Ausfertigung des Hypotheken- oder Grundschuldbriefes. (§ 6 Nr. 1 des Tarifs.) [und beglaubigte Abschrift des Blattes.]		VI. für die Erneuerung eines Grundschuldbriefes. (§ 6 Nr. 2 des Tarifs.)	
Kostensatz		B/2.		B/4.		B/4.		B/8.		2. B/3		B/3.	
von mehr als	einschließlich bis	Mk.	Pf.	Mk.	Pf.	Mk.	Pf.	Mk.	Pf.	Mk.	Pf.	Mk.	Pf.
—	75	—	50	—	30	—	50	—	30	—	50	—	30
75	150	—	50	—	30	—	50	—	30	—	60	—	30
150	225	—	60	—	30	—	50	—	30	—	80	—	40
225	300	—	80	—	40	—	50	—	30	1	10	—	60
300	375	1	—	—	50	—	50	—	30	1	40	—	70
375	450	1	20	—	60	—	60	—	30	1	60	—	80
450	525	1	40	—	70	—	70	—	40	1	90	1	—
525	600	1	60	—	80	—	80	—	40	2	20	1	10
600	900	1	90	1	—	1	—	—	50	2	50	1	30

2100	2400	3	10	1	60	1	60	—	80	4	20	2	10
2400	2700	3	40	1	70	1	70	—	90	4	50	2	30
2700	3000	3	60	1	80	1	80	—	90	4	80	2	40
3000	4500	4	—	2	—	2	—	1	—	5	30	2	70
4500	6000	4	40	2	20	2	20	1	10	5	80	2	90
6000	7590	4	80	2	40	2	40	1	20	6	30	3	20
7500	9000	5	10	2	60	2	60	1	30	6	80	3	40
9000	10500	5	50	2	80	2	80	1	40	7	30	3	70
10500	12000	5	90	3	—	3	—	1	50	7	80	3	90
12000	13500	6	30	3	20	3	20	1	60	8	30	4	20
13500	15000	6	60	3	30	3	30	1	70	8	80	4	40
15000	16500	7	—	3	50	3	50	1	80	9	—	4	50
16500	18000	7	40	3	70	3	70	1	90	als den höchsten Satz.		als den höchsten Satz.	
18000	19500	7	80	3	90	3	90	2	—				
19500	21000	8	10	4	10	4	10	2	10				
21000	22500	8	50	4	30	4	30	2	20	—	—	—	—
22500	24000	8	90	4	50	4	50	2	30	—	—	—	—
24000	25500	9	—	4	50	4	70	2	40	—	—	—	—
25500	27000	als den höchsten Satz.		als den höchsten Satz.		4	80	2	40	—	—	—	—
27000	28500					5	—	2	50	—	—	—	—
28500	30000					5	20	2	60	—	—	—	—
30000	31500	—	—	—	—	5	40	2	70	—	—	—	—
31500	33000	—	—	—	—	5	60	2	80	—	—	—	—
33000	34500	—	—	—	—	5	80	2	90	—	—	—	—
34500	36000	—	—	—	—	6	—	3	—	—	—	—	—
36000	37500	—	—	—	—	6	20	3	10	—	—	—	—
37500	39000	—	—	—	—	6	30	3	20	—	—	—	—
39000	40500	—	—	—	—	6	50	3	30	—	—	—	—
40500	42000	—	—	—	—	6	70	3	40	—	—	—	—

*) Siehe die Note * zu Tabelle 1 auf Seite 222.

Siehe oben S. 190. (Kosten-Tarif für Grundbuchsachen.)

Tabelle 2.*) Instr. Nr. 20. Bei einem Werthe des Gegenstandes		I. für eine zweite und jede fernere Einschreibung einer endgültigen Eintragung in die zweite oder dritte Abtheilung. (§§ 2 u. 4 des Tarifs.)		II. für die Löschung einer Kol. I. bezeichneten Einschreibung. (§§ 2, 4 u. 5 des Tarifs.)		III. für eine zweite und jede fernere Einschreibung von Veränderungen, Vormerkungen und Verfügungsbeschränkungen. (§§ 3 u. 4 des Tarifs.)		IV. für die Löschung einer Kol. III. bezeichneten Einschreibung. (§§ 3, 4 u. 5 des Tarifs.)		V. für die Ausfertigung des Hypotheken- oder Grundschuldbriefes. (§ 6 Nr. 1 des Tarifs.) [und beglaubigte Abschrift des Blattes.]		VI. für die Erneuerung eines Grundschuldbriefes. (§ 2 Nr. 6 des Tarifs.)	
		Mk.	Pf.	Mk.	Pf.	Mk.	Pf.	Mk.	Pf.	Mk.	Pf.	Mk.	Pf.
Kostensatz von mehr als	bis einschließlich	B/2.		B/4.		B/4.		B/8.		2. B/3.		B/3.	
42000	43500	—	—	—	—	6	90	3	50	—	—	—	—
43500	45000	—	—	—	—	7	10	3	60	—	—	—	—
45000	46500	—	—	—	—	7	30	3	70	—	—	—	—
46500	48000	—	—	—	—	7	50	3	80	—	—	—	—
48000	49500	—	—	—	—	7	70	3	90	—	—	—	—
49500	51000	—	—	—	—	7	80	3	90	—	—	—	—
51000	52500	—	—	—	—	8	—	4	—	—	—	—	—
52500	54000	—	—	—	—	8	20	4	10	—	—	—	—
54000	55500	—	—	—	—	8	40	4	20	—	—	—	—
55500	57000	—	—	—	—	8	60	4	30	—	—	—	—
57000	58500	—	—	—	—	8	80	4	40	—	—	—	—
58500	60000	—	—	—	—	9	—	4	50	—	—	—	—

Bemerkungen.

Zur Kol. I und III.

1. Diese Sätze werden für die bezeichneten Einschreibungen nur erhoben, wenn solche
   a) nachträglich in Bezug auf ein ferneres Grundstück beantragt werden und
   b) für gleichzeitig beantragte zweite und fernere Einschreibungen, wenn dabei in Betracht kommende Grundstücke auf verschiedenen Grundbuchblättern verzeichnet stehen und die in § 1 Nr. 3 Abs. 2 des Tarifs bezeichneten Voraussetzungen nicht vorliegen.
2. Die Sätze der Kol. I werden auch erhoben für die Einschreibung der in § 3 Nr. 2 bezeichneten Vermerke; ferner
3. für die Ausfertigung einer beglaubigten Abschrift des Titels und der ersten Abtheilung des Grundbuchblattes bez. Grundbuchartikels. (§ 6 Nr. 3 des Tarifs.) Dabei kommen jedoch bei Objekten

   bis 75 Mk. nur 30 Pf.

   von 75 Mk. „ 150 „ „ 40

   und nicht mehr als 4 Mk. 50 Pf. zum Ansatz.

Zur Kol. V. Dieselben Sätze werden erhoben für die Ausfertigung einer beglaubigten Abschrift des vollständigen Grundbuchblattes oder Artikels. (§ 6 Nr. 1 des Tarifs.)

---

*) Siehe die Note * zu Tabelle 1 auf Seite 222.

(Kosten-Tarif für Grundbuchsachen.)

Tabelle 3.*)

Instr. Nr. 21.

Bei einem Werthe des Gegenstandes von mehr als	bis einschließlich	Für die Aufnahme oder Beglaubigung von Eintragungs- oder Löschungsanträgen. (§ 8 Nr. 3 des Tarifs.) Mk.	Pf.
—	150	—	30
150	300	—	50
300	450	—	80
450	600	1	—
600	1200	1	30
1200	1800	1	50
1800	2400	1	80
2400	3000	2	—
3000	6000	2	30
6000	9000	2	50
9000	12000	2	80
12000	15000	3	—
15000	18000	3	30
18000	21000	3	50
21000	24000	3	80
24000	27000	4	—
27000	30000	4	30
30000	33000	4	50
33000	36000	4	80
36000	39000	5	—
39000	42000	5	30
42000	45000	5	50
45000	48000	5	80
48000	51000	6	—
51000	54000	6	30
54000	57000	6	50
57000	60000	6	80
60000	. . . .	9	80

Für die Notare 1,50 Mk.

Diese Sätze finden nach § 9 des Ges. v. 8. März 1880 für Notare auf alle Beglaubigungen von Unterschriften Anwendung. Ausnahme: Beglaubigung der Anträge zum Staatsschuldbuch. Die Bestimmung des § 35 H.O. ist für Notare durch das spätere Gesetz v. 8. März 1880 aufgehoben. Jastrow in Kochs Formularbuch S. 636. Nach § 9 des Ges. sind Schreibgebühren zu berechnen. Der Minimalsatz beträgt nach § 6 Ges. v. 11. Mai 1851, welchen § 8 Nr. 3 des Tarifs (oben S. 199) als maßgebend erklärt, 1,50 M.

*) Siehe die Note * zu Tabelle 1 auf S. 222.

Aufnahme von Akten freiwilliger Gerichtsbarkeit nach dem Tarif vom 10. Mai 1851, §§ 16A, 19C, 20D und Gesetz vom 11. Mai 1851.

Tabelle 4. Werthstufe. Mark.				§ 16. A. 1. Mk.	Pf.	§ 19. C. $1^1/_2$. Mk.	Pf.	§ 20. D. 2. Mk.	Pf.
1.		0	bis 75	—	80*)	1	50	1	50
2.	über	75	- 150	1	50	2	30	3	—
3.	-	150	- 225	2	30	3	40	4	50
4.	-	225	- 300	3	—	4	50	6	—
5.	-	300	- 450	3	50	5	30	7	—
6.	-	450	- 600	4	—	6	—	8	—
7.	-	600	- 900	4	50	6	80	9	—
8.	-	900	- 1200	5	—	7	50	10	—
9.	-	1200	- 1500	5	50	8	30	11	—
10.	-	1500	- 3000	7	—	10	50	14	—
11.	-	3000	- 6000	8	50	12	80	17	—
12.	-	6000	- 9000	10	—	15	—	50	—
13.	-	9000	- 12000	11	50	17	30	23	—
14.	-	12000	- 15000	13	—	19	50	26	—
15.	-	15000	- 30000	16	—	24	—	32	—
16.	-	30000	- 60000	19	—	28	50	38	—
17.	-	60000		25	—	37	50	50	—

*) Für Notare als Minimalsatz auch hier 1,50 Mk. Die Abrundung erfolgt für die Gerichtskosten nach Note * zu Tabelle 1, für die Gebühren der Notare ebenfalls, da die Gebühren derselben den Gerichtsgebühren gleich sind.

1 Prozent Stempel zur Auflassung. (§ 1 Stempel-Ges. oben S. 208.)

Tabelle 5. Werthstufe. Mark.	Mk	Pf.
bis 150	frei	
von 150	1	50
- 150 - 200	2	—
- 200 - 250	2	50
- 250 - 300	3	—
u. s. w. von jedem vollen Hundert	1	—
von dem über ein volles Hundert hinausgehenden Betrage bis zu 50 Mk.	—	50
über 50 Mk. bis 100 Mk.	1	—

II. $^1/_{12}$ Prozent Stempel-Abgabe. (§§ 8, 9 Stempel-Ges.)

Tabelle 6. Werth. Mark.				Stempelbetrag. Mk.	Pf.	Tabelle 6. Werth. Mark.				Stempelbetrag. Mk.	Pf.
		bis	150	frei		von	13800	bis	14400	12	—
von	150	-	600	—	50	-	14400	-	15000	12	50
-	600	-	1200	1	—	-	15000	-	15600	13	—
-	1200	-	1800	1	50	-	15600	-	16200	13	50
-	1800	-	2400	2	—	-	16200	-	16800	14	—
-	2400	-	3000	2	50	-	16800	-	17400	14	50
-	3000	-	3600	3	—	-	17400	-	18000	15	—
-	3600	-	4200	3	50	-	18000	-	18600	15	50
-	4200	-	4800	4	—	-	18600	-	19200	16	—
-	4800	-	5400	4	50	-	19200	-	19800	16	50
-	5400	-	6000	5	—	-	19800	-	20400	17	—
-	6000	-	6600	5	50	-	20400	-	21000	17	50
-	6600	-	7200	6	—	-	21000	-	21600	18	—
-	7200	-	7800	6	50	-	21600	-	22200	18	50
-	7800	-	8400	7	—	-	22200	-	22800	19	—
-	8400	-	9000	7	50	-	22800	-	23400	19	50
-	9000	-	9600	8	—	-	23400	-	24000	20	—
-	9600	-	10200	8	50	-	24000	-	24600	20	50
-	10200	-	10800	9	—	-	24600	-	25200	21	—
-	10800	-	11400	9	50	-	25200	-	25800	21	50
-	11400	-	12000	10	—	-	25800	-	26400	22	—
-	12000	-	12600	10	50	-	26400	-	27000	22	50
-	12600	-	13200	11	—	-	27000	-	27600	23	—
-	13200	-	13800	11	50	-	27600	-	28200	23	50

II. 1/12 Prozent Stempel-Abgabe. (§§ 8, 9 Stempel-Ges.)

Tabelle 6. Werth. Mark.				Stempelbetrag. Mk.	Pf.	Tabelle 6. Werth. Mark.				Stempelbetrag. Mk.	Pf.
von	28200	bis	28800	24	—	von	42000	bis	42600	35	50
-	28800	-	29400	24	50	-	42600	-	43200	36	—
-	29400	-	30000	25	—	-	43200	-	43800	36	50
-	30000	-	30600	25	50	-	43800	-	44400	37	—
-	30600	-	31200	26	—	-	44400	-	45000	37	50
-	31200	-	31800	26	50	-	45000	-	45600	38	—
-	31800	-	32400	27	—	-	45600	-	46200	38	50
-	32400	-	33000	27	50	-	46200	-	46800	39	—
-	33000	-	33600	28	—	-	46800	-	47400	39	50
-	33600	-	34200	28	50	-	47400	-	48000	40	—
-	34200	-	34800	29	—	-	48000	-	48600	40	50
-	34800	-	35400	29	50	-	48600	-	49200	41	—
-	35400	-	36000	30	—	-	49200	-	49800	41	50
-	36000	-	36600	30	50	-	49800	-	50400	42	—
-	36600	-	37200	31	—	-	50400	-	51000	42	50
-	37200	-	37800	31	50	-	54000	. . . .		45	—
-	37800	-	38400	32	—	-	57000	. . . .		47	50
-	38400	-	39000	32	50	-	60000	. . . .		50	—
-	39000	-	39600	33	—	-	90000	. . . .		75	—
-	39600	-	40200	33	50	-	120000	. . . .		100	—
-	40200	-	40800	34	—	-	150000	. . . .		125	—
-	40800	-	41400	34	50	-	300000	. . . .		250	—
-	41400	-	42000	35	—						

Art. 5 und 15 des Gesetzes vom 9. Mai 1854. G.S. S. 273.

Tabelle 7. Gerichtskosten: a) für Zurückweisung von Anträgen.				b) von Beschwerden.	
	Mk.	Mk.	Pf.	Mk.	Pf.
Werth bis	120	—	50	1	—
mehr bis	150	—	70	1	30
- -	180	—	80	1	50
- -	210	—	90	1	80
- -	240	1	—	2	—
- -	270	1	20	2	30
- -	300	1	30	2	50
- -	330	1	40	2	70
- -	360	1	40	2	90
- -	390	1	50	3	—
- -	420	1	60	3	10
- -	450	1	70	3	30
- -	480	1	70	3	40
- -	510	1	80	3	60
- -	540	1	90	3	70
- -	570	1	90	3	90
- -	600	2	—	4	—
- -	750	2	20	4	30
- -	900	2	30	4	50
- -	1050	2	40	4	80
- -	1200	2	50	5	—
- -	1350	2	60	5	30
- -	1500	2	80	5	50
- -	1650	2	90	5	80
- -	1800	3	—	6	—
- -	1950	3	20	6	30
- -	2100	3	30	6	50
- -	2250	3	40	6	80
- -	2400	3	50	7	—
- -	2550	3	60	7	30
- -	2700	3	80	7	50
- -	2850	3	90	7	80
- -	3000	4	—	8	—
- -	3150	4	20	8	30

Tabelle 7. Gerichtskosten: a) für Zurückweisung von Anträgen.				b) von Beschwerden.	
	Mk.	Mk.	Pf.	Mk.	Pf.
mehr bis	3300	4	30	8	50
- -	3450	4	40	8	80
- -	3600	4	50	9	—
- -	3750	4	70	9	30
- -	3900	4	80	9	50
- -	4050	4	90	9	80
- -	4200	5	—	10	—
- -	4350	5	20	10	30
- -	4500	5	30	10	50
- -	4650	5	40	10	80
- -	4800	5	50	11	—
- -	4950	5	70	11	30
- -	5100	5	80	11	80
- -	5250	5	90	11	50
- -	5400	6	—	12	—
- -	5500	6	20	Maximum.	
- -	5700	6	30		
- -	5850	6	40		
- -	6000	6	50		
- -	6150	6	70		
- -	6300	6	80		
- -	6450	6	90		
- -	6600	7	—		
- -	6750	7	20		
- -	6900	7	30		
- -	7150	7	40		
- -	7300	7	50		
- -	7450	7	70		
- -	7600	7	30		
- -	7750	7	90		
- -	7900	8	—		
- -	8050	8	20		
- -	8200	8	30		
- -	8350	8	40		

Art. 5 und 15 des Gesetzes vom 9. Mai 1854. G.S. S. 273.

Tabelle 7.

Gerichtskosten:

für Zrrückweisung von Anträgen.

Mk.	Mk.	Pf.
mehr bis 8500	8	50
- - 8650	8	70
- - 8800	8	80
- - 8950	8	90
- - 9100	9	—
- - 9250	9	20
- - 9400	9	30
- - 9500	9	40
- - 9700	9	50
- - 9850	9	70
- - 10000	9	80
- - 10150	9	90
- - 10300	10	—
- - 10450	10	20
- - 10600	10	30

Tabelle 7.

Gerichtskosten:

für Zurückweisung von Anträgen.

Mk.	Mk.	Pf.
mehr bis 10750	10	40
- - 10900	10	50
- - 11050	10	70
- - 11200	10	80
- - 11350	10	90
- - 11500	11	—
- - 11650	11	20
- - 11800	11	30
- - 11950	11	40
- - 12150	11	50
- - 12300	11	70
- - 12450	11	80
- - 12600	12	—
	Maximum.	

Sachregister.

(Die Ziffer bezeichnet die Seitenzahl.)

B.

M.

N.

O.

P.

Q.

R.

S.

V.

W.

Z.

Druck von Dobrzynski & Müllner, Berlin S., Kommandantenstr. 44 a.